JN100917

東北大学大学入試研究シリーズ

大学入試の
公平性・公正性

金子書房

「東北大学大学入試研究シリーズ」の刊行に当たって

　わが国において，大学入試というテーマは，誰しもが一家言を持って語ることができる身近な話題である反面，一部の例外を除き，研究者が専門的に研究すべきテーマとはみなされていませんでした。圧倒的多数の人にとって試験や入試は思い出したくない嫌な記憶でしょうから，必然的に大学入試は「好ましくないもの」という位置付けで語られ続けることになります。一方，時代によって機能の大きさや役割が変化するとはいえ，大学入試は多くの人の将来を定めるものであり，社会の未来を担う若者を育てる教育の一環として社会的に重要な位置を占める制度です。

　1999年（平成11年）4月，東北大学アドミッションセンターは国立大学で初めてAO入試を実施する専門部署の一つとして発足しました。それは同時に，大学に設けられた初の大学入学者選抜（大学入試）研究の専門部署の誕生でした。東北大学アドミッションセンターの設立から20年が経過し，各大学に教員を配置して入試を専管する部署が普及してきました。個々の大学を見れば，その位置付けや期待されている機能は様々ですが，大学入試が単なる大学事務の一部ではなく，専門性を持った分野として捉えられつつあることは喜ばしい環境の変化と感じています。この度，令和元〜令和4年度（2019〜2022年度）日本学術振興会科学研究費補助金挑戦的研究（開拓）「『大学入試学』基盤形成への挑戦──真正な評価と実施可能性の両立に向けて──」（課題番号19H05491）の助成を受けたことをきっかけに，10年以上に渡って温めてきた学問としての「大学入試学（Admission Studies）」の創設に向けて，具体的な歩みを始める時が来たと感じました。その証として，これまで刊行された文献に書下ろしの論考を加え，「東北大学大学入試研究シリーズ」を創刊することとしました。大きく変動する社会の中で，実務の最前線で行うべきことは何かを識るとともに，「百年の大計」の下で教育における不易（変えるべきではないもの）と流行（変えるべきもの）を見据える一つの参照軸を創生することを目指します。

2020年1月　シリーズ監修　倉元直樹

序　章

西郡　大

第 1 節　大学入試の公平性・公正性に関心が寄せられる場面

　「大学入試は，公平・公正であるべき」という主張に真っ向から反対する
人に出会うことはほぼない。大学入試を経験したことのない人でも，入学試
験が厳粛な雰囲気の中で行われている様子を容易に想像できるはずである。
では，大学入試の公平性・公正性[1]に対して社会的な関心が寄せられるのは
どのようなときだろうか。この数年間を振り返っただけでも数多くの事例を
見つけることができる。以下に 3 つの事例を挙げたい。

　1 つ目は，平成30年（2018年）に起こった医学部不正入試問題である。と
ある裏口入学をきっかけに医学部を持つ全国の大学の入試実態について文部
科学省による調査が行われた。その結果，複数の大学で女子や浪人生が不利
に評価されるという恣意的な評価が行われていることが判明した。この問題
は社会的にも大きく取り上げられ，大学入試の公平性に注目が集まった顕著
な例である。全国医学部長病院長会議は，大学医学部入学試験制度検討小委
員会を設置し，実態の把握とともに，性別，浪人年数，内部進学，地域枠な
ど，様々な入学枠に関する公平性の考え方や受験者への事前の情報提供の在
り方などについて検討した。そして，国民に理解される公平・公正な入試制
度を実現するために，「大学医学部入学試験制度に関する規範」を策定した。
さらに，大学入試の公正確保の動きは，医学部だけに留まらず，それ以外の
分野における入試にも波及し，文部科学省に「大学入学者選抜の公正確保等
に関する有識者会議」が設置され，平成31年（2019年）に「大学入学者選抜
の公正確保等に向けた方策について（最終報告）」が報告された。その後，
文部科学省は同報告書に基づき，各機関に毎年通知する「大学入学者選抜実

施要項」に公正確保の考え方を反映することになった。

　2つ目は，近年の高大接続改革に関係するものである。まず，英語民間試験の活用では，「各試験実施団体のテストは，測ろうとする能力が異なり問題内容や採点方法（採点方法等は非公表が一般的）も異なるため，そのスコアを横並びで比較することはできない」，「異なる試験の成績を対応させるためのCEFR[2)]についても各試験団体が自己申告したものであり，第三者による検証が行われておらず公正とは言えない」，「都市部に住む生徒は日常生活の延長上で受験できるのに対し，僻地の生徒は交通手段が限られていたり，宿泊が必要であったりと移動の時間や経済的負担が大きく公平な制度ではない」といった指摘がされていた。次に，大学入学共通テストへの記述式導入では，「短期間での採点が求められるため学生アルバイトを活用せざるをえず，採点者の質や採点のばらつきなど，公平性に問題がある」といった指摘があった。最後に，「主体性を持って多様な人々と協働して学ぶ態度」の評価については，「主体性の定義があいまいで公平な評価が難しい」，「学習活動のほかに，『部活動』，『ボランティア活動』，『留学経験』，『資格試験』などの目に見える実績が主体性として評価されるのならば，裕福な家庭の生徒が有利になったり，都市部と地方の環境差などが影響することもあり公平性が損なわれる」といった課題が挙げられた。

　上記以外にも入試ミスに対する対応手続きの問題，選択した教科・科目の難易度の違いがもたらす公平性の問題，令和2年（2020年）に世界的に蔓延した新型コロナウイルスの対応において，オンラインを用いた面接試験の環境（通信環境や設備など）の違いがもたらす問題など，数え上げればきりがない。すなわち，大学入試は公平・公正かつ信頼の置けるものと多くの人が認識しているからこそ，大学入試の公平性・公正性の議論は必ず過熱するのである。

第2節　最も公平・公正だと信じられていた学力一斉筆記試験

　さて，大学入試における選抜方法あるいは評価方法として，何が最も公平・公正な方法かと問われれば，多くの日本人は一斉に実施する筆記による

学力検査（以下，「学力一斉筆記試験」[3]と答えるのではないだろうか。天野（1993）は，選抜方法の要件について，「第一に，評価の手段として，それは客観妥当性をもたなければならない。主観性の入る余地の大きい選抜方法は，それだけ正当性が小さい。第二に，それは実用性を持たなければならない。どんなに論理的に，あるいは理論的に優れた選抜方法でも，実際に利用できないのであれば役に立たない。第三に，評価・選抜の方法は，つねに公平（フェア）でなければならない。特定の者に，不当に有利に働く選抜方法もまた，正当性をもちえない」とした。そして，学力評価の結果が重視されるのは，これらの3要件を最もよく備えているからだとし，加えて，わが国の大学入試では「知的能力の遺伝的な部分よりも，努力により後天的に獲得される部分を重視する独自の能力観」が重視されているため，学力試験が最も客観的で公平かつ合理的な方法として受容されてきたと述べた。

　また，高野（2000）は，学力一斉筆記試験が歴史的に支持されてきた理由の1つとして，「受験者にとっては，不合格になった場合，自分の学力が不足しているか，または試験における失敗が原因であると納得できる場合が多く，公平感を与える効果がある。学力以外のこと，例えば親の職業や経済状態などは，選抜に影響しないという安心感」を挙げている。

　さらに，荒井（2005）によれば，共通第一次学力試験（以下，「共通一次試験」）を利用する制度では，第二次試験に当たる各大学・学部の個別試験において共通一次試験と別の試験観点から「その個性，専門性」に従って，多元的な評価の実施が期待されていたものの，それまで以上に学力選抜の色合いが濃くなり，第二次試験が学力試験に偏ったとされる。そして，「今日から見れば，主観的な要素の入りがちな評価の導入は当時にあっては困難な面が多かった。消去法でいくと，学科試験以外に受験者を納得させ大学側も自信をもって判定の根拠とできる方法はなかった」と振り返っており，客観性を重視しすぎるために，主観的な評価を含む選抜方法が受け入れられなかった事実に触れている。

◆◇◆

第3節　わが国の伝統的な大学入試政策

　ところが，学力一斉筆記試験が最も公平・公正だと信じられてきたにもかかわらず，実は，約30年前には，「わが国の選抜方式の『多様性』は，世界に冠たるものといってもいいすぎではない」（天野，1992）といえるほど入試の多様化が進んでいた。この背景には，「選抜方法の多様化，評価尺度の多元化」という「わが国の伝統的な大学入試政策」（倉元，2018）がある[4]。しかし，政策的に推進されてきたとはいえ，それまで支配的といわれてきた学力一斉筆記試験とは別の選抜方法がなぜ受け入れられたのか不思議である。中村（1996）は，公平信仰が強いとされる日本社会にあって，必ずしも公平といわれてこなかった推薦入学制度[5]がなぜ普及したのかを検討している。同研究によると，学力一斉筆記試験ではない選抜方法が受容されるのは「マス選抜」であり，公平な試験だと信じられている学力一斉筆記試験は，依然として「エリート選抜」においてこそ強く信仰されているとされる[6]。

　図0-1～図0-4は，「国公私立大学入学者選抜実施状況」のデータをもとに「AO入試元年」（鴫野，2003）と呼ばれる2000年から約10年ごとの変化を示したものである[7]。全体で見れば，いわゆる学力一斉筆記試験中心の一般入試[8]は約66％から約53％まで減っている（図0-1）。令和元年度（2019年度）における一般入試の比率を設置者別にみれば，国立大学が約

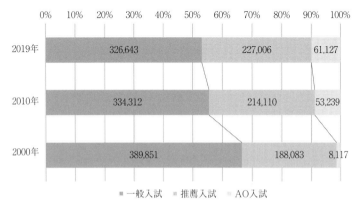

図0-1．各大学が実施する選抜方法の変化（全体）

83％（図0-2），公立大学が約72％（図0-3），私立大学が約45％（図0-4）と大きな違いがある。国立大学において一般入試の比率が依然として高いことから，中村（1996）の主張は，現在でも当てはまるといえるだろう。なお，木村（2020）が入試の多様化の経緯と現状について詳細な分析をしているので参照して欲しい。

　このように，現在の大学入試制度は一般選抜に加え，学校推薦型選抜や総合型選抜[9)]の拡大とともに，それぞれの選抜方法の中で小論文，面接，集団討論，プレゼンテーション，書類審査といった多様な評価方法が乱立してい

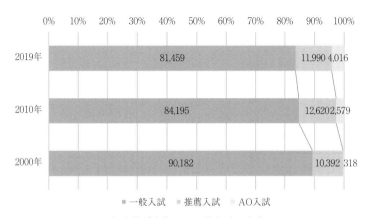

図0-2．各大学が実施する選抜方法の変化（国立大学）

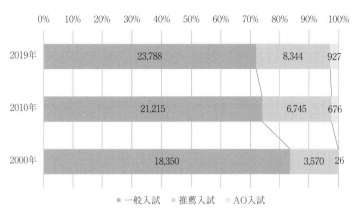

図0-3．各大学が実施する選抜方法の変化（公立大学）

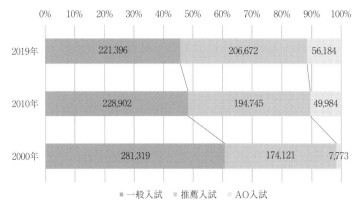

図０-４．各大学が実施する選抜方法の変化（私立大学）

　る。その政策的変遷の概観について以下に振り返ってみたい。

　昭和60年（1985年）の臨時教育審議会第一次答申において，選抜の方法や基準の多様化，多元化が強く主張され，「新しい時代に対応する教育諸制度の改革について（答申）」（中央教育審議会，1991）に引き継がれた。そして，「21世紀を展望した我が国の教育の在り方について（第二次答申）」（中央教育審議会，1997）において「総合的かつ多面的な評価など丁寧な選抜」という表現が加わった。推薦入学制度に代表される多様な選抜方法の拡大の背景には，「試験地獄」と称される激しい受験競争の緩和という大きな目的があった（中村，1996）。しかし，「初等中等教育と高等教育との接続の改善について（答申）」（中央教育審議会，1999）では，「大学受験は必ずしも過度の競争ではない」という認識が示された。数年後に迫る大学全入時代を見据えた「大学と学生とのより良い相互選択」に向けて，「入学者受入方針（アドミッション・ポリシー）」という新たな概念を加え，評価尺度の多元化を推進するようになったのである。この考え方は，「学士課程教育構築に向けて（答申）」（中央教育審議会，2008），「新しい時代にふさわしい高大接続の実現に向けた高等学校教育，大学教育，大学入学者選抜の一体改革について（答申）」（中央教育審議会，2014）へと引き継がれている。

◆◇◆
第4節　多面的・総合的評価と公平性・公正性

　公平性・公正性に関する概念の多元化や見直しについても確認しておきたい。中央教育審議会（1997）では，「学力試験による1点刻みで選抜することが最も公正・公平であると考えられてきた公正・公平の概念を見直すことが必要」とした。その背景には，「学力検査の得点順に合格者を決定でき，選抜が容易であること，高等学校長から提出される調査書が必ずしも十分に信頼されておらず，またそれが十分に活用されていないこと，さらに選抜期間が比較的短いこと」（大学入学者選抜方法の改善に関する会議，1971），「ペーパーテストを過度に信頼し，その点数の高い方から機械的に順に入学者を決めていく点数絶対主義がひたすら正しく，1点でも低い者が落ちるのは当然で，そうするのが公平だと簡単に信じられている」（中央教育審議会，1991）といった問題意識があった。

　こうした学力検査への偏重を改め，能力・適性や意欲・関心などを多面的に評価するような選抜方法の多様化，尺度の多元化への改善を進めるために，公平性の考え方を見直すことが提案された。まず，中央教育審議会（1997）において「『公平』の概念の多元化」が提案されたことをきっかけに，大学審議会（答申）（2000）では，「受験生の能力・適性等の多面的な判定や，大学入試においてやり直しのきくシステムの構築を進める上でも，絶対的な公平性ではなく，もう少し柔軟にこれをとらえ，合理的に許容される範囲の中での公平性という考え方に転換していくことが必要であり，社会全体がこのような考え方を受け入れていくことが重要である」と明記された。この流れは中央教育審議会（2014）に引き継がれ，「画一的な一斉試験で正答に関する知識の再生を問い，その結果の点数だけを評価対象とすることが公平であると捉える，既存の『公平性』についての社会的意識を変革し，それぞれの学びを支援する観点から，多様な背景を持つ一人ひとりが積み上げてきた多様な力を，多様な方法で『公正』に評価するという理念に基づく新たな評価を確立していくことが不可欠である」となり，「既存の『公平性』の観念という桎梏を断ち切るべき」と強い表現になった。

　その主な理由は，評価の多元化を一歩進めた「学力の3要素」の多面的・

総合的評価の推進である。中央教育審議会（2014）では，小・中学校で積み上げられてきた「確かな学力」と「生きる力」を高等学校，大学教育において確実に発展させていくために，多面的・総合的な評価を中心とした入試に転換していくことを求めている。その最も大きな特徴は，「知識・技能」，「思考力，判断力，表現力」，「主体性を持って多様な人々と協働して学ぶ態度」で構成される「学力の3要素」という具体的な評価対象が示された点だ。この方針を受け，「大学入学者選抜実施要項」では，「能力・意欲・適性等の評価・判定に当たっては，アドミッション・ポリシーに基づき，学力を構成する特に重要な以下の3つの要素[10]のそれぞれを適切に把握するよう十分留意する。その際，入学後の教育との関連を十分に踏まえた上で，入試方法の多様化，評価尺度の多元化に努める」（文部科学省，2020）という文言になった[11]。

　さて，天野（1992）は，「一般入試の量的な比重の高いうちは，不平等，不公平感をうむことはない。しかし，多様化の名のもとに学力以外の，ということは客観的でメリトクラティックな，業績本位のそれではない基準で選抜され入学してくる学生の数の増加が，あるレベルをこえれば，状況は一変する」と指摘している。つまり，受験者全員が同一条件，同一環境で実施する学力一斉筆記試験を中心とした一般入試が大半を占めているうちは，一部の特別入試でどのような評価をしていても，ある程度受容されてきたものの，多面的・総合的な評価を伴う入試が，あるレベルを超えるまで拡大すれば，公平性・公正性に関して強い関心が寄せられる可能性が高いと予想している。また，中村（1996）は，「推薦入学制度が，エリートではなくより幅広い層を念頭に置いたマス選抜の制度であると結論付けることで，その後の拡大も含めてなぜ幅広く受け入れられてきたのかを理解することができる」とした。「エリート（選抜）」を「選抜性の高い大学」（中央教育審議会，2014）と読み替えれば，「選抜性の高い大学」において学力一斉筆記試験を中心とする一般選抜が減少することは，選抜の公平性・公正性に対して新たな関心が寄せられることを意味する。現に，東京大学や京都大学をはじめとする難関国立大学でも推薦入試やAO入試の導入が進むなど，学力一斉筆記試験のみを中心とする評価からの転換が図られている。さらに，「国立大学の将来ビジョンに関するアクションプラン（工程表）」（国立大学協会，2015）で示さ

れた「推薦入試，AO入試，国際バカロレア入試等の拡大（入学定員の30%を目標）」も注目すべき動向だろう。

第5節　本書の構成

　こうした大学入試を取り巻く状況を背景に，本書は大きく3部構成で大学入試の公平性・公正性にアプローチする。第1部は，「大学入試における公平性・公正性の捉え方」と題し，第1章と第2章から成る。両章とも既出の研究[12]から構成しているが，大学入試の公平性・公正性を議論する重要なフレームを提示するものである。第1章は，社会心理学を専門とする林洋一郎氏と監修者との共同研究である。大学入試における受験者の公正感に対して社会心理学的視点からアプローチした研究であり，すべての章の起点となっている。特に，林氏が整理した社会心的学的公正研究の枠組みは，各章の重要な分析的視点として用いている。第2章は，第1章の考え方を発展させ，大学入試という選抜試験を「合格（の権利）の分配」という枠組みで解釈し，選抜試験において公平・公正な分配が原理的にあり得るのかという点について検討している。これら2つの研究は，第2部における様々な選抜及び評価の場面における公平性・公正性を検討した論考の前提となる出発点といえる。

　第2部は，「様々な選抜・評価場面にみる公平性・公正性」と題し，第3章から第8章の6章で構成した。これらは大学入試における具体的な選抜方法や評価方法を題材に，その公平性・公正性に注目した既出の研究をまとめたものである。特に，第1部で注目した社会心理学的視点から受験者の公正感にアプローチしたものを中心に再録した。なお，第1部の論考で示された概念や理論等が重複して説明されている部分もあるが，独立した論考として本書の文脈で理解していただきたい。

　第3章は，AO入試を題材に受験生の公平性・公正性認識について，第1章の研究を発展的に検討したものである。特に，合格者と不合格者の違いによるAO入試に対する公正感を分析しているのが特徴である。

　第4章は，「主要教科を中心とした基礎的な学力を評価するペーパーテスト」と「ペーパーテスト以外の評価方法」を軸に，それぞれの評価方法が選

好される要因や特徴を検討したものである。これは学力一斉筆記試験が公平・公正であると信じられてきた入試において，大学進学を希望する高校生が現行の入試制度に対してどのように認識しているのかを理解するうえで有用な視点を提供するものである。

　第5章と第6章は，連続した研究である。人が人を評価する面接は，面接者の主観やバイアスが評価に影響すると言われることが多い方法である。これについて受験当事者からはどのように捉えられているのか。また，社会心理学的公正研究の視点からみたらどのように理解できるのかを検討している。第5章がアンケート調査の自由記述の部分を定性的に分析したものであり，第6章は，実際の入試で面接試験を終えた直後の受験者を対象に調査した実証的な研究である。これら面接評価に関わる論考は，多面的・総合的評価における公平性・公正性を議論するうえで，技術的な観点から有効な視座を提供できると考えている。

　第7章は，入試データを用いて合否入替りによる得点調整の評価方法の有効性と限界を検討した研究である[13]。また，得点調整をめぐって世論が喚起された過去の事例について，社会心理学的公正研究の観点から考察している。複数の教科・科目から選択させるなど，選択の多様性（自由度）を認めようとすれば，必ず直面するのが公平性の問題である。こうした多様性と公平性のトレードオフの関係を考えるために，得点調整に関する技術[14]の実用可能性を知っておくことは，建設的な議論に繋がるはずである。

　第8章は，大学入試センター試験にリスニングテストが導入されて間もない平成19年（2007年）に，大学進学を目指す高校生を対象に調査した研究である。リスニングテストが導入されたばかりということもあり，調査対象となった高校生には，リスニングテストに対して共有されたイメージがない。その状況において，大規模リスニングテストの受験に対する認識について妥当性と均一性の観点から検討している。近年，中央教育審議会（2014）や西郡・園田・兒玉（2019）など，入試おける CBT（Computer Based Testing）の活用が議論の遡上にのることも増えてきたが，こうした新しい評価方法を導入する際に，受験者の心理的側面から何が見えるのかを考えておくことは有効な視点となるだろう。

　第3部は，「公平・公正な入試の実現にむけて」と題し，第9章のみで構

成される。本章は，第1部と2部を踏まえ，公平・公正な入試の実現にむけて入試制度（特に，個別選抜）をつくっていくために，現実的な視点として何が必要であるのかについて書き下ろしたものである。具体的には，入試の公平性・公正性を確保するための共通のルール，共通ルールに従うことで見えてくるアドミッション・ポリシーの重要性，そして，より良い大学入試の在り方を目指して検討すべき視点について提案している。

平成26年（2014年）の高大接続改革答申以降，大学も高校も「何かが変わる」，「何かを変える」という機運が高まっていたのは間違いない。多くの大学や高校が新しい取り組みに着手してきた。しかし，令和3年度（2021年度）入試を目前に，英語民間試験の活用と大学入学共通テストへの記述式導入が立て続けに見送られ，主体性等を評価するための仕組みである「JAPAN e-Portfolio」の運用も停止されるなど，入試改革の目玉とされてきたものが頓挫した。その要因の1つとして，公平性・公正性に関する議論の影響があったとみてよいだろう。高大接続改革の行く末は，「大学入試のあり方に関する検討会議」に委ねられた。現在の議論を傍観する限り，かつてほどの変革を求める潮流は生じないだろう。しばらくは膠着状態が続くとすれば，大学入試改革を議論するときに必ず論点となる公平性・公正性について，改めて議論する良い機会である。本書がそのきっかけになることを期待したい。

文　献

天野　郁夫（1992）．大学入学者選抜論　IDE 現代の高等教育，5月号，5-12.
天野　郁夫（1993）．入学者選抜と学力——多様論批判——　平成4年文部省特定研究報告書 大学における入試選抜に関する研究
荒井　克弘（2005）．入試政策から接続政策への転換　荒井　克弘・橋本　昭彦（編）高校と大学の接続——入試選抜から教育接続へ——　（pp.19-55）玉川大学出版部
中央教育審議会（1991）．新しい時代に対応する教育諸制度の改革について（答申）
中央教育審議会（1997）．21世紀を展望した我が国の教育の在り方について（第二次答申）
中央教育審議会（1999）．初等中等教育と高等教育との接続の改善について（答申）
中央教育審議会（2008）．学士課程教育構築に向けて（答申）
中央教育審議会（2014）．新しい時代にふさわしい高大接続の実現に向けた高等学校教育，大学教育，大学入学者選抜の一体改革について（答申）
中央教育審議会（2018）．2040年に向けた高等教育のグランドデザイン（答申）

大学入学者選抜方法の改善に関する会議（1971）．大学入学者選抜方法の改善について（報告）

大学入学者選抜の公正確保等に関する有識者会議（2019）．大学入学者選抜の公正確保等に向けた方策について（最終報告）

大学審議会（2000）．大学入試の改善について（答申）

木村 拓也（2020）．入試の多様化の経緯と現状　中村高康（編）大学入試がわかる本（pp.45-65）岩波書店

国立大学協会（2015）．国立大学の将来ビジョンに関するアクションプラン（工程表）．

倉元 直樹（2018）．個別大学の入試設計から見た高大接続改革の展望　東北大学高度教養教育・学生支援機構（編）個別大学の入試改革（pp.43-86）東北大学出版会

文部科学省（2020）．令和3年度大学入学者選抜実施要項

村上 隆（1998）．得点調整における公平性の概念――線形等化法における複数の基準の可能性――大学入試研究ジャーナル, *8*, 41-46.

中村 高康（1996）．推薦入学制度の公認とマス選抜の成立――公平信仰社会における大学入試多様化の位置づけをめぐって――　教育社会学研究, *59*, 145-165.

中村 高康（2011）．大衆化とメリトクラシー――教育選抜をめぐる試験と推薦のパラドクス――　東京大学出版会

西郡 大・園田 泰正・兒玉 浩明（2019）．タブレットを用いた「基礎学力・学習力テスト」の開発と導入　大学入試研究ジャーナル, *29*, 105-110.

臨時教育審議会（1985）．臨時教育審議会（第一次答申）．

鴫野 英彦（2003）．国立大学におけるアドミッションオフィスの系譜　高校と大学のアーティキュレーションに寄与する新しい大学入試についての実践的研究　平成14年度日本学術振興会科学研究費補助金（基盤研究［A］）．研究課題番号12301014．研究代表者　夏目 達也．研究成果報告書, 301-313. ［倉元 直樹（監修）　倉元 直樹（編）（2020）．「大学入試学」の誕生　第2章に再録］

高野 文彦（2000）．大学入試とその問題点――意義・弊害・改革――　中島 直忠（編）日本・中国高等教育と入試――二十一世紀への課題と展望――　（pp.62-78）玉川大学出版部

注

1）本章及び第9章では，「公平（性）」及び「公正（性）」という用語について，それぞれを定義せず，一般的な意味として使用し，特に理由がない限り併記する。個別での記述は，引用部分及び個別に表現した方が文意として適切であると判断した場合に限る。

2）外国語の学習，教授，評価のためのヨーロッパ共通参照枠のこと（Common European Framework of Reference for Languages: Learning, teaching, assessment）。6段階の共通参照レベルがある。

3）中村（2011）は，「学校教科の学力を測るために，ある日に受験生を集めて一斉に筆記試験を行う，という方法を意味している」としており，本書も同じ意味合いを表現する場合には，この表現を用いる。

4）近年では，「2040年に向けた高等教育のグランドデザイン」（中央教育審議会，2018）において，「18歳で入学する日本人を主な対象として想定するという従来のモデルから脱却し，社会人や留学生を積極的に受け入れる体質転換を進める必要がある」という方向で学生受入の多様化が展開されつつある。

5）昭和42年度（1967年度）から推薦入学制度が開始された。

6）中村（1996）によれば，「推薦入学制度の公認は，教育拡大という社会的背景において，エリート選抜の論理（＝公平性の主張）が，大衆を受け入れなければならないマス選抜の論理（＝試験地獄緩和の主張）に戦後初めて大きく妥協した現象」と考察されている。

7）主要な入試区分の比較を示したかったため，対象者が少数である「専門高校・総合学科卒業生入試」，「帰国子女入試」，「中国引揚者等子女入試」，「社会人入試」という区分は除外した。

8）令和3年度（2021年度）入試より，「一般入試」は，「一般選抜」と名称変更された。

9）令和3年度（2021年度）入試より，「推薦入試」は「学校推薦型選抜」，「AO入試」は「総合型選抜」と名称変更された。

10）「学力の3要素」のことを示す。

11）中村（2011）は，能力主義に本来的に備わっている自己反省的な性質を「メリトクラシーの再帰性」と呼んだ。この考え方を踏まえれば，学力の3要素を多面的・総合的に評価しようとする動きは，メリトクラシーの再帰性の高まりとみることができるだろう。

12）初出一覧として p.209に掲載。

13）合否入替りは，一般に理解しやすく合理的で受け入れられやすい入試研究の代表的な技法である。

14）得点調整の公平性の考え方について理論的に検討ものとして，村上（1998）などが挙げられる。

目　次

第3部　公平・公正な入試の実現にむけて

大学入試における
公平性・公正性の捉え方

公正研究から見た大学入試

林 洋一郎・倉元 直樹

◆◇◆
第 1 節　大学入試と公平性

1．わが国の大学入試

　明治 6 年（1873年）の学制施行以来，日本の学校教育における教育成果の評価と選抜は，主に試験という手段に依存してきた。明治33年（1990年）の第 3 次小学校令において，過度な競争がもたらす教育への悪影響の批判を受けて廃止されるまで，小学校の段階において進級・卒業試験が存在した（天野，1983）という例外的事例があるにせよ，歴史的事実に各学校段階の「入り口」時点での評価に基づき選抜が行われる，というわが国の学校教育制度の特徴は100年以上も前からの伝統である[1]。

　したがって選抜競争の激しさを「受験地獄」として社会問題視する観点も古くから存在する。また，「猫の目」と称されるような頻繁な入試制度改革も現在に始まったことではない。例えば，わが国に初めて大学と旧制高等中学校が誕生した明治19年（1886年）から終戦の昭和20年（1945年）までに，旧制高等学校の入試制度は合計 7 回改定されている（竹内，1999）[2]。

　こうした「受験地獄」や「猫の目」改革に象徴される大学入試に関する諸問題は，第二次大戦後に生じた高校や大学への急激な進学率の上昇によって，より多くの人にとって身近で切実な問題となったと思われる。図 1 - 1 は昭和35年（1960年）から平成12年（2000年）に至るまでのわが国の18歳人口，高校卒業者数，大学進学率を示したグラフである。大学進学率は1970年代前半まで急激な伸びを示し，その後しばらく同程度の水準で推移したあと，1990年代に入って再び上昇に転じた。その結果，短大を含めた大学進学率は，現在（2003年），ほぼ50％に達している。教育社会学者のマーチン・トロウ

（Martin Trow）の分類に従えば，わが国の高等教育は，いよいよ「誰でも大学で学ぶことが当たり前」のユニバーサル段階（トロウ，1976）に突入しつつあると言える。また，苅谷（1995）は，このような高等教育の量的拡大を「大衆教育社会」の到来と表現している。

　かつて，将来の社会を担うエリートの選抜という意味を持っていた大学入試は，現在では微妙にその役割を変えつつあるかもしれない。しかし，わが国において，大学入試がきわめて社会的関心の高い問題であることには明治時代以来変わりがない。その一方で，大学入試を選抜，評価の技術的側面から学問的に議論しようという試みは一応存在した（鴫野，2003）にせよ，とても十分なものとは思えない（例えば，倉元，2001；倉元・川又，2002）[3]。

　そこで本稿では，大学入試に関して山積する研究課題の中でも，選抜や評価の社会心理学的メカニズム，特に公正という観点にアプローチすることとした。公正に注目した理由は，大学入試が「公正」，「公平」であるべきであることに充分なコンセンサスが得られていると判断できるからである。さらに，大学入試における公正の分析を通して，わが国の選抜や評価に内在する共通問題が明確化されることも期待される。

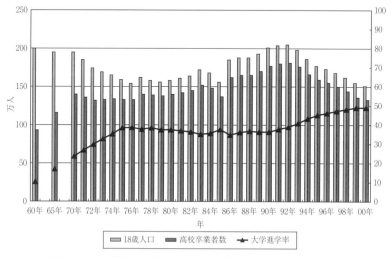

図1-1．わが国の18歳人口，高校卒業者数，大学進学率の変遷

2．大学入試の現状と公正

　大学入学者選抜において暗黙のうちに前提とされている公正の概念は，近年，目に見える形で現実に噴出している問題の背景に見え隠れしている。例えば，大学入試センター試験の外国語科目にリスニングテストを導入すべきだという議論が長年の間あったが，異なる試験場で同一の条件を整えることが難しいという理由で実施が見送られてきた[4]。また，平成15年度（2003年度）入試において，ある私立大学で起こった入試ミスも基本的に同じ考え方の下で問題視された事例とみなせる。そのケースでは，解答用紙の封入ミスから端を発し，試験場によって監督者の指示のばらつきが原因で試験の条件が異なっていたことを理由に，学部によっては200名近い追加合格者を出すに至った。ここに見られる追加合格措置の類も，同一条件という意味での公正の侵犯に対する事後補正という観点からの次善策と見なされる。

　ところが，一歩引いた視点から見ると，「条件の同一性」という意味での「公正」の原理は貫徹していない。例えば，等化や尺度化の成されていない状況で，異なる教科・科目の得点や選択問題の得点がそのまま加算されて合否判定に用いられることは，長年，当たり前のように行われている。以上のことからも，受験者間で実施条件が同一であるという基準が満たされていなくとも，あるものは公正さの上で問題だとされる一方で，別な条件は特に問題視されないという状況があるのに気づく。

　前段の議論はあくまでも同一時点，同一方法の試験に見られる現象に関する指摘である。しかし，現状ではこの問題はさらに複雑化している。

　ここ20年ほどの大学入試政策は，「多様化」の推進というキーワードに集約される。多様化政策の下では，基準の異なる選抜単位を設けることが奨励されてきた。例えば，国立大学に限っても，分離分割方式[5]で定員を2回の試験に分けて実施するという施策だけでなく，推薦入学やAO入試という別枠の導入・普及が急速に進んでいる。特に，私立大学の場合，推薦入学等，従来からの一般入試に含まれないルートを経由して入学する者の比率が半分近くに達している（図1-2参照）。

　このような多様な選抜ルートが並存している状態は，公正の観点からどのように理解されているのであろうか。行政当局も，多様な選抜方法の存在の正当性を，公正の観点から整合的に説明しようと腐心している。例えば，平

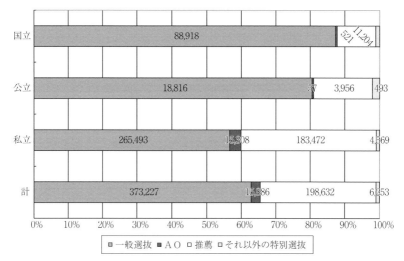

図1-2．平成13年度（2001年度）大学入学者の入試区分別人数

成12年（2000年）末に出された大学審議会の答申は，間接的ではあるが1つの見解を提示している（大学審議会，2000）。答申の中に，「1点差刻みの絶対的公平性に固執すべきではない」という記述がある。これは大学の「偏差値序列化」に対する社会的批判を反映したものであるが，同時に公正さに関する見解も示唆している。つまり高校，大学といった同一カテゴリーに所属する生徒や学生の能力格差を学力検査等の方法により厳密に測定し，その結果に基づいて選抜することが「絶対的公平」であるが，そのような能力格差そのものの存在を明示するのは「公正」ではないと考える価値観である。また，能力には多様なものがあり，それを多面的に評価するのが「公平」なのであるから，同一の結果（合格）を得るために異なる評価基準・手段が存在すること自体が「公平」だというニュアンスも含意されている[6]。結果的に，異なる方法，異なる基準による選抜ルートを経由して入学した者が入学後には一転して同一の待遇を受けることに対し，公正の観点からの問題提起の可能性を意識しつつ，制度の正当性を擁護しようとしている姿勢がうかがえる。

　しかし，多様な選抜方法を単に並存させている状況を公正と見なし，能力格差が明らかになることを不当と見なす見解は，決して普遍的なものではない。それは，諸外国の入試制度と比較すれば明らかである。例えば，オース

トラリア・クィーンズランド州の大学入学者選抜システムでは，受験者個人の能力（merit）の評価のための原資料は多様であるが，最終的には完全に指標化されて99段階のランクに位置付けられる。また，QCSテストという，高校間の学力水準の格差を測定し，明らかにすることを目的とした統一試験が存在し，大学入学者選抜に活用されている（山村，1996）。この制度の背景にある理念は，受験者の能力を厳密に査定し，差異を一元的に明確化することによって「公平」を維持しようとする考え方である。

　以上のような対極とも言える公正に対する考え方からも明らかにように，何を持って「公平」とするか，という判断は，実は極めて難しい問題を含んでいる。そこで本研究は，大学入試をめぐる公正についてやや詳細に議論する。主として産業組織における様々な評価場面から発展を遂げた公正理論に依拠して，大学入試という状況の特徴を整理していくこととする。

3. 入試制度の評価軸

　大学入試が「公正」，「公平」であることが重要だという点に関しては，万人の意見の一致するところである。しかしながら，わが国とオーストラリア・クィーンズランド州のケースとの比較から明らかなように，何を持って公平と見なすかの判断は難しい。しかも，筆者らの知る限り，そうした大学入試の文脈においてアプリオリに前提として存在する公正に関する考え方そのものの内実に焦点を当てて行われた研究は存在しない。大学入試における公正を分析するためには，3つのアプローチが考えられる。第1の方法は，合格の格差や機会均等など社会的意味から公正を取り上げるものである（佐藤，2000；苅谷，2001）。例えば，人種，性別，親の学歴など人口統計学的な属性によって進学率や合格率に系統的な差異がないかどうかを検討するものである。これは，社会学的な視点からのアプローチである。

　第2の方法は，テスト理論の立場から，統計学的妥当性から公正を判断する試みである。例えば，先述したような，本人の実力以外の偶然的な要因として，教科，科目，問題の選択によって結果的に生じる有利不利を公正に対する瑕疵と見なされる[7]。これは，心理測定的なアプローチと言える。

　第3の方法は，個人の主観的な公正感に注目するものである。例えば，どういった出題内容であれば公正と感じるか，どういった選抜手続きであれば

納得するかなどを検討する。これは，社会心理学的アプローチである。

　本研究は，基本的に第3の主観的な公正理論に依拠して，多様な入試制度が並存する状況，すなわち同一方法，同一基準による選抜という条件が成立しない状況での「公正さ」，「公平性」とは何か考察していく。はじめに，代表的な公正理論について概観する。次に，公正な入試や選抜の条件や基準を提起する。最後に，AO入試を例に取った大学受験の当事者の意見に関するアンケート調査結果について，公正理論の観点から分析を加える。

第2節　公正理論

1.　公正研究の系譜

　公正（fairness, justice）へのアプローチは，規範的議論と経験的議論に大別される（宮野，2000）。規範的議論とは，公正な資源配分の状態を明らかにする試みである。客観的公正とも呼ばれる（山口，2002）。法学，哲学，厚生経済学や社会選択論の議論などが該当する。これに対して，経験的議論は，人々の公正に対する考え方や知覚の仕方に焦点を当てる。社会学や社会心理学による公正感の議論の多くが含まれる。経験アプローチは，個々人の公正判断を強調することから主観的公正研究とも言えよう（Tyler, Boeckmann, Smith & Huo, 1997）。

　歴史的には客観的公正研究の方が遙かに古い。例えば，哲学における「正義論」の源流は，アリストレスのニコマコス倫理学までさかのぼる。アリストレスは，配分的正義と矯正的正義を区別した。客観的公正研究から発展した主観的公正研究も多い。したがって両者の優劣を議論することは全く意味がないが，個人の公正感を明らかにするためには社会心理学的アプローチが有益であると思われる。人が何を正しく，公正と判断するかを明らかにする試みは，社会状況における人々の様々な思考，認知，感情を問題にせざるを得ない。例えば，不平等な処遇がある場合には公正と見なされるが，別の場合は不公正と見なされることもある。また，不利益や負担を被るとしてもある決定を受容することもありうる。これらの疑問に客観的な公正を一律に当てはめて回答することは不可能であり，社会心理学的視点が必要である。そ

こで次項では，社会心理学における公正の操作的定義や構成概念を紹介する。

2．社会心理学における公正の概念

　これまでの道徳哲学的な公正研究を統合し，人びとの公正感を実証可能に定義したものが社会心理学の重要な貢献である。社会心理学の中で，結果[8]と手続きという2つの要素から公正さを定義することがより明確化された。前者は，結果の公正あるいは分配的公正と呼ばれ，分与された報酬や下された決定に対する個人の公正判断を問題にする。後者は，手続き的公正と呼ばれ，報酬配分や意思決定手続きに対する個人の公正判断を意味する。これによって公正さに経験的根拠を付与することが容易になり，様々な領域に研究の地平が拡がった。現在では，分配的公正や手続き的公正以外の公正概念が提唱されているが，いずれも結果と手続きという概念枠組みを基盤としている（Greenberg, 1993; Bies, 2001）。次に，分配的公正と手続き的公正の代表的理論を紹介する。

3．分配的公正の理論

3.1．相対的剥奪理論（relative deprivation theory）

　分配される資源に対する公正知覚がその客観的な性質ではなく相対的な性質により決定されることを指摘し，心理学的公正研究への先駆けとなったのが相対的剥奪理論である。相対的剥奪理論によれば，自分が得た資源に対する満足感は，獲得資源の絶対量ではなく，他者が得た資源との比較によって決定されると仮定する。つまり高額の給与を得たとしても比較した他者がそれ以上の給与を得ていれば不満を抱く。逆に，低い給与であっても比較の対象とした他者もそれほど高い給与を得ていなければ不満感は少ない（Stouffer, Suchman, Devinney, Star & Williams, 1949）。この仮定から，個人は自分の処遇のふさわしさや適格さを客観的性質から判断するのではなく，他者の処遇と比較した相対的性質によって判断する可能性が示唆された。相対的剥奪理論は，ふさわしさや適格さの根拠を明示していないが，適格さの観念を強調することによって公正理論の先駆的研究と見なされる（Tyler, Boeckmann, Smith & Huo, 1997）。

　Crosby（1976）は，個人の相対的剥奪感とは，次の5要因によって作り出

される情動的心理状態と指摘した。例えば，ある資源や機会を得ることができなかった個人が，1）それを欲しいと思い，2）それを得る権利があると思い，3）他人がそれを持っていることを知覚し，4）それを手に入れることが可能であると考え，5）それが手に入らないのは（本人の）個人的な責任によることではないとを認めようとしない場合に，剥奪感が生じると指摘される。その後，Crosby（1982, 1984）は，よりシンプルな3要因モデルも提起している。ここでは，1）特定のものを欲していること，2）それを持っていないこと，3）そのものを得る権利があると思うことである。

3.2.　衡平理論（equity theory）

公正知覚における比較の観点を発展させ，さらに精緻化させたモデルがAdams（1965）による衡平理論である。衡平理論によれば，自分の貢献度（インプット）と報酬（アウトカム）の比率が同一条件下の比較他者の比率と均衡していれば，個人はその状態を衡平であり，分配的に公正であると判断すると説明される。分配的公正は次の（1）式で示される。

$$O_S/I_S = O_o/I_o \qquad (1)$$

ただし，I_Sは自分のインプット，O_Sは自分が得たアウトカム，I_oは比較他者のインプット，O_Oは比較他者のアウトカムである。インプットやアウトカムには多様な要素が仮定されている。例えば，インプットとして年齢，性別，学歴，勤続年数，能力，技能などが挙げられており，アウトカムには給与，ボーナス，昇進，承認，満足感などが含まれる。それゆえ衡平理論は給与の問題を巡って発達してきた議論でありながら，それだけではなく様々な場面に応用されている（Cook & Yamagishi, 1986）。

不釣り合いな状況は，自分の貢献－報酬比が他者のそれより高い過剰支払いによる不衡平と自分の貢献－報酬比が他者のそれより低い過少支払いによる不衡平という2種類に分けられる。衡平理論によれば，不衡平状態にある個人は心理的緊張感を抱く。過剰支払いの場合は，罪悪感を持ち，過少支払いの場合は怒りを感じる。この心理的緊張は，個人にとって不快な状態であるために不衡平を排除・低減しようと動機づけられる。この不衡平状態を軽減する方法としてAdamsは，以下の5つをあげている（田中，1998）。

①4つの成分（I_s, I_o, O_s, O_o）のいずれかの現実的な変更が行われる。

②4つの成分（I_s, I_o, O_s, O_o）のいずれかの認知的（あるいは心理的）変更が行われる。

③不衡平が生じている状況から離れる。

④不衡平が生じている状況から比較相手を離れさせる。

⑤比較する対象を変更する。

3.3. 衡平原理以外の分配的公正基準

　自分の受けるべき報酬や処遇の適格さ（分配的公正）を評価するに当たって，衡平原理に適っているかどうかが重要であることが示された。しかし分配的公正さを規定する道徳基準は衡平原理だけではない。例えば，Deutch（1975）は衡平以外に，均等と必要性という2つの原理を指摘した。その後の研究から，人々が状況に応じて多様な公正原理を使い分けていることが示されている（Lerner, 1977; Leventhal, 1980; Barret-Howard & Tyler, 1986）。公正原理の多元性は，各原理が選好される条件を模索する研究分野を生み出した。Hegtvedt & Markovsky（1995）は，このような研究を配分選好理論と呼んだ。Tyler et al.（1997）は，分配的公正原理の選好に与える要因を表1-1のように整理した。

　表1-1に示された公正規範も含め，Deutchは15種類の規範を指摘した。また，日本人は努力に応じた配分を好むと知られている（斎藤・山岸，2000；佐藤，2000）。

　分配結果の公正さを規定する要因について議論してきたが，分配に至る過程や手続きも公正さの要因であることが知られている（Thibaut & Walker,

表1-1. 配分選好に影響を及ぼす要因

公正規範	目標 (Deutch, 1975)	関係のタイプ (Fiske, 1992)	政治的態度
衡平	経済生産性	市場価格 権威序列	保守的
均等	社会的調和	平等均衡	リベラル
必要性	個人的成長 個人的安寧	相互共有	リベラル

1975; Leventhal, 1980; Greenberg, 1987; Greenberg, 1990）。

　次に，手続きに関わる公正さの要素について議論する。

4. 手続き的公正の理論

　公正の第2の概念が，手続き的公正である。これは意思決定の手続きや過程に対して感じられる公正さである（Folger & Greenberg, 1985; Greenberg, 1990; Lind & Tyler, 1988; Sheppard, Lewicki, & Minton, 1992）。教育場面で言えば，入学者の選抜や学業成績の評価をするに当たって様々な意思決定が行われる。選抜の方法や基準は適切であるか，成績は偏向がなく中立的な見地から決定されたか，などはすべて手続き的公正の問題である。それゆえ選抜の問題の多くは，基本的に手続き的公正に帰着することが予想される。

　手続き的公正研究は，これまで大きく2つの枠組みから議論されてきた。すなわち，Thibaut & Walker（1975）のコントロール理論（control theory），Leventhal（1980）の手続き的公正基準である。

4.1. Thibaut & Walker（1975）のコントロール理論

　手続き的公正の先駆的研究は Thibaut & Walker（1975）によって手がけられた。彼らの理論は報酬分配状況でなく，裁判など第三者による紛争解決状況を想定したものであるが，決定過程における影響力行使に対する知覚が手続き的公正判断の基準となることを指摘した。一般に，人々は自分に有利な結果を得ることに関心があるため決定権を保持しようとする。しかしながら，互いに決定権を主張し合えば紛争解決は期待できない。そこで社会関係の維持や紛争解決を図るために，決定権を第三者に委譲する。その場合でも，自分にとって少しでも有利な結果を導くために，第三者の意思決定過程をコントロールしようとする。これが過程コントロールである。過程コントロールとは紛争解決の基盤となる証拠や情報を自由に選定し提示できる程度と定義される。なお，紛争結果を一方的に支配できる程度は，決定コントロールと定義される。公正さの知覚に関して，決定コントロールより過程コントロールの方が重要であることが知られている。当事者に最終的に意思決定をさせる余地を残すよりも，決定過程で自分の意見を主張できる機会を与えることの方が重要であるとこれまでの研究から見出されている。

4.2. Leventhal（1980）による手続き的公正の基準

Thibaut & Walker（1975）は，その後の手続き的公正研究に多大な影響を残した。しかしながら彼らが指摘した手続き的公正要因はコントロールに限定されている。そこで Leventhal（1980）は，手続きの公正さを評価するより広い枠組みを提示した。彼は手続き的公正の要因として 6 つのルールをあげた（表 1 - 2 参照）。

Leventhal は，上記の 6 ルールを実証したわけではないが，その後の研究から公正知覚の要因であることが見出されている（Sheppard & Lewicki, 1987; Moorman, 1991）。

第 3 節　調査

本研究では，以上のような公正理論に関する議論を前提として，実際の受験生[9]が入試を巡ってどのような観点から公平性を捉えているのか，探ることを試みた。

1．データ

分析の材料とするのは，平成12年度（2000年度）東北大学新入学生を対象としたアンケート調査（東北大学アドミッションセンター，2001）の一連の項目のうち，1 つである。東北大学の「AO 入試」に対する意見を求めるも

表 1 - 2．Leventhal の手続き的公正のルール

基準	内容
一貫性（consistency）	時間や対象者を越えて一貫した手続きが適用される
偏りの無さ（bias suppression）	個人的利害や思想的先入観が抑制されている
正確さ（accuracy）	正確な情報を基盤として決定が下されている
修正可能性（correctability）	再審理の機会がある
代表性（representativeness）	すべての関係者の利害関心や価値観が反映されている
倫理性（ethicality）	基本道徳や倫理に反しない

ので，設問内容は以下の図1-3のようなものである。本研究では，その自由記述部分のみを分析の対象とする。

1.1. 東北大学の AO 入試

　質問項目内容の背景的な文脈の理解のため，東北大学の AO 入試について簡単に解説を加える。なお，詳しくは，倉元（2000），倉元・奥野（2001），倉元・川又（2002）等を参照のこと。

　平成2年（1990年）から慶應大学 SFC が実施している「AO 入試」は，学力試験を課さず，受験生の提出する分厚い書類と面接によって入学者を選抜するという，導入当時は珍しい大学入試方法であった。しかし，実施に手間が掛かるといった事情もあり，追随する大学は多くなかった。ところが，大学入試多様化政策の文脈の下，第16期中教審答申（中央教育審議会，1997）で AO 入試が取り上げられてから様相が一変することとなった。平成11年度（1999年度）には，国立大学でも九州大学，筑波大学，東北大学にも AO 入試の実施を目的の一部としたアドミッションセンターが設置され，平成12年度（2000年度）入試では一気に70以上の大学に広がった。文部科学省の調査によれば，平成14年度（2002年度）では，国立12，公立4，私立270，合計286大学で AO 入試が実施されたということであり，ますます増加傾向にある。

　一口に「AO 入試」と言っても内実は様々である（倉元，2001）。東北大学では当初から「学力重視」を前面に掲げ，選抜方法でも慶應 SFC モデル

Q4．東北大学の AO 入試は，**充分な基礎学力を基盤とした上で，意欲，志望動機等を重視する**ものですが，あなたはそのポリシーを知っていましたか？また，それについてどう思いますか？

東北大学の AO 入試のポリシーを（1：知っていた，2：知らなかった）
東北大学の AO 入試に対する意見：

図1-3．質問項目

とは違う方式の確立を目指してきた。東北大学の AO 入試は従前から行ってきた推薦入学からの移行であり，推薦との継続性を保とうとしている。一方，AO 入試に対しては，学力基準を度外視した学生確保というイメージが強い。現状では，東北大学の AO 入試は典型的なものではない。

東北大学の AO 入試には，平成12年度（2000年度）に工学部・歯学部の AO 入試が導入され，平成13年度（2001年度）から理学部，平成15年度（2003年度）には文系から初めて法学部が加わって，現在の 4 学部体制に至っている。

1.2.　調査データの収集

東北大学アドミッションセンターでは，AO 入試を初めて実施した平成12年度（2000年度）から，東北大学 4 月入学者に対し，AO 入試とオープンキャンパスに関わるアンケート調査を行っている。入学手続き者数2,427名中有効回答者数2,401名（回収率98.9％）であった。

1.3.　KJ 法による意見の分類

本研究ではその中から，AO 入試を実施していた学部と実施していなかった学部をそれぞれひとつずつ選び，それを用いて図 1 - 3 に示した東北大学の AO 入試に対する意見，および，それに続く「他大学の AO 入試に対する意見」に関する自由記述データに関して，記述を細かい要素に細分化した上で，KJ 法による分類を行った（倉元・林，2001）。その後，他の学部のデータも参照しながら意見を再分類し，最終的に表 1 - 3 に示す12観点，48カテゴリーを作成した（倉元・林，2002）。1 つひとつの自由記述は，その内容に各カテゴリーの要素が含まれるかどうかという観点で評定され，含まれる要素には「 1 」が記入される。すなわち，無回答以外のほとんどの意見は，1 つ，または，複数のカテゴリー要素から構成されて出来上がっていると考えることとした。

本研究では，共著者 2 名を含む 3 名の評定者が自由記述の内容を独立にチェックした。

表１-３．意見分類の観点とカテゴリー

カテゴリー	項目	カテゴリー	項目
a．賛否	１．賛成	f．運用	１．運
	２．反対		２．公平性・基準一貫性
	３．分からない		３．努力が報われない・楽・抜け道
	４．無関心		４．適性
	５．一般入試に反対		５．高校内調整
b．独自性	１．新しい		６．全般
	２．推薦と同じ	g．機会	１．アピール
	３．一般入試と同じ		２．受験機会増加
c．学力	１．重視すべき		３．一般試験の定員減少
	２．重視してる		４．機会の多様化
	３．軽視してる		５．募集人員が多すぎる
	４．重視すべきでない	h．期待	１．定員拡大
d．評価観点	１．人物（人柄・人間性）		２．学部拡大
	２．意欲	i．懸念	１．学力低下
	３．個性		２．教育改悪
	４．一芸		３．入学後教育
	５．志望動機	j．広報への不満	１．アクセス
	６．多様性（学力以外）		２．内容
e．評価方法への疑問	１．調査書への疑問	k．理念	１．大学運営
	２．面接への疑問		２．青田買い
	３．小論文への疑問		３．ポリシー
	４．学科試験を重視すべき		４．人材発掘・入学後好影響
	５．学科試験を重視すべきではない	l．予測	１．増加
	６．試験期間（時間）が短い		
	７．センター試験への疑問		

2. 結果

2.1. 評定の一致度とデータの特徴

　2,401名分の回答のうち，1名分のデータに誤りがあったので取り除いた。結果的に2,400名分の回答が本調査の分析対象となった。さらに，ほとんどは無回答と思われる，3名の評定者全員が一切チェックを行わなかった回答が536名分存在したため，これを取り除くと有効回答者数は1,824となった。そのうち，評定者全員の評定が一致した回答は1,274名分（有効回答者数の69.8％）であった。

　表1-4にカテゴリーごとのチェック数と一致率を示す。ここで言う「一致率」とは，当該カテゴリーに対して評定者のうちのひとりでも「1」と評定したデータ数に対する，全員一致で「1」と評定したデータ数の割合である。一致率にばらつきが見られると同時に，一部のカテゴリーを除いて基本的に出現率の低い性質のデータであることが分かる。

2.2. 賛否を規定する要因

　「a1. 賛成」とは，「東北大学のAO入試」に対して肯定的な意見である。「a2. 反対」とは，「東北大学のAO入試」に対して否定的な意見である。この2つに関して3名の評定者全員が全て一致した評定を示したデータのみを取り上げて，その意見と同時にチェックされたカテゴリーの比率（共起率）を比較することとした。「a1. 賛成」が「1」で「a2. 反対」が「0」のデータ数は745，「a1. 賛成」が「0」で「a2. 反対」が「1」のデータ数は111，「a1. 賛成」，「a2. 反対」とも「1」のデータ数は皆無であった。なお，「a1. 賛成」，「a2. 反対」とも「0」のデータ（無回答を含む）835は分析の対象としない。「a1. 賛成」，「a2. 反対」以外のカテゴリーについては，1件でもチェックがあった場合に「1」と判断することとした。

　結果は表1-5，表1-6に示すとおりである。なお，統計的仮説検定は，いずれも2×2分割表に対して自由度1の補正付カイ2乗検定で行った結果である。ボールドで示した観点，カテゴリーが統計的に有意とされた結果である。期待度数が十分な数に達しないセルがあるケースでは，検定を行わなかった。

表1−4．チェック数と一致率

	カテゴリー	1名	2名	3名	一致率		カテゴリー	1名	2名	3名	一致率
a	賛成	148	255	775	65.8%	f	運	16	2	2	10.0%
	反対	160	250	114	21.8%		公平性	133	79	27	11.3%
	分からない	36	24	51	45.9%		抜け道	42	6	2	4.0%
	無関心	45	29	92	55.4%		適性	69	6	1	1.3%
	一般反対	6	1	2	22.2%		校内調整	13	2	0	0.0%
b	新しい	26	7	9	21.4%		全般	174	33	13	5.9%
	推薦と同じ	9	16	59	70.2%	g	アピール	19	0	4	17.4%
	一般と同じ	36	5	4	8.9%		機会増加	39	12	6	10.5%
c	重視すべき	162	54	25	10.4%		一般減少	23	6	5	14.7%
	重視してる	94	66	29	15.3%		機会多様化	32	11	1	2.3%
	軽視してる	44	4	0	0.0%		人員過多	16	9	5	16.7%
	べからず	28	5	4	10.8%	h	定員拡大	41	15	26	31.7%
d	人物	71	33	13	11.1%		学部拡大	52	39	58	38.9%
	意欲	65	134	157	44.1%	i	学力低下	67	5	7	8.9%
	個性	18	1	3	13.6%		教育改悪	10	0	0	0.0%
	一芸	32	0	0	0.0%		入学後教育	33	6	2	4.9%
	志望動機	65	63	69	35.0%	j	アクセス	21	19	11	21.6%
	多様性	78	32	29	20.9%		内容	41	15	8	12.5%
e	調査書疑問	26	13	4	9.3%		大学運営	24	8	1	3.0%
	面接疑問	63	33	28	22.6%	K	青田買い	2	1	2	40.0%
	小論文疑問	15	12	11	28.9%		ポリシー	82	48	33	20.2%
	学科重視を	30	18	3	5.9%		人材発掘	79	26	15	12.5%
	学科軽視を	27	1	0	0.0%	l	増加	0	0	0	0.0%
	時間短い	53	9	3	4.6%						
	センター疑問	25	17	12	22.2%						

a．賛否，b．独自性，c．学力，d．評価観点，e．評価方法への疑問，f．運用，g．機会，h．期待，i．懸念，j．広報への不満，k．理念，l．予測

3．考察

3.1.　賛否の要因

　表1-5，表1-6の分析結果が示すように，我々が探索的に見出したカテゴリーや観点の一部に賛否によって共起率の違いが見られた。共起率の違いは，「東北大学のAO入試」のカテゴリーや観点が賛否の意見形成に影響を及ぼす要因である可能性を意味する。そこで我々は，賛成とは現行制度を基本的に「公正」と見なした反応であり，反対とは「不公正」と見なした反応であるとの前提の上で，公正理論の観点から分析結果を解釈することとした。さらにこれら解釈を通して，大学入試制度に対する公正感について含意を得ることを試みた。

3.2.　観点と公正感

　はじめに，賛成と反対によって，観点のレベルにおいて共起率に差異のあったものについて検討する。表1-5を見ると，賛成者と反対者によって出現率に違いがあった項目は，独自性，評価方法の疑問，運用，期待の4つであった。第1に，独自性を見ると，賛成（4.8%）に比べて反対（10.8%）

表1-5．「賛否」と共起した比率 (観点レベル)

観点	賛成（745）	反対（111）
b.　独自性	**4.8%**	**10.8%**[*]
c.　学力	20.7%	17.1%
d.　評価観点	31.0%	31.5%
e.　評価方法への疑問	**4.4%**	**33.3%**[**]
f.　運用	**8.5%**	**45.0%**[**]
g.　機会	7.9%	10.8%
h.　期待	**12.5%**[**]	**1.8%**
i.　懸念	5.5%	8.1%
j.　広報への不満	1.1%	0.9%
k.　理念	17.7%	11.7%
l.　予測	0.0%	0.0%

*: $p<.05$, **: $p<.01$

表1-6．「賛否」と共起した比率（カテゴリーレベル）

	カテゴリー	賛成 (745)	反対 (111)		カテゴリー	賛成 (745)	反対 (111)
a	分からない	0.5%	0.0%	f	運	0.7%	0.9%
	無関心	0.1%	0.0%		公平性	3.5%	26.1%**
	一般反対	0.5%	0.0%		抜け道	0.7%	10.8%
b	新しい	3.0%	0.9%		適性	3.1%	7.2%
	推薦と同じ	0.3%	4.5%		校内調整	0.1%	3.6%
	一般と同じ	1.6%	5.4%		全般	2.8%	20.7%**
c	重視すべき	11.7%	9.9%	g	アピール	1.3%	2.7%
	重視してる	15.7%**	0.9%		機会増加	4.0%	0.9%
	軽視してる	0.1%	7.2%		一般減少	0.9%	6.3%
	べからず	1.3%	1.8%		機会多様化	3.4%	0.9%
d	人物	6.0%	8.1%		人員過多	0.1%	1.8%
	意欲	18.5%	19.8%	h	定員拡大	4.8%	0.9%
	個性	1.3%	2.7%		学部拡大	11.0%**	0.9%
	一芸	1.7%	4.5%	i	学力低下	4.0%	4.5%
	志望動機	9.7%	17.1%*		教育改悪	0.3%	2.7%
	多様性	10.6%	8.1%		入学後教育	1.2%	1.8%
e	調査書疑問	0.5%	7.2%	j	アクセス	0.8%	0.9%
	面接疑問	2.3%	11.7%**		内容	1.1%	0.0%
	小論文疑問	0.0%	3.6%	k	大学運営	2.3%	3.6%
	学科重視を	0.5%	14.4%		青田買い	0.0%	1.8%
	学科軽視を	1.3%	1.8%		ポリシー	9.0%	11.7%
	時間短い	0.4%	3.6%		人材発掘	9.5%**	0.0%
	センター疑問	0.1%	5.4%	l	増加	0.0%	0.0%

a．賛否，b．独自性，c．学力，d．評価観点，e．評価方法への疑問，f．運用，g．機会，h．期待，i．懸念，j．広報への不満，k．理念，l．予測

＊：$p<.05$，＊＊：$p<.01$

の方が，出現率が高い。したがって独自性は，賛成より反対と共起する確率が有意に高いことを示している。なお，独自性とは，従来の入試と比べてAO入試を新しい制度と思うかどうかを表す観点である。これは回答者が，新しい選抜の導入を好意的に見ているのではなく，どちらかと言えば不公正なものであると見なしている様子を示唆する。表1-6のカテゴリーレベルの分析からは有意な差は見出されないが，「新しさ」は賛成と結びつく傾向があった。一方，名称が新しいだけで内実は従来からの選抜方法と同じと考えた者は，反対意見を持つ傾向が見出された。第2に，評価方法の疑問も賛成（4.4％）より反対（33.3％）との共起率が高かった。これは，評価方法に疑問を抱く受験者ほど不公正を知覚することをうかがわせる。第3に，運用も賛成（8.5％）より反対（45.0％）との共起率が高かった。これは，評価方法だけでなくその運用面も公平知覚に重要であることを示唆する。評価方法の疑問と運用という観点の共起率に違いが生じたという結果は，入試制度の公平さを判断するために手続きも重要な要素であることを示している。これは，結果－手続きという分析枠組みが妥当であることを示唆する結果であり，注目すべきである。また，方法と運用といういわばハードとソフトの両面から手続き的公平判断が下される可能性を示す結果であり，興味深い。第4に，期待は，反対（1.8％）より賛成（12.5％）との共起率が高かった。期待とは，定員やAO入試を導入する学部の機会の拡大である。これは，入学への確率が高まることが公正とみなされる，自己利得の効果を反映した結果かもしれない。こうした自己利得と公正の関連は，自益的バイアスと呼ばれる（Messick & Sentis, 1985）。

　さて，これまで観点のレベルで賛否と共起率の考察を行ってきた。しかしながら，表1-6からも明らかなように観点レベルで違いが見出されなくともカテゴリーレベルで違いのあるものも確認される。これは観点レベルの分析だけでは不充分であり，カテゴリーレベルの分析が必要であることをうかがわせる。そこで次に，カテゴリーレベルの違いを検討することとした。

3.3.　カテゴリーと公正感

　第1に，学力を重視しているという認知が反対（0.9％）より賛成（15.7％）とより多く共起した。これは，学力を重視するというアドミッ

ションポリシーが，公平に受け止められることを示唆する。これは2通りの考察が可能である。1つは，日本人の努力好きを反映した結果という考察である（斎藤・山岸，2000；佐藤，2000）。つまりこれまで勉強した努力の賜物である学力に応じて適正に合格を配分せよという考え方である。これとは別に，Gilliland（1993）の指摘した職務関連性からの考察も可能である。彼は，職場の採用システムの公正さに寄与する要因として職務関連性を指摘した。これは，採用後の職務に関連する基準に基づいて応募者を評価する程度を意味する。Schuler（1993）は，応募者が，職務関連性の高いテストによる評価を透明性の高い採用と見なす傾向があると報告した。さて，学力とは，入学後の学習活動の基盤となる資質である。学習活動を「職務」と考えれば，学力重視とは入学後の「職務」と関連性の高い要素であると思われる。それゆえ学力重視のテストは，透明性も高く，公正なものであると受け取られたと考えられる。第2に，志望動機は，賛成（2.3%）より反対（17.1%）と共起する確率が高かった。これも透明性の点から解釈できる。志望動機とは作為を行う余地が大きく，不透明な評価要素と見なされるのかもしれない。

　第3に，面接を疑問というカテゴリーは，賛成（2.3%）より反対（11.7%）の共起率が高かった。これは面接手法への不信をうかがわせる。職場における面接は，構造化面接と非構造化面接に分けられる（Whetzel & McDaniel, 1997）。構造化面接とは，面接担当官や質問する項目をすべてに応募者間において均一にするというものである。一方，非構造化面接とは，自分の長所などを自由にアピールさせるといった方法である。これら，両者の中のどちらが公正と受け取られるかについて決着を見ていない（Latham & Finnegan, 1993）。したがって最終結論はできないが，面接の構造化が賛否の意見に何らかの影響を及ぼしている可能性が考えられる。今後の研究課題として，面接のタイプと受験生の公平感との関連を議論する必要がある。

　第4に，公平性カテゴリーと全般カテゴリーは，賛成（公平性＝3.5%／全般＝2.8%）より反対（公平性＝26.1%／全般＝20.7%）との共起率が高かった。この結果は，手続きにおける運用の重要性を改めて認識させる。第4に，学部拡大カテゴリーは反対（0.9%）より賛成（11.0%）との共起率が高かった。これは改めて自益バイアスの可能性を示唆するものである。

　第5に，人材発掘は，反対（0%）より賛成（9.5%）との共起率が高

かった。これは，従来の公正研究の中では見出されなかった要因である。お
そらくは，今までの制度に対する不満が背景にあると思われる。実力はある
が，今までの入試では入学して力を発揮できなかった者がチャンスを与えら
れる，という期待が込められているのであろう。この点は，他大学も含めて
多くの関係者がAO入試の利点として主張しているところでもある[10]。また，
意欲のカテゴリーのように賛成と反対との共起率に違いが見られないものも
見出された。これらの結果は，公正性の判断が多様で主観的な問題であるこ
とをうかがわせる。今後更に，大学入試の公正性の要因を特定していく試み
が期待される。

◆◇◆

第4節 まとめ

　自由回答データの分析を通して，手続き的公正の重要性が改めて示された。
入試制度の手続き的公正の重要性は，衡平理論の点からも理論的に指摘でき
る。衡平理論に従えば，多様な選抜方法が混在しているという現況は，多様
なものをインプット（貢献）として認めている状態である。すなわち，ペー
パーテストを中心とした学力検査の結果だけではなく，高校時代の内申書，
課外活動など多様な要素を貢献とみなすマルチスタンダードを容認している
状態である。こうした条件の下，受験生などの当事者の多くは，なぜある貢
献が評価軸として採用されるかの根拠に注目すると思われる。ある要素を貢
献と見なすかどうかの問題は，手続き的公正に係わる問題である。したがっ
て現在のような多様な選抜方式が並存する場合，手続き的公正の関心が強ま
ると考えられる。実際，手続きが公正であれば最終的な公正は確保されると
いう知見が見出されている（Cropanzano & Greenberg, 1997; Folger &
Cropanzano, 1998）。報酬分配実験を用いた社会心理学研究によれば，実験参
加者は，他者と比べて低い報酬分配をされたとしても手続を公平であると
評価すれば，分配結果に否定的な態度を表出しないと報告されている
（Folger & Martin, 1986; Folger 1993）。それゆえ現在の入試制度の中でも最終
的な公正を確保するために手続き的な公正（procedural justice）を配慮する工
夫が求められる。

　最後に，本稿の限界について述べる。本稿の調査は，「東北大学の新入学者」に対するアンケート調査項目を公正の視点から分析したものであり，自ずから限界がある。想定される一部の不本意入学者を除き最終的に自ら望む報酬を手に入れた集団であること，自分が所属する集団の制度についての質問であること，である。また，質問項目の表現に「基礎学力」，「意欲」，「志望動機」，「ポリシー」といったキーワードが挿入されていたことも回答を誘導した可能性がある。しかしながら，受験の当事者たちが「公平性」をどのように捉えているのかについて検討を進めていく上で，有益な示唆が得られたと考えている。

　今後，調査対象となる集団の範囲を広げた上で，大学入試の公正さの認知に関する研究が行われることが期待される。

文 献

Adams, J. S.（1965）. Inequity in social exchange. In L. Berkwitz（Ed.）, *Advances in Experimental Social Psychology*（Vol. 2, pp. 267-299）. New York: Academic Press.

天野 郁夫（1983）. 試験の社会史――近代日本の試験・教育・社会――　東京大学出版会

Arvey, R. D., & Faley, R. H.（1988）. *Fairness in selecting employees*（2 nd ed.）. Reading, MA: Addition-Wesley.

Barrett-Howard, E., & Tyler, T. R.（1986）. Procedural justice as a criterion in allocation decisions. *Journal of psychology and social psychology, 50*, 296-304.

Bies, R. J.（2001）. Interactional（in）justice: The sacred and the profane. In J. Greenberg & R. Cropanzano（Eds.）, *Advances in Organizational Justice*（pp. 89-118）. Stanford, CA: Stanford University Press.

中央教育審議会（1997）. 21世紀を展望した我が国の教育の在り方について（答申）

Cook, K. S., & Yamagishi, T.（1983）. Social determinants of equity judgments: The problem of multidimensional input. In D. M. Messick & K. S. Cook（Eds.）, *Equity theory: Psychological and sociological perspectives*（pp95-126）. New York: Praeger.

Cropanzano, R., & Greenberg, J.（1997）. Progress in organizational justice: Tunneling through the maze. In C. L. Cooper & I. T. Robertson（Eds.）, *International Review of Industrial and Organizational Psychology*（vol.12, pp. 317-372）. New York: John Wiley.

Crosby, F.（1976）. A model of egoistic relative deprivation. *Psychological Review, 83*, 85-113.

Crosby, F.（1982）. *Relative deprivation and the working women.* New York: Oxford University Press.

Crosby, F.（1984）. Relative deprivation in organizational settings. *Research in Organizational Behavior, 6*, 51-93.

大学審議会（2000）. 大学入試の改善について（答申）

Deutch, M.（1975）. Equity, equality, and need: What determines which value will be used as the basis of distributive justice? *Journal of Social Issues, 31*, 137-149.

Folger, R.（1993）. Reaction to mistreatment at work. In K. Murninghan（Ed.）, *Social psychology in organizations: Advances in theory and research*（pp.161-183）. Englewood Cliffs, NJ: Prentice Hall.

Folger, R., & Cropanzno, R.（1998）. *Organizational justice and human resource management.* Thousand Oaks, CA: Sage.

Folger, R., & Greenberg, J.（1985）. Procedural justice: An interpretive analysis of personnel systems. In K. M. Rowland & G. R. Ferris（Eds.）, *Research in personnel and human resources management*（Vol3, pp.141-183）. Greenwich, CT: JAI Press.

Folger, R., & Martin, C.（1986）. Relative deprivation and referent cognitions: Distributive and procedural justice effects. *Journal of Experimental Social Psychology, 22*, 531-546.

Gilliland, S. W.（1993）. The perceived fairness of selection systems: An organizational justice perspective: *Academy of management review, 18*, 694-734.

Greenberg, J.（1987）. Reaction to procedural injustice in payment distributions: Do the means justify the ends? *Journal of applied psychology, 72*, 55-71.

Greenberg, J.（1990）. Organizational justice: Yesterday, today, and tomorrow. *Journal of Management, 16*, 399-432.

Greenberg, J.（1993）. The social side of fairness: Interpersonal and informational classes of organizational justice. In R. Cropanzano（Ed.）, *Justice in the workplace: Approaching fairness in human resource management*（pp. 79-103）. Hillsdale, NJ: Lawrence Erlbaum.

Hegtvedt, K. A., & Markovsky, B.（1995）. Justice and injustice. In K. S. Cook（Ed.）, *Sociological perspective on social psychology.* MA: Allyn and Bacon.

苅谷 剛彦（1995）. 大衆教育社会のゆくえ——学歴主義と平等神話の戦後史—— 中公新書

苅谷 剛彦（2001）. 階層化日本と教育危機——不平等再生産から意欲格差社会へ—— 有信堂

倉元 直樹（2000）. 東北大学のAO入試——健全な「日本型」構築への模索—— ，大学進学研究, *114*, 9-12.

倉元 直樹（2001）. 高校と大学の教育接続を重視した試験問題開発研究 高校と大学のアーティキュレーションに寄与する新しい大学入試についての実践的研究，平成12年度日本学術振興会科学研究費補助金（基盤研究（A）），研究課題番号12301014，研究代表者 夏目 達也，中間報告書, 110-160.

倉元 直樹・林 洋一郎（2001）. 大学入試における公平感の研究（Ⅱ）——大学入学者選抜方法に関する意見の分類—— 日本教育心理学会第43回総会発表論文集, 559.

倉元 直樹・林 洋一郎（2002）. 大学入試における公平感の研究（Ⅲ）——大学入学者選抜方法に関する意見の構造—— 日本教育心理学会第44回総会発表論文集, 338.

倉元 直樹・川又 政征（2002）. 高校調査書の研究——「学習成績概評A」の意味—— 大学入試研究ジャーナル, *12*, 91-96.

倉元 直樹・奥野 攻（2001）. 平成12年度東北大学歯学部AO入試について 大学入試研究ジャーナル, *11*, 43-48.

Latham, G. P., & Finnegan, B. J.（1993）. Perceived practicality of unstructured patterned, and situational interviews. In H. Schuler, J. L. Farr & M. Smith（Eds.）, *Personnel selection and assessment: individual and organizational perspectives*（pp.41-55）. Hillsdale, NJ: Lawlence Erlbaum Associates.

Lerner, M. J.（1977）. The justice motive: Some hypotheses and as to its origins and forms. *Journal of Personality, 45,* 1-52.

Leventhal, G. S.（1980）. What should be done with equity theory? New approaches to the study of fairness in social relationship. In K. J. Gergen, M. S. Greenberg, & R. H. Willis（Eds.）, *Social exchange*（pp.27-55）. New York: Academic Plenum.

Lind, E. A., & Tyler, T. R.（1988）. *The social psychology of procedural justice.* New York: Plenum.（菅原 郁男・大渕 憲一（訳）（1995）. フェアネスと手続きの社会心理学——裁判, 政治, 組織への応用—— ブレーン出版）

Messick, D. M., & Sentis, K. P.（1985）. Estimating social and nonsocial utility functions of ordinal data. *European journal of social psychology, 15,* 389-399.

宮野 勝（2000）. 公平理念はどのように形成されるのか——概念の整理と日本の日本の位置づけ—— 海野 道郎（編）日本の階層システム2　公平感と政治意識（pp.85-102）東京大学出版会

Moorman, R. H.（1991）. The relationship between organizational justice and organizational citizenship behaviors: Do fairness perceptions influence employee citizenship? *Journal of Applied psychology, 76,* 845-855.

村上 隆（1998）. 得点調整における公平性の概念——線形等化法における複数の基準の可能性—— 大学入試研究ジャーナル, *8,* 41-46.

夏目 達也（編）（2001）. 高校と大学のアーティキュレーションに寄与する新しい大学入試についての実践的研究, 平成12年度日本学術振興会科学研究費補助金（基盤研究（A）), 研究課題番号12301014, 研究代表者　夏目 達也, 平成12年度中間報告書

夏目 達也（編）（2002）. 高校と大学のアーティキュレーションに寄与する新しい大学入試についての実践的研究, 平成13年度日本学術振興会科学研究費補助金（基盤研究（A）), 研究課題番号12301014, 研究代表者　夏目 達也, 平成13年度中間報告書

夏目 達也（編）（2003）. 高校と大学のアーティキュレーションに寄与する新しい大学入試についての実践的研究, 平成12～14年度日本学術振興会科学研究費補助金（基盤研究（A）), 研究課題番号12301014, 研究代表者　夏目 達也, 研究成果報告書

斎藤 友里子・山岸 俊男（2000）. 日本人の不公平感は特殊か——比較社会論的視点で—— 海野 道郎（編）日本の階層システム2　公平感と政治意識（pp.85-102）東京大学出版会

佐藤 俊樹（2000）. 不平等社会日本　中公新書

Sheppard, B. H., & Lewicki, R. J.（1987）. Toward general principles of managerial fairness. *Social Justice Research, 1,* 161-176.

Sheppard, B. H., Lewicki, R. J., & Minton, J. W.（1992）. *Organizational justice: The search for fairness in the workplace*. New York: Lexington Books.

鴫野 英彦（2003）．国立大学におけるアドミッション・オフィスの系譜，高校と大学のアーティキュレーションに寄与する新しい大学入試についての実践的研究，平成14年度日本学術振興会科学研究費補助金（基盤研究（A）），研究課題番号12301014，研究代表者　夏目 達也，研究成果報告書

Shuler, H.（1993）. Is there a dilemma between validity and acceptance in the employment interview? In B. N. Nevo & R. S. Jager（Eds.）, *Educational and psychological testing: the tasktakers' outlook*（pp.239-250）. Toront, Canada: Hogrefe and Huber.

Stouffer, S. A., Suchman, E. A., DeVinney, L. C., & Williams, R. A. Jr.（1949）. *The American soldier: Adjustments during away life*（vol.1）. Princeton: Princeton University Press.

竹内 洋（1999）．学歴貴族の栄光と挫折　中央公論新社

田中 堅一郎．（1998）．公正に関する社会心理学的研究の歴史的変遷──公平理論の以前と以後──　田中 堅一郎（編）社会的公正の心理学（pp.1-22）ナカニシヤ出版

Thibaut, J., & Walker, L.（1975）. *Procedural justice: A psychological analysis*. Hillsdale, NJ: Lawrence Erlbaum.

東北大学アドミッションセンター（2001）．東北大学 AO 入試・オープンキャンパスアンケート結果　高校と大学の教育接続を重視した試験問題開発研究　高校と大学のアーティキュレーションに寄与する新しい大学入試についての実践的研究，平成12年度日本学術振興会科学研究費補助金（基盤研究（A）），研究課題番号12301014，研究代表者　夏目 達也，中間報告書，194-199.

トロウ，M.　天野 郁夫・喜多村 和之（訳）（1976）．高学歴社会の大学──エリートからマスへ──　東京大学出版会

Tyler, T. R., Boeckmann, R. J., Smith, H. J., & Huo, Y. J.（1997）. *Social Justice in Diverse society*. Boulder, CO: Westview Press.
（大渕 憲一・菅原 郁夫（監訳）（2000）．多元社会における正義と公正　ブレーン出版）

Whetzel, D. L., & McDaniel, M. A.（1997）. Employment Interview. In D. L. Whetzel & G. R. Wheaton（Eds.）, *Applied measurement methods in industrial psychology*（pp.185-206）. CA: Davies-Black Publishing.

山口 意友（2002）．正義を疑え　ちくま書房

山村 滋（1996）．オーストラリア・クイーンズランド州における大学入学者選抜制度──中等学校側の評価資料の利用システムに焦点を当てて──　大学入試センター研究紀要，*25*, 41-58.

注

1）「大学入試」というのはわが国のような学校段階の入り口に選抜をかけるタイプの制度に根ざした，独特な用語と考えられる。「大学入学者選抜制度」という用語の方が指し示す範囲は広い。例えば，西ヨーロッパ諸国の伝統では，ある特定の種別の高校の卒業資格がそのまま大学入学資格を意味し，基本的に自ら入学したいと

望む大学の希望の学部に無条件に入学を許可されることが大学入学者選抜制度の基本となっている。収容可能な人員の問題等のために何らかの方法で選抜を行うケースに関しては「入学制限（numerus clausus）」というラテン語の用語が使われており，使用言語の違いによらず，共通の意味として通じるようである。入学制限は社会的批判の対象となる場合が多い。厳密に言えば，ことばの意味の包括性に制限があるが，わが国の制度に限定して論ずるという本稿の目的に鑑み，本稿では一貫して一般的に浸透している「大学入試」という用語を用いることとする。

2） 旧制時代に過熱したのは高校入試である。時代によって違いはあるが，旧制高校を卒業すれば，ほとんどが帝国大学に進学することができたからである。

3） 鴫野（2003）は，1950〜60年代に国立教育研究所の一連の研究で，「調査書の予測的妥当性が最も高いという結果が導かれ，調査書を有効活用すべきであると論じられてきた」，という事実を報告しているが，倉元（2001）は，この種の議論が入試データの統計的性質を見落とした初歩的な誤りである場合が多いことを論じている。また，倉元・川又（2002）では，大学入学者選抜資料としての高校調査書の技術的な問題点が指摘されている。鴫野（2003）は，昭和40年代の大学入試研究を目的とした「入学者選抜方法研究委員会」が，現在，わが国の大学にアドミッション・オフィスの整備が進められている源流だと指摘しており，その観点からは，国公立大学を中心にしたアドミッションセンターの設定拡充により，大学入試に関する研究を進めたいという40年来の懸案事項が制度的に実行に移されつつある段階とも受け取れる。このことからも，大学入試の体系だった研究は，社会的に必要とされているにもかかわらず，現在まで進められてこなかったという経緯が理解できる。

4） 平成15年（2003年）現在，高校入試で実績のある，高等学校に限定して試験場を用意することを前提に，導入実現に向けての検討が進んでいる。

5） 定員を「前期日程」試験と「後期日程」試験に分割し，それぞれに選抜を行う方式。昭和64年度（1989年度）入試に国立9大学44学部で導入されたのに端を発し，平成11年度（1999年度）から全ての国立大学の一部の例外を除く全ての学部に導入されて現在に至っている。

6） 一方で，方法論的な立場から選抜方法の妥当性を検討する，といった問題は基本的に不問に付されている。

7） 村上（1998）は，選択科目間の得点調整の問題を技術的に論じる際に，まさしく「公平性」という概念をキーワードとして用いている。

8） 結果とは，意思決定の帰結や配分された資源などを含む幅広い内容を指示する。

9） 本調査は合格が決定して入学手続き中の新入生を対象としているので，正確には元受験生である。

10） 夏目他（2001，2002，2003）のAO入試実施大学に対する調査では，回答した大学のうち，AO入試を導入した理由として85％近くが「勉学意欲や目的意識の明確な学生」，「多様な資質を持った学生」の確保を挙げている。

第2章

大学入学者選抜における公平性・公正性の再考
——受験当事者の心理的側面から——

西郡　大

◆◇◆
第1節　はじめに

　「受験生」，「受験勉強」といわれるように「受験」という言葉は，わが国では極めて一般的な言葉である。おおよそ，大学や高校の入学試験を受けることを「受験する」と言うことが多い。竹内（1991）によれば，明治40年頃に頻繁に使用されはじめ，大正時代に入ると旧制高校入試をはじめとする受験競争の激化が社会問題となり，「試験地獄」という言葉が生まれたとされる。「試験地獄」とも称されるような受験競争の激化は，戦後における大学入学者選抜（以下，「大学入試」と略記）においても縮小することはなく，むしろ，大学進学者の量的な拡大に伴い受験競争は過熱傾向にあると認識されてきた[1]。その結果，わが国の入試制度は，「受験競争の激化がゆとりを奪っているとか，本当の教育をさまたげているとか，詰めこみ教育や偏差値による輪切り選抜が個性や創造性の伸張をさまたげているというように，当為問題として論じられ，対策が講じられてきた」（藤田，1997）側面を持つ。

　こうした様々な問題を内包している入試制度は，幾度となく改革がなされ，「猫の目」改革とも揶揄された歴史を持つ（竹内，1999）。例えば，受験競争が激化した大正時代の15年間においては4回の入試改革が行われた。さらに，戦後の共通試験制度だけをみても，進学適性検査（1949〜1954），能研テスト（1963〜1968），共通一次試験（1979〜1989），そして，大学入試センター試験（1990〜2020）と改革が繰り返されてきたのである。明治以降の入学者選抜制度史を回顧した中央教育審議会（以下，中教審）答申（1971）〈通称：46答申〉の中間報告では，こうした入試改革の変遷について，「入学選抜方法については，……一定の発展の方向ではなく，常に『公平性の確保』『適

切な能力の判定』『下級学校への悪影響の排除』という原則のいずれに重きを置くべきかという試行錯誤の繰り返しであったということができる」と報告されており，木村・倉元（2006a）は，上記原則について，「日本の大学入学者選抜文化」をエッセンスとして持つ「日本型大学入学者選抜制度の三原則（以下，「日本型三原則」と略記）」[2]と名づけた。本章では，同三原則の１つである「公平性の確保」に注目する。

　わが国では，明治以降，入学試験が「立身出世」のための通過点の役目を果たしていた歴史を持ち（天野，1986），受験者の人生を左右しかねない「ハイステークス」な選抜であると認識されてきた。それは「立身出世」というイメージこそ薄れた現代においても，大卒という資格が将来のキャリア形成に少なからず影響していることを人々が経験的に知っていることからも分かるだろう。そのため，公平かつ公正な手続きは，選抜システム自体の正当化を示す根拠となってきた。実際，多くの受験者は，合否の結果に対して納得するための根拠の１つとしてきたことが考えられる。また，公平かつ公正な手続きに対する関心は，受験当事者のみに限定されたものではない。例年，入試シーズンに出題ミスや合否判定ミスなどの「入試ミス」がマスコミによって報道されることを鑑みれば，選抜手続きにおける公正性，厳格性に対する世間からの関心は十分に高いものだと言える。

　一方，近年のわが国における高等教育への進学率は50％を超え，「ユニバーサル段階」（Trow, 1976）へ突入した。同段階では，進学者の多様化に応じて選抜方法も多様化するとされる。また，文部科学省（以下，「文科省」と略記）によって「選抜方法の多様化，評価尺度の多元化」政策が推進されてきた。その結果，各大学で実施される入試では，学力検査を主とする一般入試に加え，推薦入試，AO入試，帰国子女入試，社会人入試などの多様な選抜区分が並ぶ。さらに，小論文，面接試験等を筆頭に，学力検査によらない多様な評価方法が考案されているのが実情である。こうした実情をふまえたとき，公平性・公正性の確保に関して１つの矛盾点が見えてくる。大学入試の多様化は，同一学部および同一学科に入学するために，種別の異なる複数の選抜方法が並存していることを意味しており，入学者全員が同一時点での同一方法によって必ずしも選抜されたわけではないことを示している。仮に，同じ条件下にある全ての人々を同一に処遇する「同一条件，同一処遇」

（Sidgwick, 1907）という原理を「公平」な手段として考えるならば，複数の異なる選抜方法が並存する多様化した大学入試制度の下では，「公平」な手続きによる選抜を実施するのは現実的に不可能なのである。本章では，こうした問題点をふまえ，大学入試をめぐる「公平（性）・公正（性）」というテーマについてアプローチする。

　まず，これまでの大学入試における公平・公正に関する議論に注目したとき，そのアプローチは大きく3つに分けられる（林・倉元，2003）。

　1つ目は，社会学的視点からのアプローチである。特に教育社会学の分野で議論されてきたものであり，学力検査が公平とされた社会通念（大学審議会，2000）の下で，推薦入試などの学力検査以外の選抜方法がいかに普及していったのかを検討したもの（中村，1996）や選抜手続きをめぐる受験当事者の公正観の形成について検討したもの（村山，2000）などが挙げられる。しかし，このように大学入試の公平性に関して直接的に議論したものは多いとは言えず，むしろ，社会システムにおける選抜制度という枠組みから，「結果の平等」や「機会の平等」に関する議論が中心に行われてきた（例えば，日本教育社会学会，1983；日本教育社会学会，1987）。

　2つ目は，統計技術の観点よりテストの信頼性や妥当性などを議論してきた，いわゆるテスト理論（Test Theory）からのアプローチである。具体的には，複数の教科および科目間における難易度差によって生じる不公平をできるだけ少なくするような得点調整に関する試み（村上，1998）などが挙げられる。

　3つ目は，個人個人が感じる「公平さ」，「公正さ」，つまり，当事者の公平性・公正性認知やその心理的メカニズムからアプローチするものである。こうした個人個人の「公平さ」，「公正さ」に関する知覚から帰納的に導き出されるアプローチは，「主観的公正研究」（Tyler, Boeckmann, Smith, & Huo, 1997）と呼ばれ，特に，人々の判断や認知を実証的に明らかにする社会心理学の枠組みの中で議論されてきた（林，2007）。しかしながら，大学入試に関する場面において「主観的公正研究」に該当するような研究は管見の限り数える程度であり（林・倉元，2003；中畝・内田・荘島，2006），十分な議論がなされてきたとは言えない。さらに，戦後の公平性に関する議論が実態よりも感覚としての「平等感・不平等感」への傾倒だったという苅谷

（1995）の総括をふまえれば，当事者が抱く公平感および公正感は，大学入試をめぐる公平性・公正性を議論する上で不可欠な視点となることが考えられる。特に，「同一条件，同一処遇」という原理が，大学入試において「公平」な手続きだとするならば，それが成り立たない多様化した制度下で実施され続けている選抜手続きに対する受験当事者の受け止め方を検討することは，その公平性・公正性を議論する上で有効な視点を得られる可能性を持つ。

　したがって，本研究では，3つ目のアプローチから，社会心理学における公正研究（以降，「社会心理学的公正研究」と呼ぶ）において蓄積されてきた理論や概念の枠組みを援用し，現在の大学入試をめぐる「公平性」および「公正性」について再考することを目的とする。

第2節　大学入試の「公平性」および「公正性」に対する受験者の認識

　筆者は，平成20年（2008年）3月に「高校生の大学入試に関する受け止め方の調査」という名目で，東北，東海地方における3つの高校の3年生を対象に調査を行った。3校とも大学へ卒業生を多く送り出す，いわゆる「進学校」の生徒である[3]。調査の条件として，国公立大学入試の前期日程終了後，合格発表前という期間内を指定したため，国公立大学を志望する生徒の全員が合否結果の分からない状況で回答をしたことになる[4]。結果として，全回答960件のうち917件の有効回答が得られた。性別では，男子が546（59.5%）件，女子が371（40.5%）件であり，文理別では，文系クラスが387（42.2%）件，理系クラス（理数科を含む）が530（57.8%）件であった。これらの回答から現在の大学入試における「公平性」および「公正性」について尋ねた質問項目に対する回答（「そう思う」「少しそう思う」「どちらとも言えない」「あまりそう思わない」「そう思わない」）の内訳を以下の図2-1〜2-4に示した。

　図2-1と図2-2は，「（選抜手続きに関して）同じ学部・学科に一般入試や推薦入学など異なる選抜方法が混在するのは不公平だ」「（選抜手続きに関して）同じ学部・学科の入試なら，全員が同じ科目を受験する方が公平だと

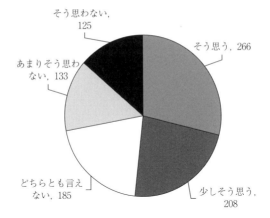

図2-1. （選抜手続きに関して）同じ学部・学科に一般
入試や推薦入学など異なる選抜方法が混在
するのは不公平だ

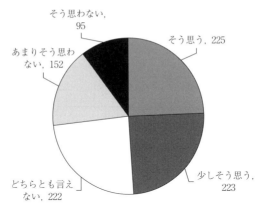

図2-2. （選抜手続きに関して）同じ学部・学科の入試
なら，全員が同じ科目を受験する方が公平
だと思う

思う」という質問項目に対する回答であり，同一学部および同一学科に入学
するために種別の異なる複数の選抜方法が並存していることに対する公平性
の認識を示したものである。図2-1では，異なる選抜方法が混在すること
を不公平であると感じる回答者が52％を占め（「そう思う」「少しそう思う」
の回答者），図2-2でも，全員が同じ科目を受験するほうが公平だと考える

回答者が49％を占めることから，およそ半数の回答者が「同一条件，同一処遇」の手続きを「公平」な手続きだと考えている傾向がみられる。

　一方，「（現在の大学入試制度について）公平性が確保された試験制度だと思う」（図２−３）という質問項目では，公平性が確保された試験制度と思う回答者が47％（「そう思う」「少しそう思う」の回答者）を占め，約半数の回答者が現在の大学入試に関して公平性が確保された制度だと感じている傾向がみられるものの，「どちらとも言えない」が33％と比較的多く，回答者にとって当該項目に対する判断が難しい様子がうかがえる。

　ところが，「（自身が経験した大学入試について）公正な選抜手続きで試験が行われたと思う」（図２−４）という質問項目に対しては，公正な選抜手続きで試験が行われたと感じる回答者が73％（「そう思う」「少しそう思う」の回答者）を占める。これは多様な選抜方法が並存する入試制度に対しては，一定の不満を抱えているものの，自分が経験した選抜手続き関しては，「公正」な手続きによって入試が実施されたと認識していることを示している。

　以上のことから，実際に大学入試を受験した当事者にとって，その公平性・公正性に対する認識は非常に複雑であることが読み取れる。もちろん，個人個人が持つ価値観や経験といった要因が影響していることが考えられる

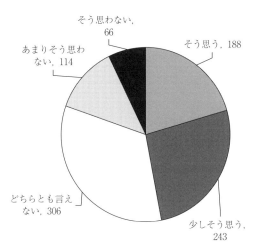

図２−３．（現在の大学入試制度について）**公平性が確保
された試験制度だと思う**

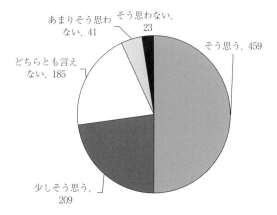

図2-4. （自身が経験した大学入試について）公正な選抜
手続で試験が行われたと思う

が，これらの要因を個別に考慮することは現実的には難しい。したがって，
「公平さ」「公正さ」という概念そのものを社会心理学的公正研究から問い直
すことで，彼らが認識する「公平さ」および「公正さ」の心理的メカニズム
を検討するための視点を整理する。

第3節　社会心理学的公正研究からみる「公平性」・「公正性」

1.「公平さ」と「公正さ」について

　公平や公正に対する人々の関心が高まる状況とはいかなるときであろうか。
一般的な分配場面を想定した場合，分配するものの希少価値が高い場合には，
分配の方法やその過程に注目が集まるし，反対に，誰もが持っているものや
自分に必要ないものなどが分配の対象となる場合には人々は関心を抱かない
ことが考えられる。大渕（2004）によれば，「全く他人への影響が無い個人
的行為や個人的決定に対しては公正や公平に関心が集まらないものの，ある
人の決定や行為が他人に対して影響を与えるような社会的行為が介在すると
きには公正や公平に対して関心が集まる」とされる。つまり，ある条件や要
因が満たされた場合に限り，公平や公正に対する人々の関心が高められるの

である。

　では，「公平」および「公正」とは何を意味するのであろうか。大渕（2004）は，「公平はある分配状態の妥当性，ある決定の実質的適切さを表すのに対して，公正は，分配や決定の過程や手続きの正当さを強調する概念である」と一定の区別はしているものの，結局のところ，「公正・公平とは，関係者の処遇がその権利・資格，つまり適格性に照らして妥当であるかどうかを評価する基準である」としている。つまり，「公平」，「公正」とは，上司や意思決定者などから施された処遇や分配が，自分が持っていると考える資格や権利といった適格性（deservedness）[5]と比べたときに妥当であるか否かを評価する基準であるという視点からは，ほぼ同義語としてみなすことができる。したがって，本章では原則として公平，公正を区別することなく一括して「公正」という用語に統一し[6]，個人個人の公正に関する受け止め方については，適宜，「公正感」と記述する。ただし，文脈に応じて，日本語の公平，公正という意味合いを表したい場合はそのまま表記した。

2．公正さに対する関心の動機──「利己心モデル」

　生来，人々は利己的な存在であり，常に自己利益を最大化しようとする動機を持っていると仮定する考え方は「利己心モデル」と呼ばれる[7]。つまり，決定が下される際に，可能な限り自分にとって都合のよい結果が得られるよう判断したり行動することは，本モデルに基づいて考えることができる。大学入試の場面では，合格が「最大の利益」であり，同モデルが適用されやすい状況であると考えられる。受験者は，「合格」という利益を得るために，その過程をコントロールしたいと動機づけられたり，自分に不利益が生じるような選抜方法や評価といった手続きの基準やルールに対して，関心を持つことが予想される。

3．「分配的公正」と「手続き的公正」

　社会心理学の分野では，人々が認知する公正さについて大きく2つの観点から議論されてきた。まず，「分配的公正」（distributive justice）というもので，報酬や資源の分配に対して人々が知覚する公正判断のメカニズムを問題にしたものである。もう一方は，「手続き的公正」（procedural justice）と呼ば

れるもので，分配の手続きそのものに対する公正認知や，ある権限を持った者（例えば上司など）による処遇に対する当事者たちの公正認知のメカニズムを問題にしたものが該当する。

3.1. 分配的公正
3.1.1. 分配の原理
　分配方法は，常に一定であるわけでなく，状況や場面に応じて使い分けられ，それぞれの状況に見合った分配の原理が作用している。代表的な分配の原理として，全員に均等に分配する均等原理（equality principle），能力や業績に応じて分配する衡平原理（equity principle），必要性に応じて分配する必要性原理（need principle）と大きく 3 つに集約され，各原理は同時に作用することなく，状況や場面に応じて個別に作用していることが報告されている（Deutch, 1975）。このような分配原理の多元性は，各原理が選好される条件を模索する研究分野を生み出し，配分選好理論（Hegtvedt & Markovsky, 1995）とも称される（林, 2007）。

　分配の原理は，大学入試における選抜という性質を議論する上で前提となる重要な枠組みと言える。したがって，「選抜」の場面において，分配するものを「合格者」と想定し，いかなる原理が作用しているか具体例を挙げて考えてみたい。

　まず，入学定員50人の学部に対して，志願者が150人いる大学入試の場面を想定したとき，50人の定員枠を150人に均等に分配することは原理的には不可能である。もちろん，合格者 1 人分の就学期間を 3 分の 1 にして分配するという手立ても現実的にはあり得ない分配の方法であろう。一方，受験者 A と受験者 B が任意の同じ学部を受験した場合，入試の成績にかかわらず，他大学に合格している受験者 A よりも，どこの大学にも合格していない受験者 B を同学部に合格させるといったルールに則った必要性原理に基づく分配も，わが国では存在しない。となれば，選抜を目的とした試験が，限られた入学定員を試験成績に基づいて分配するという性質を保持している以上，その分配的公正を議論するためには，衡平原理についての検討が必要だと言える。

3.1.2. 相対的判断に基づく公正認知——Adams（1965）の衡平理論

　一般的に，ある分配場面において，人々が「公正さ」を判断するとき，そこには自らに対して相対的な比較対象となる他者の存在が暗黙のうちに想定される。例えば，同じ能力だと考えられる A 氏と B 氏が同じ仕事を同じ時間だけ行った場合に，もしも A 氏の方が B 氏よりも給与の支給額が多いときには，当然，B 氏は不公正な支給であると判断するだろう。また，A 氏の方が B 氏よりも経験も能力もすぐれているにもかかわらず，給与の支給額が同じであるというときには，今度は，A 氏の方が不公正な支給であると判断されることが予想できる。つまり，人々は他者と比較することで，自分への分配が妥当であるかどうかを判断基準の 1 つにしているのである。こうした他者との相対的な比較に関する公正認知を検討したものが Adams（1965）の衡平理論である。同理論では，衡平な状態とは，以下のモデルにおいて均衡が成立している状況である（図 2 - 5 ）。

$$\frac{O_s}{I_s} = \frac{O_o}{I_o}$$

I_s：自分の Input　O_s：自分の Outcome
I_o：他者の Input　O_o：他者の Outcome

図 2 - 5．Adams の衡平理論モデル

　このモデルは，自分が投資した Input（I_s）に対する Outcome（O_s）の比率と同じ条件下の他者が投資した Input（I_o）に対する Outcome（O_o）の比率とのバランスを示している。均衡していれば衡平な状態であり分配的に公正であると判断され，不均衡であれば，不衡平な状態であり分配的に不公正であると判断される状態を示す。Input や Outcome に該当するものは，現物としての現金や時間といった具体的なものから，努力や名誉といった抽象的なものまでが想定されており，個人個人が何を Input，Outcome として考えるかは基本的に個人の考え方に依拠している。同モデルは，大学入試を選抜試験だと考えたとき，公正分配の特徴を理解する上で 1 つの視点を提供するものである。

3.1.3. 大学入試における公正分配の性質

　大学入試における分配の性質について，分配的公正の観点から原理的な検討を行う。まず，衡平原理が作用していることを前提にして，Adams

（1965）のモデルを参考に，自分の Input（I_S）に応じて，誰もが納得できる理想的な Outcome（O_S）を導き出す，$O = a \cdot I$（$a \geq 0$ かつ $I \geq 0$，a は任意の定数）という関数を定義する。この場合，定数の大小は，Outcome 獲得の難易度や単価などを示す指標とも解釈することができるが，それらについて特に考慮することはしない。本関数は，Input に応じた誰もが納得する公正な Outcome を導き出すという意味で「公正関数」と呼ぶことにする。

　横軸を Input，縦軸を Outcome とし，任意の公正関数を示すと図2-6のようになる。Input の値に対し，Outcome の値が公正関数上にあれば公正な分配であることを示す。例えば，Input を労働時間，Outcome を給与というようなアルバイトの給与支給の場面を考えたとき，時給における能力給は考慮せずに全員が一律1,000円という時給を想定すれば，2時間で2,000円，5時間で5,000円の支給ということになり，全てのアルバイト員に対して労働時間に応じた給与を支払うことが公正な給与分配ということになる。仮に，本来5時間の労働予定であるところを，早退することで3時間15分しか労働できなかったとしても，時給を分単位で計算すれば3,250円の支給が可能であり，原理的に言えば，時間に応じた公正な給与支給を1円単位で実現できる。

　一方，大学入試のような選抜試験では，Input をテスト得点，Outcome を合否と一意に固定するならば，Outcome は「合格」と「不合格」に2分され

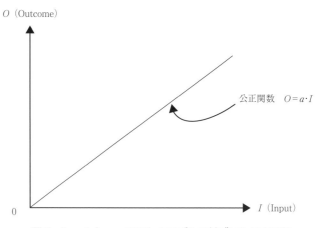

図2-6．Adams（1965）のモデルに基づいた公正関数

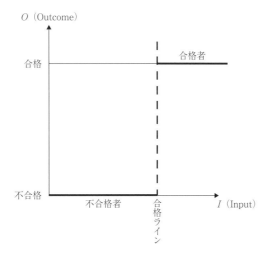

図 2 - 7 ．選抜の場面における合否の分配

る（図 2 - 7 ）。言い換えるなら，アルバイト代のように連続量的な Out-come でないために， 1 円単位で支給額に段階的な差をつけることができないということを示す。つまり，テスト得点に応じて，「40％程度の合格」というような段階的な分配は原理的に不可能であることを意味し，ある合格ラインを境に「100％の合格」か「100％の不合格」しかあり得ないということが選抜試験の特徴として挙げられる。

　選抜の場面に，公正関数を当てはめてみると図 2 - 8 のようになる。Out-come の一部分以外は，公正関数上から離れた位置に「合格者」，「不合格者」として布置しており，公正関数上でないために原理的には公正な分配がなされていない状態といえる。また，公正関数からの距離は，公正分配からの乖離度を示している。例えば，ある選抜試験におけるテストの満点を100点，合格のボーダー得点を70点とし，Input をテスト得点，Outcome を合否としたときの受験者間での相対的な公正認知について，合格者間と不合格者間に分けて考えてみる。

　合格者間は，満点の合格者とボーダー得点の合格者を比較したとき，同じ合格という結果を得るにしてもボーダー得点での合格者は，満点での合格者に比べ低コストで合格を手にするという点において，「不衡平な状態」であるといえる。つまり，乖離度が大きい者は，乖離度が小さい者と比べ低コス

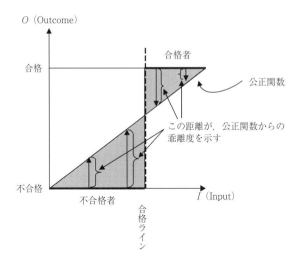

図2-8. 選抜場面に公正関数を当てはめた場合

トで合格を手にしているのである。

　一方，不合格者間でも，ボーダー得点に一歩及ばず不合格となった者は，0点で不合格した者に比べ，投入したInputの量が相対的に多いにもかかわらず，得た結果は同じであるという点において，「不衡平な状態」を意味し，乖離度が大きい者ほど，投入したInputの量が多い分だけ，乖離度が小さい者よりも不満が強いことが考えられる。このように考えれば，合格者と不合格者間，特に，ボーダー得点である70点での合格者と69点での不合格者を比較すると，1点というInputのわずかな差により，Outcomeに決定的な差が生じているとみることができる。

　以上のことより，選抜の場面において全ての受験者が投入したInputに応じた衡平な分配を行うことは原理的に不可能であり，受験者間で不衡平状態が必然的に生じる構造となっていることが分かる。また，上記の例では，Inputをテスト得点として一意的に固定したが，本来，人々が認識するInputは，「業績」，「学力」，「意欲」，「努力」，「個性」，「運」など多様な要因が考えられるため，Inputであるテスト得点にどのような要因が反映されるべきかという議論を加えると，一層複雑になる。したがって，選抜試験において誰もが満足するような分配的な公正の確保を実現することは不可能で

あるといえる。多くの人々が経験する高校入試や大学入試などの選抜試験が，人々の批判の対象として槍玉に挙げられやすかったのも，こうしたメカニズムによって理解することもできるのではないだろうか。

これまで見てきた分配的公正の観点から得られる知見をまとめれば，選抜における公平性の確保とは，「選抜試験において誰もが満足するような公平性の確保を実現することは不可能であるという前提に立ち，いかに個人の不公正感を軽減させ，その公正感を高めていくかというような観点に基づく選抜試験を目指すこと」だと総括できる。その具体的で現実的な手段を考えたとき，大学入試における手続き的公正に関する視点が浮かび上がってくる。

3.2. 手続き的公正

林（2007）は，Ambrose & Schminke（2001）の知見にしたがい，手続き的公正に関して，物事の決定あるいは報酬分配手続きの構造的側面に注目する「構造的要因」と決定手続きに影響力を持つ人物を問題にする「社会的要因」に区分した。

3.2.1. 構造的要因（1）——Thibaut & Walker（1975）のコントロール理論

Thibaut & Walker（1975）は，裁判における紛争局面に注目し，当事者が，証拠等の情報提示などを通じて，第三者の最終決定に至る過程に影響を与えることで，その過程をコントロール（「過程コントロール」）しようとすることを見出した。こうした過程コントロールに基づく考え方は，当事者の自己アピールや発言量（voice）の有効性（Lind, Kanfer, & Earley, 1990; Tyler, Rasinski, & McGraw, 1985など）といった後の研究に受け継がれている。例えば，意欲や志望動機を評価するための面接試験において，面接者の一方的な質問に対して形式的な回答しか許されず，自分のアピールポイントを伝えることができない試験手続きと，面接者の質問に対して自分の考えやこれまで勉強してきたことを主体的に回答できる試験手続きを比較したとき，たとえ望まない結果が返ってきた場合でも，後者の方が公正な扱いを受けたと感じられることが予想される。

3.2.2. 構造的要因（2）── Leventhal（1980）の手続き的公正の基準

Leventhal（1980）は，手続き的公正が，分配決定における公正判断の重要な決定要因になっていることが多いことを主張し，政治，組織体における社会的決定の手続きの公正さを評価する枠組みについて6つの基準を提示した（表2-1）。これら6つの基準は「公正基準（justice rules）」と呼ばれ，「分配の手続きが特定の基準を満たす際に，公正であると知覚する個人の基準」として定義されている。大学入試における選抜手続きにおいて，こうした基準が満たされていない場合には，当事者たちの不公正感が喚起されることが予想される。

3.2.3. 構造的要因（3）──職務関連性

企業における採用や査定の選考基準が，その職務と関連しているかどうかが，志願者らが感じる公正感との関係性が高いことが示されている（Shuler, 1993など）。これをふまえれば，受験者が大学生としての「職務」を何と知覚しているかによって，ふさわしく思う選抜の評価基準も異なってくるだろう。例えば，「職務」を数学に関する研究と認識しているならば，職務遂行能力の1つとして「数学的能力」を評価されることが妥当であると感じることが予想され，逆に，数学的な能力が全く問われない選抜方法であれば，適切な評価がなされない，妥当性の低い試験であったと認識される可能性がある。

表2-1．Leventhal（1980）の手続き的公正の基準（林，2007より抜粋）

基準	内容
一貫性（consistency）	時間や対象者を越えて，一貫した手続きが適用される
偏りの無さ（bias suppression）	個人的利害や思想的先入観が抑制されている
正確さ（accuracy）	正確な情報を基盤として決定が下されている
修正可能性（correctability）	再審理の機会がある
代表性（representativeness）	全ての関係者の利害関心や価値観が反映されている
倫理性（ethicality）	基本道徳や倫理に反しない

3.2.4. 社会的要因——Bies & Moag（1986）の研究

　林（2007）は，手続き的公正の要因が形式的な手続き構造に限定されるわけでなく，当事者が手続きや規則の執行に影響を持つ人物から受けた処遇の質も，手続き的公正知覚の要因であるという主張（Bies & Moag, 1986; Greenberg, 1990; Greenberg, 1993; Tyler & Bies, 1990; Tyler & Lind, 1992）をふまえ，社会的要因の1つとして「相互作用的公正（interactional justice）」（Konovsky, 2000; Moorman, 1991）を挙げた。これは，手続き的公正における対人的処遇の重要性が示されたものである。代表的なものとして Bies & Moag（1986）の研究が挙げられ，人々の公正判断に影響を与える要因には，構造的要因だけでなく，権限者（ここでは，採用担当者）の正直さ，配慮，権利の尊重といった両者の相互作用により生じる「社会的要因」の重要性が報告されている。これらの知見をふまえれば，面接試験の場面において，面接者の被面接者に対する接し方や両者間のコミュニケーションなどを通じて生じる面接試験の雰囲気などによって，「公正に処遇されたかどうか」という受験当事者の公正知覚が大きく左右されることが予想される。

第4節　まとめ

　本研究では，「日本型三原則」の1つである「公平性の確保」に注目し，大学入試における「公平さ」，「公正さ」というものを社会心理学的公正研究の概念や諸理論から整理した。その結果，大学入試における当事者が「公平さ」，「公正さ」を認識するメカニズムや大学入試の文脈における公平性・公正性という概念の複雑さを検討するための視点を見出すことができた。重要な視点は，現実的な大学入試の文脈において，誰もが納得する公平性を確保することが不可能だという事実である。この視点に立てば，いかに個人の不公正感を軽減させ，いかにその公正感を高めていくかという観点からの制度設計の必要性が示唆される。

　こうした視点は，行政文書で示された指針に対しても1つの解釈を可能にする。例えば，大学審議会（2000）は，能力・適性等の多面的な判定や大学入試においてやり直しのきくシステムの構築を進めるために，「（中略）絶対

的な公平性ではなく，もう少し柔軟にこれをとらえ，合理的に許容される範囲の中での公平性という考え方に転換していくことが必要」であると「公平性についての考え方の見直し」を謳っている。「絶対的な公平性」という文言を含め，従来の「公平性」への見解は，「同一条件・同一処遇」という「当為」にかかわる判断に傾きがちであった。これを手続き的公正の観点から考えれば，全ての当事者に対する同一手続きが，個人の公正感にどのように影響を与えるのかといった見方ができる。しかし，前述したように，現在の大学入試を「同一条件・同一処遇」を伴う手続きで実施することは事実上不可能である。つまり，「合理的に許容される範囲の中での公平性という考え方」とは，「現実的な様々な制約の中で，人々の公正感から帰納的に導かれた合理的な分配や手続きについての考え方」といった解釈がなされるべきなのである。

　一方，筆者が調査した受験者の回答内容を吟味しても，図2-1〜2-3で示した回答に見られように，「公平性」に対する回答者の認識は非常に多元的で複雑であるものの，図2-4が示すように自分が経験した入試に関しては，公正な手続きで試験が行われたと感じる回答者が多い。これは，「公正に処遇された」という感覚が喚起されたことにより，受験者の手続きに対する公正感が高められ，同時に多くの受験者の納得性も高められたものと理解できるだろう。特に，分析に用いたデータは志望校の合否決定が下される前であるため，合格という「利益」も不合格という「不利益」も得ていない期間における回答であることから，「利己心モデル」の解釈が適応されにくい状態での入試手続きに対する純粋な認識であるといえる[8]。

　以上の点をふまえれば，「現実的な様々な制約の中で，人々の公正感から帰納的に導かれた合理的な分配や手続きについての考え方」を実現するための手段として，社会心理学的視点からのアプローチの有用性は高いと思われる。こうした社会心理学的視点からの具体的なアプローチの試みとして，筆者らは次のような実証的研究を行ってきた。まず，社会心理学的公正研究の概念や理論の枠組みから，受験当事者の大学入試における公平性・公正性に関する認識について，実際に解釈が可能かどうかを検証するために，一般的に言われる「AO入試」に対する受験当事者のイメージを分析した（西郡・倉元，2007［本書の第3章]）。その結果，社会心理学的視点からのアプロー

チに関して，一定の有用性が示された。また，大学入試における選抜方法および評価手続きに関して，後期日程廃止問題に対する高校教員の意見構造の分析（倉元・西郡・佐藤・森田，2006），面接者による「主観的な評定」が懸念されてきた面接試験に対する受験当事者の認知的要因およびメカニズムの検討（西郡，2007；西郡，2009［本書の第5章と第6章］），センター試験のリスニングテストを題材に，テストの「妥当性」と試験実施環境の「均一性」を問題にした高校生の潜在的意識の検討（西郡・倉元，2008［本書の第8章］）などを行ってきた。これらの試みは，多様化した大学入試制度下における「公平性」，つまり，「合理的に許容される範囲の中での公平性という考え方」に立脚した「公平性の確保」に向けた基礎研究として位置づけられるだろう。今後，こうした試みが受験当事者の心理的側面に配慮した入試の策定および検証において，有効に活用されることを期待したい。

文　献

Adams, J. S.（1965）. Inequity in social exchange. In L. Berkwits（Ed.）, *Advances in Experimental Social Psychology*（Vol. 2, pp.267-299）. New York; Academic Press.

天野 郁夫（1986）. 試験と学歴——努力信仰を超えて—— リクルート出版部

Ambrose, M. L., & Schminke, M.（2001）. Are flexible organizations the death knell for the future of procedural justice? In R. Cropanzano（Ed.）, *Justice in the workplace: from the theory to the practice*,（Vol.2, pp.229-244）. Mahwah, NJ: Lawrence Erlbaum Associates, Publishers.

Bies, R.J., & Moag, J. S.（1986）. Interactional justice: Communication criteria for justice. In R. J. Lewicki, B. H. Sheppard, & M. H. Bazerman（Eds.）, *Research on negotiation in organizations*（pp.43-55）. Greenwich, CT: JAI Press.

中央教育審議会（1971）. 今後における学校教育の総合的な拡充整備のための基本的施策について（中間報告）

大学審議会（2000）. 大学入試の改善について（答申）

Deutch, M.（1975）. Equity, equality, and need: What determines which value will be used as the basis of distributive justice? *Journal of Social Issues, 31,* 137-149.

藤田 英典（1997）. 教育改革——共生時代の学校づくり—— 岩波新書

Greenberg, J.（1990）. Organizational justice: Yesterday, today, and tomorrow. *Journal of Management, 16,* 399-432.

Greenberg, J.（1993）. The social side of fairness: Interpersonal and informational classes of organizational justice. In R. Cropanzano（Ed.）, *Justice in the workplace: approaching fairness in human resource management*（pp.79-103）. Hillsdale, NJ: Lawrence Erlbaum.

林 洋一郎（2007）. 社会的公正研究の展望—— 4つのリサーチ・パースペクティブに注目して—— 社会心理学研究, *22,* 305-330.

林 洋一郎・倉元 直樹（2003）．公正研究からみた大学入試　教育情報学研究, *1*, 1-14.

Hegtvedt, K. A., & Markovsky, B.（1995）. Justice and injustice. In K. S. Cook（Ed.）, *Sociological perspective on social psychology*. MA: Allyn and Bacon.

苅谷 剛彦（1995）．大衆教育社会のゆくえ——学歴主義と平等神話の戦後史——　中公新書

木村 拓也・倉元 直樹（2006a）．戦後大学入学者選抜制度の変遷と東北大学の AO 入試　東北大学高等教育開発推進センター紀要, *1*, 15-27.

木村 拓也・倉元 直樹（2006b）.戦後大学入学者選抜における原理原則の変遷——大学入学者選抜実施要項——「第 1 項 選抜方法」の変遷を中心に　大学入試研究ジャーナル, *16*, 187-195.

Konovsky, M. A.（2000）. Understanding procedural justice and its impact on business organizations. *Journal of Management, 26*, 489-511.

倉元 直樹・西郡 大・佐藤 洋之・森田 康夫（2006）．後期日程入試の廃止問題に対する高校教員の意見構造　東北大学高等教育開発推進センター紀要, *1*, 29-40.

Leventhal, G. S.（1980）. What should be done with equity theory?: New approaches to the study of fairness in social relationship. In k. j. Gergen, M. S. Greenberg, & R. H. Willis（Eds）. *Social exchange*（pp.27-55）. New York: Academic Plenum.

Lind, E.A., Kanfer, R., & Earley, P.C.（1990）. Voice, control and procedural justice: Instrumental and noninstrumental concerns in fairness judgments. *Journal of Personality and Social Psychology, 59*, 952-959.

Lind, E. A., & Van den Bos, K.（2002）. When fairness works: Toward a general theory of uncertainty management. *Research in Organizational Behavior, 24*, 181-223.

Moorman, R. H.（1991）. The relationship between organizational justice and organizational citizenship behaviors: Do fairness perceptions influence employee citizenship? *Journal of Applied Psychology, 76*, 845-855.

村上 隆（1998）．得点調整における公平性の概念——線形等化法における複数の基準の可能性——　大学入試研究ジャーナル, *8*, 41-46.

村山 詩帆（2000）．選抜手続きをめぐる公正観の分散対立——「公平信仰社会」という論法・恣意——　東北大学教育学部年報, *48*, 23-39.

中村 高康（1996）．推薦入学制度の公認とマス選抜の成立——公平信仰社会における大学入試多様化の位置づけをめぐって——　教育社会学研究, *59*, 145-16.

中畝 菜穂子・内田 照久・荘島 宏二郎（2006）．競争的選抜経験者における大学入試に関する公平感——得点調整事態下での検討——　キャリア教育研究, *24*, 1-10.

日本教育社会学会（1983）．学歴の社会学　教育社会学研究, *38*.

日本教育社会学会（1987）．階層文化と教育　教育社会学研究, *42*.

西郡 大（2007）．大学入試における面接試験に関する検討——公正研究からの展望——　教育情報学研究, *5*, 33-49.［本書第 5 章に再録］

西郡 大（2009）．面接試験の印象を形成する受験者の心理的メカニズム——大学入試における適切な面接試験設計をするために——日本テスト学会誌, *5*, 81-93.［本書第 6 章に再録］

西郡 大・倉元 直樹（2007）．日本の大学入試をめぐる社会心理学的公正研究の試み——「AO 入試」に関する分析—— 日本テスト学会誌, *3*, 147-160．［本書第3章に再録］

西郡 大・倉元 直樹（2008）．大規模リスニングテストにおける「妥当性」と「均一性」—— IC プレーヤー試聴体験に参加した高校生の意見分析—— 東北大学高等教育開発推進センター紀要, *3*, 77-90．［本書第8章に再録］

Olson, J. M., Roese, N. J., Meen, J., & Robertson, D. J.（1994）．The reconditions and consequences of relative deprivation: Two field studies. *Journal of Applied Social Psychology, 25*, 944-964.

大渕 憲一（2004）．公正の社会心理学——社会的絆としての公正—— 大渕 憲一（編）日本人の公正観（pp.3-30）　現代図書

Shuler, H.（1993）．Is there a dilemma between validity and acceptance in the employment interview? In B. N. Nevo & R. S. Jager（Eds.）, *Educational and psychological testing: the test takers outlook*（pp.239 250）．Toront, Canada: Hogrefe and Huber.

Sidgwick, H.（1907）．*The methods of Ethics*（7th ed）．Hackett Publishing Company.

Tajfel, H., & Turner, J.（1979）．An integrative theory of intergroup conflict. In S. Worchel（Ed.）, *Psychology of intergroup relations*. Chicago: Nelson Hall.

竹内 洋（1991）．立志・苦学・出世——受験生の社会史—— 講談社現代新書

竹内 洋（1999）．日本の近代12 学歴貴族の栄光と挫折 中央公論新社

Thibaut, J., & Walker, L.（1975）．*Procedural justice: A psychological analysis*. Hillsdale, NJ: Lawrence Erlbaum.

Trow, M. A. 天野 郁夫・喜多村 和之（訳）（1976）．高学歴社会の大学——エリートからマスへ—— 東京大学出版会

Tyler, T. R., Boeckmann, R. J., Smith, H. J., & Huo, Y.J.（1997）．*Social justice in diverse society.*（大渕 憲一・菅原 郁夫（監訳）（2000）．多元社会における正義と公正 ブレーン出版）

Tyler, T. R., & Bies, R. J.（1990）．Beyond formal procedure: The interpersonal context of procedural justice. In J.S. Carroll（Ed.）, *Applied social psychology and organizational settings.*（pp.77-98）．Hillsdale NJ: Lawrence Erlbaum.

Tyler, T. R., & Lind, E. A.（1992）．A relational model of authority in groups. In M. Zanna（Ed.）, *Advances in Experimental Social Psychology*（pp.115-191）．New York: Academic Press.

Tyler, T. R., Rasinski, K.A., & McGraw, K.（1985）．The influence of voice on satisfaction with leaders: Exploring the meaning of process control. *Journal of Personality and Social Psychology, 48*, 72-81.

注

1）例えば，藤田（1997）は，受験競争の低年齢化を挙げている．
2）「日本型三原則」は，米国流の「エドミストン三原則」と比して名づけられたものである．詳細は，木村・倉元（2006b）を参照されたい．
3）大学進学率が多い高校と少ない高校によって選抜方法に対する見方が異なる報告

も存在するが（例えば，村山，2000），本章では，大学への進学動機が強い集団の意識ということで，進学校における生徒の認識に限定する。

4）回答者の約80％が国公立大学を第1志望としている。

5）「適格性」とは資格や権利（Olson et al., 1994）のことである。

6）林（2007）は，Lind & Van den Bos（2002）の「justiceがある基準に照らして判断される規範的な性質の強い概念であるのに対して，fairnessは適切な処遇に関する個人の主観的感覚の強い概念であり，心理学者は後者を用いるべきだ」という主張をふまえ，「justiceを『正義』，fairnessを『公正』，『公平』というように訳し分けることもできると思うが，心理学用語として『正義』という表現が必ずしも適切とは思われない」とした上で，両者の違いが重要となるもの以外は，justiceとfairnessを区別して訳すことはせずに，いずれも「公正」と訳している。

7）林（2007）によれば，なぜ人々が公正さに関心を持つかを考察する動機研究の中で，「利己心モデル」を含む道具モデルと，社会的同一性（Tajfel & Turner, 1979）の考え方を適用した集団価値モデルなどを含む社会的モデルという2つの伝統的モデルが存在すると述べている。

8）ここで意味する「利己心モデルからの解釈」とは，合格者は自分の能力を判定した選抜手続きを適切で正当なものとして捉える反面，不合格者は，自分が受験した選抜手続きに対して否定的に捉える傾向があるという西郡・倉元（2007）の指摘をふまえている。

第2部

様々な選抜・評価場面にみる
公平性・公正性

第3章

日本の大学入試をめぐる社会心理学的公正研究の試み
——「AO入試」に関する分析——

西郡　大・倉元　直樹

第1節　問題

　日本テスト学会の規準作成委員会によって「テストの開発，実施，利用，管理に関わる規準」（日本テスト学会テスト規準作成委員会，2006）というテストに関する基本条項がまとめられ，「不公平」をなくすテストの試みとして「公平なテスト『試験』」と題されて報じられた（朝日新聞2006年6月17日付夕刊）。同条項で公平性[1]に直接言及した項目はごく一部でしかないにもかかわらず，公平性に重きを置いた話題として取り上げられたところに，テストの公平性に対する社会の関心の強さを窺うことができる。

　特に，テストの目的が選抜であるとき，その関心の強さは際立つ。大学入学者選抜（以下，大学入試と略記）は，その格好の例と言える。その証拠に，大学入試の時期になると出題や採点のミスなどの話題で各マスコミが賑わう。このように，世間が大学入試の公平性に注目するのも，その性質が，受験生の今後の人生を左右しかねない「ハイステークス」な選抜であると考えられているためである。特に，我が国では，明治以降，入学試験[2]が「立身出世」のための通過点の役目を果たしていた歴史を持つ（天野，1986）。大学への進学率が50％に達する今日においても，大学を卒業することと将来のキャリアとの関わりを人々が経験的に知っている以上，当事者として大学入試に直面したとき，その関心は高くなることが考えられる。

　では，大学入試の文脈における「公平性」とは一体何を意味するのであろうか。「形式的な平等にとらわれ，専ら学力試験によって合否を決することが公正・公平であるという概念」（中央教育審議会，1997），つまり，「絶対的な公平性」（大学審議会，2000）といった見方があるが，それだけで公平

第2部　様々な選抜・評価場面にみる公平性・公正性

性という概念の内実が十分に表されていると考えてよいものだろうか。例えば，木村・倉元（2006）は，我が国の大学入試を通史的に整理し，入試に関わる立場の違いによって志向する公平性が異なりうる可能性を指摘している。個人や立場の違いによって，その公平性の捉え方が異なる可能性にも注目すべきであろう。

　そこで，本研究では，個人の考え方や立場の違いによって，公平性の捉え方は異なる可能性があるという前提に立ち，個人個人が受けとめた公平性の感じ方を「公正感」と呼ぶこととする。

　個人の公正感を検討する手立てとしては，「社会心理学的アプローチ」[3]（林・倉元，2003）が有用であろう。社会心理学の分野では，裁判の文脈や労働の場面における採用，昇進，賃金の分配といった状況で人が感じる公正感に関して，数多くの研究が積み重ねられてきた（林，2007）。社会心理学の枠組みにおける公正研究は，主観的公正研究とも呼ばれる。配分される資源や手続きの適正さ等の主観的判断に注目するものであり，人々の判断や認知を実証的に明らかにするものである（林，2007）。

　我が国では，大学入試の公平性に強い関心があるにもかかわらず，大学入試場面での公正感に注目した実証的研究は，管見する限り数える程度であり（例えば，中畝・内田・荘島，2006など），さらに，社会心理学における公正研究の枠組みからアプローチしたものは少ない[4]。

　本研究では，受験からの日の浅い大学新入生を対象に，新しく登場した「AO入試」という選抜区分に対する意見構造を分析し，主観的公正研究（以下，「公正研究」と略記）の枠組みからその構造を分析する。そこから得られた知見を基に，社会心理学的視点からみた大学入試の文脈における公平性の捉え方の一端について，その構造を明らかにすることを試みる。

◆◇◆
第2節　社会心理学における公正研究

　社会心理学における公正の概念として，「分配的公正」と「手続き的公正」という2つの要素が定義される。前者は，報酬や結果の分配に対する公正判断を問題にしたものであり，後者は，手続きそのものに対する公正判断を問

題にしたものである。

1. 分配的公正

1.1. 分配的公正の基準

　報酬や結果を分配される者が公正であると認知する分配様式として，Deutch（1975）は，衡平原理（equity principle），均等原理（equality principle），必要性原理（need principle）に注目し，これらの各原理が相容れることなく，状況に応じて使い分けられていることを指摘した。こうした公正原理の多元性は，各原理が選好される条件を模索する研究分野を生み出し，配分選好理論（Hegtvedt & Markovsky, 1995）とも称される（林，2007）。

　分配の原理は，大学入試をめぐる公正を議論する上で前提となる重要な枠組みである。「選抜」という側面を捉えるならば，常に全員を合格，または，不合格とする均等原理や受験生の必要性に応じた合否の決定[5]といった必要性原理に基づく公正は，今までの我が国の大学入試制度においては根本的に成立し得ない。したがって，大学入試における公平性を議論するためには，入試成績に基づいて定員数だけ「合格者」を分配する際に作用する衡平原理について検討しなければならない。

　大学入試を衡平原理が作用する場面として考えた場合，分配の結果には，極めて独特な特徴がある。分配される資源が現金などの連続量的なものであれば，能力や業績の程度に応じて，分配する量の細かい調整が可能である。しかし，選抜の場面では，資源の分配は「合格」と「不合格」に二分される。つまり，「40％の合格」といった分配を行うことは，原理的に不可能なのである。また，我が国の大学入試は，多様化が推進されてきた[6]。現在では，学力検査による一般入試とは別に，推薦入学，AO（アドミッション・オフィス）入試などが並存する制度となっている。そのため，同一条件，同一処遇による公平性の確保は，事実上，ほぼ不可能と言える。現実的な大学入試の文脈から公平性を考える場合，誰もが納得するような公平性を実現することが果たして可能なのかという疑問が生じてくる。

1.2. Adams（1965）の衡平理論

　Adams（1965）によれば，衡平な状態とは，以下のモデルで表される均衡

が成立した状況であるとされる。

$$\frac{O_s}{I_s} = \frac{O_O}{I_O}$$

すなわち，自分の報酬に対して知覚される公正さの程度は，自分の Input
（I_s）に対する Outcome（O_s）の比率である。同じ条件下にある他者の Input
（I_O）に対する Outcome（O_O）の比率と均衡していれば衡平な状態であり，
分配的に公平であると判断される。反対に，不均衡な場合は，不衡平な状態
であり，分配的に不公平であると判断される。

　本モデルを大学入試の文脈で捉えると，Outcome が「合格」と「不合格」
の 2 値しか取り得ないのに対し，Input には，「学力」，「努力」，「個性」，
「運」といった多様な要因が考えられる。それらのうち，何が Input として
ふさわしいかという点に関しても受験生個々人によってその捉え方が同じで
あるとは考えにくい。また，「合格者 − 不合格者」はもちろん，「合格者間」，
「不合格者間」においても，公正知覚は異なる可能性も考えられる。

2．手続き的公正

　衡平原理に基づいた分配においては，Input と Outcome の調整のために何
らかの分配手続きの存在が不可避である。分配結果のみならず，その手続き
に対しても公正，不公正の知覚，判断がなされるメカニズムが明らかになっ
ている。

2.1．手続き的公正の基準

　Leventhal（1980）は，手続き的公正が，分配決定において，公正知覚の重
要な決定要因になっていることが多いことを主張し，政治，組織体における
社会的決定の手続きの公正さを評価する枠組みについて，「一貫性（consisten-
cy）」，「偏りの無さ（bias suppression）」，「正確さ（accuracy）」，「修正可能性
（correctability）」，「代表性（representativeness）」，「倫理性（ethicality）」という
6 つの基準を提示した[7]。

　大学入試における選抜手続きにおいて，こうした基準が満たされていない
場合には，当事者たちに不公平感を喚起することが考えられる。

2.2. コントロール理論

　一般的に，人は自分に有利な結果を得たいと思うがために，決定権を保持したがる。当然，紛争の当事者たちが決定権を主張しあえば，紛争解決は期待できない。そこで，その紛争解決のために，第三者の介入が必要とされる。その際，個人は，少しでも自分に有利な状況，さらには，良い結果を手に入れようと動機付けられる。

　Thibaut & Walker（1975）は，裁判におけるこうした紛争局面に注目し，当事者が，証拠等の情報提示などを通じて，第三者の最終決定に至る過程に影響を与えることで，そのプロセスをコントロール（「過程コントロール」と呼ぶ）しようとすることを見出した。この過程コントロールは，個人の公正感に大きく影響することが，その後の研究からも報告されている（Tyler et al, 1985: Lind et al, 1990など）。

　例えば，推薦入試等で，書類審査のみで合否が決定される手続きと，面接・テストなどで自分の実力を発揮できる機会が与えられる手続きとを比べた時に，望まない結果が返ってきた場合でも後者の方が公正な扱いを受けたと感じることが予想される。

2.3. 職務関連性

　企業における採用や査定の選考基準が，その職務と関連しているかどうかが，志願者らが感じる公正感との関係性が高いことが示されている（Schmitdt et al, 1977; Shuler, 1993など）。

　大学生としての「職務」を何と知覚しているかによって，選抜方法の評価基準や評価の対象となる Input の要因に関わる公正感が異なってくることが予想される。

3. 利己心モデル

　人々は利己的な存在で，常に自己利益を最大化しようとする動機を持っていると仮定する考え方があり，「利己心モデル」と呼ばれている[8]。決定が下されるときに，可能な限り自分にとって都合の良い結果が得られるように，決定を操作することを望むような Thibaut & Walker のコントロール理論や Leventhal の基準などは，このモデルに基づいている。

大学入試では，合格が「最大の利益」であり，利己心モデルが適用されやすい状況と考えられる。受験生は，「合格」という利益を得るために，その過程をコントロールしたいと動機付けられたり，選抜方法や評価といった手続きの基準に関心を持つことが考えられる。

第3節　AO入試

1．AO入試導入の経緯

　AO入試は，平成2年度（1990年度）入試において，慶應義塾大学湘南藤沢キャンパスで導入された。当時としてはユニークな選抜方法に名付けられた呼称である（鈴木・斎藤・本郷・川添・大塚・倉元，2002）。それは，「偏差値などの単一の尺度では測りきれないような，多様な面で特徴がありやる気のある者を選ぶことを目的としており，そのため出願資格や入試の期日は可能な限りフレキシブルにしておく」（鵜野，1992）というものであった。

　その後，平成9年（1997年）に，中央教育審議会の『21世紀を展望した我が国の教育の在り方について』（第2次答申）において，評価尺度の多元化と選抜方法の多様化の一層の促進を図る観点から，「アドミッション・オフィスの整備」が提言され，これを活用して各大学が独自の新しい入学者選抜方式を開発することが奨励された。これを契機に平成12年度（2000年度）入試では，AO入試を導入する大学が，私立大学だけの13大学から国公立を含む75大学へ急増し，この年は「AO入試元年」と呼ばれるようになった（鳴野，2003）。

　近年は，さらにAO入試を採用する大学が増えたが，一般に，その実情はあまり知られていない。大学審議会（2000）では，「アドミッション・オフィス入試には明確な定義はなく，その具体的な内容は各大学の創意工夫にゆだねられている」とした上で，「一般的に言えば，『アドミッション・オフィス入試』とは，アドミッション・オフィスなる機関が行う入試というよりは，学力検査に偏ることなく，詳細な書類審査と時間を掛けた丁寧な面接等を組み合わせることによって，受験生の能力・適性や学習に対する意欲，目的意識等を総合的に判断しようとするきめ細やかな選抜方法の1つとして

受け止められている」とある。つまり、「AO入試」というものの典型的なイメージを示すことは出来ても、その内実は様々なのである。これらの事実を踏まえると、受験生がAO入試に対して持つ印象も一様ではないことが予想される。

２．東北大学のAO入試

東北大学では、平成12年度（2000年度）からAO入試が実施された。同大学のAO入試の特徴は、研究活動の基盤として基礎学力を重視することである。木村・倉元（2006）によると、「東北大学AO入試は、『学力重視のAO入試』ということを当初から、明言している大学であり、『高校教育の延長上にある、そこで培われているものを大事にしたい』と考えている大学である。もちろん、東北大学の『大学教育に必要な学力』の育成をこれまで長年にわたって担ってきたのは、言うまでもなく、現場高校（ママ）の教員であり、その教員のノウハウを充分に生かす制度を策定しようと試みている」とされる。また、AO入試の不合格者が連続して一般入試を受験しても相当数が合格していることが１つの特徴となっている（木村・倉元, 2006）。

AO入試を実施する学部は、平成12年度（2000年度）に工学部・歯学部、平成13年度（2001年度）に理学部、平成15年度（2003年度）に法学部、平成18年度（2006年度）に経済学部が実施され、平成19年度（2007年度）より、医学部（医）、農学部で実施される予定である。

本研究では、AO入試の黎明期とも言える平成12年度（2000年度）に東北大学の新入生に対して実施された質問紙調査のデータを分析する。AO入試が目新しかったこの時期、推薦入学や一芸入試とも区別のつきにくいAO入試の一般的な印象に対する肯定的、否定的な意見とその根拠となる理由や条件といった意見構造に注目し、どのような価値に基づき自らの意見を正当化しているのかを確認する。また、AO入試の合格者、不合格者という異なる立場から見た公正感についても検討する。

◆◇◆
第4節　分析

1．データ

　東北大学アドミッションセンター（当時）は，平成12年度（2000年度）から東北大学の「AO入試」と「オープンキャンパス」の改善のための参考資料として，4月入学の新入生全員を対象とした質問紙による悉皆調査を毎年実施している。本研究では，その項目の一部を利用した。

　調査票は，全2ページで12の質問項目から構成されている。詳しい調査内容は，夏目（2002）で報告されている。本研究で利用する質問項目は，AO受験の有無（Q1.），東北大学のAO入試に対する意見（Q4.），AO入試に対する一般的な印象（Q5.）である。（Q1.）は，「東北大学のAO入試を受験しましたか？」という質問項目に対する「1：AO入試で合格した　2：受験したが不合格だった　3：受験しなかった」の3択の選択式であり，（Q4.）と（Q5.）は，自由記述の回答形式である。この2つの質問内容について，図3-1，図3-2に示す。

Q4.
東北大学のAO入試は，充分な基礎学力を基盤とした上で，意欲，志望動機等を重視するものですが，あなたはそのポリシーを知っていましたか？ また，それについてどう思いますか？

東北大学のAO入試を（1：知っていた，2：知らなかった）
東北大学のAO入試に対する意見：

図3-1．質問内容

Q5.
他大学で実施されているAO入試の中には，学力を度外視して人柄や一芸を評価し，選抜を行っているところも多数あります。それらも含め，あなたはAO入試一般についてどのような印象をお持ちですか？

図3-2．質問内容

対象者は，平成12年度（2000年度）4月に東北大学に入学手続きした新入生である。実施時期は，同年4月である。回収は，オリエンテーション時に行った。調査対象者2,427名中，有効回答者数2,401名（回収率98.9％）である。

2．手続き

　主として分析に使用するデータは，Q5の自由記述形式で得られた回答である。また，AO入試の合格者と不合格者でAO入試に対する捉え方にどのような変化が生じるかを検討するため，Q1とQ4の回答も利用する。Q5の回答に関しては，全学部のデータの分析を行うが，Q1，Q4の回答に関しては，AO入試を実施した学部の回答のみを分析対象とする。

　自由記述形式回答の分析では，林・倉元（2003）を参考にしながら，各回答にどのような意味内容が含まれているかを検討し，それらをカテゴリー化した。次に，各回答に先に規定したカテゴリーが要素として含まれているかどうかを評定基準に基づき評定した。各観点，カテゴリー，評定基準は章末の資料3-Ⅰに示す。なお，評定作業の信頼性については，Q5の全回答の中から約1割に当たる200件の回答をランダムに抽出し，2人の作業者による評定一致率を算出した[9]。

3．結果

3.1．評定対象

　評定対象となるデータは，Q5では全回答2,401件のうち，無回答352件を除く2,049件，Q5への回答を前提条件としたQ4では，無回答123件を除く677件が評定対象である。

3.2．評定結果と評定一致度

　評定結果は，Q5では，どのカテゴリーも要素として含まない回答68件を除いた1,981件であり，Q4では，どのカテゴリーも要素として含まれない回答17件を除いた660件である。なお，評定一致率は70.08％であった。

3.3.　AO入試の一般的な印象の分析

3.3.1.　回答者の属性

　Q5の回答者の属性を学部別にみると，各学部の入学定員数に応じて回答者数が異なる。文系（文・教・法・経）が638名，理系（理・医・歯・薬・工・農）が1,343名であり，理系の回答者は，文系の回答者の約2倍である。特に工学部が多い。Q5の回答を各学部別に「肯定」，「否定」，「その他」の3つの観点に分けて集計した（表3-1）。

　「肯定」，「否定」とは，AO入試の一般的な印象に対して，肯定的もしくは否定的に捉えていると評定された回答である。なお，1つの回答に対して，「肯定」と「否定」を同時評定しないことを評定基準の1つとしたために重複回答は存在しない。「その他」とは，肯定にも否定にも分類されなかったものである。

3.3.2.　「肯定」・「否定」と同時生起の高いカテゴリー

　全体の評定件数をみると肯定が797件と否定が795件，その他が389件であり，肯定と否定の割合は，ほぼ拮抗している。

　次に，「肯定」・「否定」とそれ以外のカテゴリーの同時生起の様相をみた。

表3-1.　学部別にみるAO入試の一般的な印象

	肯定	否定	その他	合計
文学部	77 （42.3）	68 （37.4）	37 （20.3）	182
教育学部	32 （45.7）	27 （38.6）	11 （15.7）	70
法学部	57 （34.5）	69 （41.8）	39 （23.6）	165
経済学部	75 （33.9）	110 （49.8）	36 （16.3）	221
理学部	112 （40.1）	116 （41.6）	51 （18.3）	279
医学部	22 （27.2）	38 （46.9）	21 （25.9）	81
歯学部	16 （38.1）	18 （42.9）	8 （19.0）	42
薬学部	29 （37.7）	32 （41.6）	16 （20.8）	77
工学部	334 （45.3）	257 （34.9）	146 （19.8）	737
農学部	43 （33.9）	60 （47.2）	24 （18.9）	127

（　）内は，各学部別の合計に対する割合

同時生起の高いカテゴリーは，肯定もしくは否定的な意見の根拠や理由であるとみなすことが出来る。「肯定」と「否定」カテゴリーとそれ以外の各カテゴリーとの同時生起の様相について，2×2分割表を用いて，自由度1の補正付カイ2乗検定を目安に，その関係を確認した。ボールドで示したものが，1％水準で統計的に有意となった結果である（表3-2）。

表3-2．評定結果と「肯定」・「否定」とそれ以外のカテゴリーの関係

観点	カテゴリー	評定数	肯定	否定
肯定・否定	肯定	797		
	否定	795		
学力	重視すべき	73	16	**32**[**]
	重視していない	235	5	**221**[**]
	こだわる必要なし	21	20	0
	基礎学力は重要	316	**203**[**]	67
評価	人物・人柄	283	126	143
	意欲	112	**77**[**]	26
	個性	68	**59**[**]	9
	一芸	267	85	**160**[**]
	志望動機	22	**16**[**]	5
	多様性	167	**154**[**]	3
評価方法への疑問	調査書・書類	8	1	**7**[**]
	面接・小論文	42	3	**39**[**]
	試験時間・期間	40	1	**38**[**]
	適切な評価	209	14	**189**[**]
	人間性の否定	11	1	**10**[**]
公平性	不公平	101	0	**100**[**]
	有利・不利	37	3	**32**[**]
努力	努力への背信	35	0	**33**[**]
	努力を重視すべき	34	11	**23**[**]
入試運用	やり方次第	147	**139**[**]	2
	広報の拡大	16	9	5

受験機会	増加	36	**34****	1
	多様化	58	**55****	2
期待	学生の多様化	34	**31****	1
	定員・学部の拡大	45	**45****	0
	変化・新しさ	73	**66****	2
懸念	学力低下	71	14	**52****
	入学後格差	144	50	**89****
	一般入試の減少	11	0	**11****
大学・学部運営	本来の目的	103	28	**73****
	学生確保	51	4	**42****
	個性	25	**22****	1
	A/O ポリシー	105	**71****	16
印象	楽・ずるい	74	0	**50****
	特別・難関	31	3	2
	未成熟・未知	37	2	10
	欲しい人材の確保	36	**29****	3
	研究・議論の必要性	45	22	11
	推薦入試と同じ	48	0	1
その他	大学・学部による	31	0	0
	分からない	84	0	0
	無関心・特になし	67	0	0

**: $p < .01$

　「肯定」カテゴリーと同時生起が高いのは，"学力"観点の「基礎学力は重要」，"評価"観点の「意欲」，「個性」，「志望動機」，「多様性」，"入試運用"観点の「やり方次第」，"受験機会"観点，"期待"観点に含まれる全てのカテゴリー。"大学・学部運営"観点の「個性」，「A/O ポリシー」，"印象"観点の「欲しい人材の確保」である。

　一方，「否定」カテゴリーと同時生起が高いものは，"学力"観点の「重視すべき」，「重視していない」，"評価"観点の「一芸」，"評価方法への疑問"観点，"公平性"観点，"努力"観点，"懸念"観点に含まれる全てのカテゴ

リー，"大学・学部運営"観点の「本来の目的」，「学生確保」，"印象"観点の「楽・ずるい」である。

3.3.3. 全体の様相

　全体的な意見構造を示すために，多次元尺度構成法（Multi-Dimensional Scaling：MDS）の非計量 MDS を用いて各カテゴリーの座標を求め，2次元の座標にプロットした（図3-3）。ストレス値は，$S = .22$であった。

　横軸は「肯定－否定」，縦軸は，茫漠とした印象的なカテゴリーと具体的な根拠や観点などのカテゴリーに分かれて布置していることから「曖昧性－明瞭性」と解釈できる。第1，4象限を中心に，「肯定」と同時生起の高いカテゴリーが布置し，第2，3象限を中心に，「否定」と同時生起の高いカテゴリーが布置している。

　個々のカテゴリーを小さく破線で囲んだものは，「肯定」，「否定」カテゴリーと統計的に有意な関係にあるカテゴリーである。これらのカテゴリーの関係について，第1，4象限を中心に大きく破線で囲んだ「肯定グループ」と，第2，3象限を中心に大きく破線で囲んだ「否定グループ」の2グルー

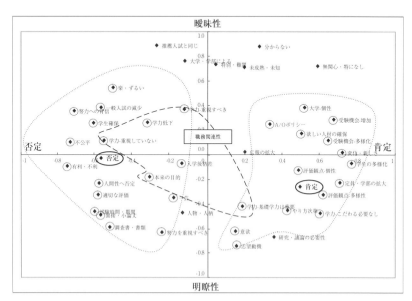

図3-3．全体的な意見構造

プに分類された。

3.4. AO入試受験者の意見分析

　同年度に，AO入試を実施した歯学部と工学部の回答数は歯学部が33件，工学部が627件である。ここでは，学部を込みにして扱う。その内訳は，AO入試での合格者の回答が169件，AO入試では不合格者の回答が38件[10]，AO入試を受験していない，すなわち，一般入試のみを受験した者の回答が435件，無回答が18件である。

　Q4，Q5の質問項目ごとにその回答内容について，「肯定」，「否定」，「その他」のカテゴリーに評定された件数を表3-3，表3-4に示す。この中から，AO入試の合格者と不合格者に回答者を限定し，Q4とQ5の質問に対して，肯定か否定のどちらかで捉えている件数のみを抽出した（表3-3，表3-4の破線で囲まれた部分）。両質問項目の抽出部分を2×2分割表にて，自由度1の補正付カイ2乗検定を行った結果，Q4のみが1％水準で統計的に有意であった。

表3-3．AO入試受験者の意見（Q.4）

	肯定	否定	その他	合計
AO合格	116	36	17	169
AO不合格	9	23	6	38
AO受験せず	249	111	75	435
無回答	15	1	2	18
合計	389	171	100	660

表3-4．AO入試受験者の意見（Q.5）

	肯定	否定	その他	合計
AO合格	98	43	28	169
AO不合格	17	14	7	38
AO受験せず	181	165	89	435
無回答	9	5	4	18
合計	305	227	128	660

Q4で問われているものは，回答者自身が受験した東北大学のAO入試に対する意見である。このことから，AO入試で合格した者は，東北大学のAO入試について肯定的に捉える傾向があり，反対に，AO入試で不合格だった者は，否定的に捉える傾向があるといえる。一方，Q5の東北大学に限定しないAO入試の一般的な印象についての回答は，合否の違いによる影響は小さい。

第5節　考察

　分配的公正，手続き的公正，利己心モデルの観点からそれぞれ考察を試みる。分配的公正と手続き的公正の観点からの考察には，Q5の回答を分析したデータを用いる。一方，利己心モデルの観点からの考察には，Q4，Q5の回答の両データを用いることにする。

1．分配的公正の観点からの考察

　Adams（1965）のモデルのOutcomeを選抜に当てはめたとき，分配の結果は個人の認知によって異なるものではなく，客観的な事実，つまり，「合格」か「不合格」のどちらかである。一方，Inputは，個人の認知によって異なり，個人が何をInputとして考えるかに依存している。当然，これは，どのような能力に基づいて選抜することが公正なのかという議論に関連する。そこで，AO入試の一般的な印象について，回答者が何をInputとして捉えているかを解釈する。

　まず，図3-3の「肯定グループ」に注目する。同グループには，"評価"観点の「意欲」，「個性」，「志望動機」，「多様性」といったカテゴリーが含まれており，学力以外の能力を評価することが肯定的に捉えられている。こうした学力以外の能力に注目する理由として，「実力主義の21世紀にぴったりだと思う。偏差値だけでは人を評価することはできないので」，「偏差値社会を救ってくれる新しい革命的入試方法だと思う」といった「偏差値偏重からの脱却」を期待した回答や，「実力主義の社会情勢を反映している」，「個性重視の社会を模索する面白い試み」といった変化や新しさを求める意見が挙

げられる。本田（2005）は，このように多様でかつ意欲などの情動的な部分を多く含む能力を「ポスト近代型能力」と呼び，知識内容の習得速度や知的操作の速度などの能力を中心とする「近代型能力」に対するものと位置付けている。ただし，同グループには，"学力"観点の「基礎学力は重要」が含まれていることから，学力を度外視して，学力以外の能力のみを評価することを強調しているわけではない。つまり，AO入試の一般的な印象に肯定的な回答者は，Inputを「基礎学力かつ学力以外の個性，多様性，意欲」と捉えている傾向があるといえる。

　一方，「否定グループ」では，"学力"観点の「重視すべき」，「重視していない」カテゴリーと"評価方法への疑問"観点，"公平性"観点，"努力"観点，"懸念"観点の全てのカテゴリーが含まれていることに注目する。ここでは，学力を度外視した評価方法への疑問と公平性や努力といった価値観をもとにした判断がなされていることが考えられる。これらの内容をより詳細に検討すると，「努力が報われない」，「頑張って努力している人に失礼」といった意見を含む「努力への背信」に評定された回答のうち24件が，「不公平」と同時生起しており，努力を裏切るような選抜に関しては不公平であると考える回答者が多く存在することを示している。また，「努力への背信」と「楽・ずるい」は，近傍に布置しており，同時生起は6件である。これは，努力に価値を置く回答者が，AO入試を「楽で，ずるい」選抜方法だと捉えていることを示唆している。さらに，「学力を重視すべき」と「努力を重視すべき」についての同時生起は9件である。数こそ少ないが，これらの回答者は，「努力」が反映されやすい「学力」を重視すべきだと考えていると解釈できる。その理由として，「学力は地道な努力で伸ばすことができるものだから，その学力を度外視して生まれつきの才能が大きく影響する人柄や一芸で選ぶAO入試はきらいだ」，「学力は，ある程度は努力で身につくものだと考えられているので，選考の要素にすべきだと思う」，「学力は努力すれば上昇するが，AO入試の場合は努力してもあまり変わらないのがよくないと思う」といった回答が含まれることが挙げられる。同グループに含まれている"評価"観点の「一芸」と合わせて考えると，一芸は，努力だけでは容易に獲得できないもので，ある意味，生得的な能力であるという認識がある一方，学力については，努力すれば身につくものであるという価値観の存在を

示唆している。日本人が「努力」に応じた分配を好むという斎藤・山岸（2000）の指摘を踏まえれば，Inputに「努力」が選好されていると言っても過言ではない。

　以上のことをまとめると，AO入試の一般的な印象に否定的な回答者は，Inputを「努力の反映されやすい能力（＝学力）」と捉えている傾向があるといえるだろう。

2．手続き的公正の観点からの考察

2.1．手続き的公正の基準

　客観性が高い評価手続きが，手続き的に公正な選抜であると考える回答者は，評価に主観的な要素が含まれる選抜方法に対して，否定的な見方をすることが予想される。"評価方法への疑問"観点の「適切な評価」は，「面接・小論文」との同時生起は35件であり，「学力試験を実施すべき」といった内容を含む"学力"観点の「学力を重視すべき」との同時生起も6件あった。つまり，面接や小論文といった主観的な評価がもたらすブレや偏りが，「選考基準が不透明である」といった意見と結びつくことで評価方法への疑念を生じさせている。また，より評価の客観性を重視する者は，不透明な評価方法で選抜されることよりも，一般的に客観的な評価方法だと言われてきた学力検査（大学審議会，2000）を選好する傾向がみられる。

　こうした傾向は，Leventhal（1980）の手続き的公正の基準における「一貫性（consistency）」，「正確さ（accuracy）」，「偏りの無さ（bias suppression）」に関するものが担保されていないと知覚するために生じる公正判断の可能性を指摘できる。つまり，主観的な判断が伴う評価方法について，適切な評価が時間や対象者を越えて一貫して可能であるのかという「一貫性」，その評価が正確な情報に基づいたものなのだろうかという「正確さ」，評価者の先入観による偏った評価はなされていないだろうかという「偏りの無さ」に対する疑問が，こうした公正判断に影響を与えていると考えることができる。

　次に，受験機会に注目する。「肯定」カテゴリーと"受験機会"観点の「増加」，「多様化」の同時生起は，それぞれ34件，55件である。つまり，AO入試を受験機会の増加や多様化と考える回答者には，AO入試の印象を肯定的に捉える者が多い傾向がある。

　この傾向は，下された決定に対する変更や修正の機会の有無を示す基準である「修正可能性（correctability）」の観点から解釈が可能である。例えば，裁判において被告が納得できない判決を受けたときに，再審理の機会が無いと被告に不満が生じるのと同様に，大学入試の機会が仮に一回しか与えられていない場合において，不合格した受験生は，次に挑戦する機会を持ち得ない。ゆえに，その受験生にとっては，大学を諦めることに等しく，大きな不満を抱く可能性が考えられる。つまり，受験機会が増加することは，受験生にとって，失敗したときの担保が増えることになり，不満を和らげる手続きとなるのである。受験機会に関する類似の見解は，国立大学の後期日程廃止問題に対する高校教員の反応を示した研究（倉元・西郡・佐藤・森田，2006）においても示されている。

　しかし，受験機会を無尽蔵に増加することは，全ての受験生にとって満足するものではないと思われる。例えば，学力を度外視した非学力型の AO 入試の受験機会のみが増加する場合，学力による評価を望む受験生にとって必ずしも受験機会の増加にはならず，合格可能性が低下することへの不満が高まることも考えられる。また，中畝・内田・荘島（2006）は，大学入試の年複数回実施に関して，当事者たちが，機会の拡大というよりもむしろ負担の増加と捉えている可能性を指摘した。つまり，受験機会の回数や増加の手続きが，どの程度，当事者の公正感に影響を与えるのかについては，さらに検討の余地がある。

2.2.　コントロール理論

　「少しの面接だけで，その人の人柄が全てわかるわけではないので合否の決定はできないと思う」といった意見に代表されるように，面接に不満を持っている回答者の中に，数回の短い面接時間内で，自分の人間性や個性を面接官に伝えることの難しさや，面接官がそれらを正確に理解することへの疑念を読み取ることができる。"評価方法への疑問"観点における「面接・小論文」と「試験時間・期間」の同時生起も25件であった。

　こうした結果については，Thibaut & Walker（1975）のコントロール理論からの考察が可能である。例えば，人間性や個性・意欲重視を評価基準とした面接試験があったとする。時間や期間が短いことで，納得する評価をして

もらうことが難しいと考えることは，裏を返せば，長い時間をかけて面接を行えば，その難しさを幾分かは克服できると考えていることになる。換言すれば，受験生にとって，自分の人間性や個性を面接官にアピールする十分な時間や機会を持つことは，少しでも多く理解してもらえるように面接官へ働きかけができるということになる。ここに，少しでも時間を掛け，自分をアピールし，面接試験のプロセスをコントロールしようする「過程コントロール」の作用が示唆される。また，コントロール理論に従えば，たとえ不合格になったとしても，十分に発言できなかったときよりも，少しでも多くの発言の機会が与えられた選抜手続きの方が，不満は幾分か少ないのである。こうした「発言（Voice）」については，Tyler et al（1985）や Lind et al（1990）によって，個人の公正感に影響を与える要因として報告されている。

2.3. 職務関連性

　大学は学問や研究の場であるという内容を含む"大学・学部運営"観点の「本来の目的」と"学力"観点の「学力重視すべき」，「重視していない」，「基礎学力は重要」との同時生起は，それぞれ11件，40件，35件である。図3-3において，これらのカテゴリーの布置を確認したものが「職務関連性」として破線で囲んだ部分である（「入学後格差」除く）。「肯定グループ」と「否定グループ」の両グループに渡っており，肯定，否定に関係なく，大学や学部での本来の目的について，学問や研究であると捉えている回答者の多くが，その選抜基準を「（基礎）学力」とする傾向を示している。

　大学や学部での目的，つまり，学問や研究に必要な学力を「職務」として考えた場合，その職務を反映した「（基礎）学力」を重視した選抜方法が，個人の公正感を高める可能性があると考えられる。また，妥当性の高いテストによる評価が透明性の高い採用方法であるとみなされる傾向を見出したSchuler（1993）の指摘を踏まえれば，大学入学後に必要となる妥当な学力を重視した選抜は，透明性が高く公正であると判断されることが考えられる。

3．利己心モデルからの考察

　大学受験の目標は，言うまでもなく「合格」することである。そのため，他の受験者に配慮して力を抜くようなことは基本的には考えられない。当然，

自己利益を最大化する動機を持っており，自分にとって有利に作用する手続きや評価を選好することが仮定できる。

　図３-３の「肯定グループ」の"受験機会"観点に含まれる「増加」と「多様化」は，「肯定」の近傍に布置しており，受験生が「修正可能性（correctability）」を担保することを望んだものである。つまり，受験の機会が増えることで，仮に不合格だったとしても再受験のチャンスを獲得できるという利益に繋がる手続きを得るために肯定したものだと考えられる。

　また，AO入試受験者に限定した分析結果を見ると，自らが受験した東北大学のAO入試について，合格者は肯定的に，不合格者は否定的に捉えている。つまり，合格者は，自分の能力を判定した手続きであるAO入試という選抜を適切なものとして捉え，他の一般選抜と比較しても自分は合格者に相応しいということを正当化していると考えることができる。反対に，不合格者は，AO入試の一般的な印象に対しては肯定と否定の回答に大差はないものの，自分が受験した東北大学のAO入試に対して否定的に捉える傾向がある。

　以上のことから，大学入試をめぐる個人の公正感について社会心理学的視点からアプローチするためには，回答者自身の利害関係の要因を考慮した利己心モデルを視野に入れて検討する必要があることが示された。

◆◇◆
第6節　結語

　本研究では，公平性の捉え方は，個人や立場の違いによって異なるという前提に立ち，受験当事者の個人の公正感について，公正研究における分配的公正や手続き的公正の概念や諸理論といった社会心理学的視点から探索的に検討した。その結果，大学入試の文脈における公平性という概念の複雑さを同視点より整理できる可能性を見出せた。

　特に重要なのは，現実的な大学入試の文脈において，誰もが納得する公平性を確保することが不可能だという事実である。この視点に立てば，如何に個人の不公平感を軽減させ，如何にその公正感を高めていくかという観点からの制度設計の必要性が示唆される。その手段として，社会心理学的視点か

らのアプローチの有用性は高い。例えば，大学審議会（2000）は，能力・適性等の多面的な判定や大学入試においてやり直しのきくシステムの構築を進めるために，「（中略）絶対的な公平性ではなく，もう少し柔軟にこれをとらえ，合理的に許容される範囲の中での公平性という考え方に転換していくことが必要」であると「公平性についての考え方の見直し」を謳っている。「絶対的な公平性」という文言を含め，従来の「公平性」への見解は，「同一条件・同一処遇」（Sidgwick, 1907）という「当為」に関わる判断に傾きがちであった。これを手続き的公正の観点から考えれば，全ての当事者に対する同一手続きが個人の公正感にどのように影響を与えるのかといった見方ができる。しかし，前述したように，現在の大学入試を同一条件・同一処遇を伴う手続きで実施することは事実上不可能である。つまり，「合理的に許容される範囲の中での公平性という考え方」とは，「現実的な様々な制約の中で，人々の公正感から帰納的に導かれた合理的な分配や手続きについての考え方」といった解釈がなされるべきである。その意味で，本研究で得られた知見は，示唆に富んだものであろう。

　もちろん，本研究は，受験の当事者として，１つの国立大学に入学した新入生のみを設定したという意味では，限定的なものである。しかし，調査が，受験から間もない時期であったこと，競争選抜を経験していること，AO入試においては，「合格」，「不合格」という異なる分配を受けた立場の者が混在していることを踏まえると，大学入試の具体的な１つの場面における当事者の公正感の様相を示すことが出来たと考える。

　今後は，受験経験の有無や所属する集団，進路指導を担当する教員や保護者といった，受験生本人とは立場の異なる関係者にはどのような公正感が見られるかについて検討する必要があると考える。そのためには，それぞれの立場における公正の要因や動機を規定し，その変数間の関係を明らかにする社会心理学的研究が必要となるであろう。本稿をもってその嚆矢としたい。

文　献

Adams, J.S.（1965）. Inequity in social exchange. In L. Berkwits（Ed.）, *Advances in Experimental Social Psychology*（Vol. 2, pp. 267-299）. New York: Academic Press.
天野　郁夫（1986）. 試験と学歴――努力信仰を超えて――　リクルート出版部
中央教育審議会（1997）. 21世紀を展望した我が国の教育の在り方について（第２次

答申）

大学審議会（2000）．大学入試の改善について（答申）

Deutch, M.（1975）. Equity, equality, and need: What determines which value will be used as the basis of distributive justice? *Journal of Social Issues, 31,* 137-149.

林　洋一郎・倉元　直樹（2003）．公正研究からみた大学入試　東北大学大学院教育情報学紀要, *1,* 1-14.［本書第１章に再録］

林　洋一郎（2007）．社会的公正研究の展望――４つのリサーチ・パースペクティブに注目して――　社会心理学研究, *22,* 305-330.

Hegtvedt, K. A., & Markovsky, B.（1995）. Justice and injustice. In K.S. Cook（Ed.）, *Sociological perspective on social psychology.* MA; Allyn and Bacon.

本田　由紀（2005）．多元化する「能力」と日本社会――ハイパー・メリトクラシー化のなかで――　NTT 出版

木村　拓也・倉元　直樹（2006）．戦後大学入学者選抜制度の変遷と東北大学の AO 入試　東北大学高等教育開発推進センター紀要, *1,* 15-27.

倉元　直樹・西郡　大・佐藤　洋之・森田　康夫（2006）．後期日程入試の廃止問題に対する高校教員の意見構造　東北大学高等教育開発推進センター紀要, *1,* 29-40.

Leventhal, G. S.（1980）. What should be done with equity theory? New approaches to the study of fairness in social relationship. In K. J. Gergen, M. S. Greenberg, & R.H. Willis（Eds.）, *Social exchange: Advances in theory and research*（pp.27-55）. New York: Academic Plenum.

Lind, E.A., Kanfer, R., & Earley, P.C.（1990）. Voice, control and procedural justice: Instrumental and noninstrumental concerns in fairness judgments. *Journal of Personality and Social Psychology, 59,* 952-959.

村山　詩帆（2000）．選抜手続きをめぐる公正観の対立――「公平信仰社会」という論法・恣意――　東北大学教育学年報, *48,* 23-39.

中畝　菜穂子・内田　照久・荘島　宏二郎（2006）．競争的選抜経験者における大学入試に関する公平感――得点調整事態下での検討――　キャリア教育研究, *24,* 1-10.

夏目　達也（2002）．東北大学新入生に対する AO 入試・オープンキャンパスアンケート　高校と大学のアーティキュレーションに寄与する新しい大学入試についての実践的研究　平成12年度日本学術振興会科学研究費補助金（基盤研究（A））研究課題番号12301014　研究代表者夏目　達也　平成13年度中間報告書 198-208.

日本テスト学会テスト規準作成委員会（2006）．テストの開発，実施，利用，管理にかかわる規準　日本テスト学会

大渕　憲一（2004）．公正の社会心理学――社会的絆としての公正――　大渕　憲一（編）日本人の公正観――公正は個人と社会を結ぶ絆か？――　現代図書

斎藤　友里子・山岸　俊男（2000）．日本人の不公平感は特殊か――比較社会論的視点で――　海野　道郎（編）日本の階層システム２　公平感と政治意識　東京大学出版会

佐々木　亨（1984）．大学入試制度　大月書店

Schmidt, F. L., Greenthal, A. L., Hunter, J. E., Berner, J. G., & Seaton, F. W.（1977）. Job sample v. paper-and-pencil trades technical tests: Adverse impact and examinee attitudes. *Person-

nel Psychology, 30, 187-197.

Sheppard, B. H., & Lewicki, R.J.（1987）. Toward general principles of managerial fairness. *Social justice research, 1*, 161-176.

鳴野 英彦（2003）. 国立大学におけるアドミッションオフィスの系譜 高校と大学の アーティキュレーションに寄与する新しい大学入試についての実践的研究 平成14 年度日本学術振興会科学研究費補助金（基盤研究（A））研究課題番号12301014 研 究代表者夏目 達也 研究成果報告書 301-313.

Shuler, H.（1993）. Is there a dilemma between validity and acceptance in the employment interview? In B. N. Nevo & R. S. Jager（Eds.）, Educational and psychological testing: the test takers' outlook（pp.239-250）. Toronto, Canada: Hogrefe and Huber.

Sidgwick, H.（1907）. *The methods of Ethics,* 7th ed. Hackett Publishing Company.

鈴木 敏明・斎藤 誠・本郷 真紹・川添 健・大塚 剋佳・倉元 直樹（2002）. 公開シン ポジウム『AO 入試と高大連携』 高大連携システム構築のための基礎研究 平成13 年度日本学術振興会科学研究費補助金（基盤研究（B））研究課題番号13410030 研 究代表者鈴木 敏明 平成14年度中間報告書 1-37.

Thibaut, J., & Walker, L.（1975）. *Procedural justice: A psychological analysis.* Hillsdale, NJ: Lawrence Erlbaum.

Tyler, T.R., Rasinski, K.A., & McGraw, K.（1985）. The influence of voice on satisfaction with leaders: Exploring the meaning of process control. *Journal of Personality and Social Psychology, 48*, 72-81.

鵜沼 公郎（1992）. SFC の目指すものと AO 入試──慶応義塾大学の例── IDE 現 代の高等教育, 5 月号, 13-16.

注

1）大渕（2004）によれば，「公平，公正は，ある社会的行為，ある社会的決定の適 切さを評価する基準とみなされている」とされる。これを踏まえ，本稿では「公 平」と「公正」は同義として用いる。

2）佐々木（1984）によると，「戦後の大学入試に匹敵するものは，戦前においては 高校及び専門学校の入試であった」とされる。

3）林・倉元（2003）は，大学入試における公正を分析するためには，「社会学的な 視点からのアプローチ」，「心理測定的なアプローチ」，「社会心理学的アプローチ」 の 3 つの可能性を挙げている。

4）村山（2000），林・倉元（2003）が，その僅かな例として挙げられる。

5）例えば，受験生 A と受験生 B が a 大学を受験した場合，入試の成績にかかわらず， β 大学に合格している受験生 A よりも，どこの大学にも合格していない受験生 B を a 大学に合格させる，といった合否決定ルールを採用するとすれば，それは必要性 原理に基づくものとみなすことが出来る。

6）例えば，文部科学省から毎年，大学院大学を除いた国公私立大学，大学入試セン ター宛に入学者選抜の指針を通達する「大学入学者選抜実施要項」の「基本方針」 において，選抜方法の多様化と評価尺度の多元化の方針が示されている。

7 ）その他にも，手続き的公正の基準や要因を検討した研究は多く存在する（例えば，Sheppard & Liwick, 1987など）。

8 ）利己心モデルに対して，自己利益の計算に基づくものとは違った種類のものを説明しようとするものに「集団価値モデル」という考え方が存在する。

9 ）評定一致率とは，2 人の一致数を 2 人が評定した全評定数で割った値である。ただし，カテゴリー 1 つにつき評定件数が10件以下のカテゴリーについては，極端な値（ 0 ％や100％）による影響が大きいために計算から除外した。

10）当該回答者は，他の選抜方法で合格している。

資料 3 - I．意見分類の観点とカテゴリーと評定基準

観点	カテゴリー	評定基準
肯定／否定	肯定	・単に賛成 ・評価できる制度 ・条件付で肯定
	否定	・単に反対 ・印象が悪い，ネガティブな表現 ・疑問が残る
学力	重視すべき	・学力は絶対必要とするもの ・学科試験，学力試験を実施すべき
	重視していない	・（基礎）学力を軽視している
	こだわる必要なし	・学力は軽視も仕方ない
	基礎学力は重要	・一定の学力は必要 ・基礎学力は必要 ・大学で学ぶに相応しい学力をつけるべき
評価観点	人物・人柄	・人間性，内面など
	意欲	・やる気，関心など
	個性	・長所，特徴的な能力など
	一芸	・芸能人，スポーツ，特技など
	志望動機	・大学でやりたいことが決まっている ・明確な目的を持っている
	多様性	・総合的な評価，偏差値重視ではない ・学力以外の多様な能力 ・上記の評価観点以外のもの

評価方法への疑問	調査書・書類	・調査書・提出書類での評価への疑問
	面接・小論文	・面接・小論文への疑問
	試験時間・期間	・評価時間への疑問
	適切な評価	・選抜基準，評価方法への不満 ・不透明な評価 ・評価者，面接官への疑問 ・客観的な評価に対する疑念
	人間性の否定	・不合格した場合の判定に対して，人間性を批判されていると感じるなど
公平性	不公平	・不公平，不満，不愉快
	有利／不利	・特定の受験生に対する有利，不利
努力	努力への背信	・努力が報われない ・一般入試へ一生懸命勉強している人へ失礼 ・努力を軽視している
	努力を重視すべき	・努力が評価されるべき
入試運用	やり方次第	・方法，評価等の提案を含む ・「〜ならば」，「〜ができれば」といった仮定がなされた場合など
	広報の拡大	・広報不足 ・詳細で分かりやすい説明の希求
受験機会	増加	・単純な機会の増加 ・合格確率の増加
	多様化	・選抜の多様化（様々な入試方法） ・アピールの場の増加 ・進路の幅の拡大
期待	学生の多様化	・大学に集まる学生が多様化する
	定員・学部の拡大	・拡大への期待
	変化・新しさ	・新しい変化への期待 ・現状打破 ・ユニーク ・時代の要請，流行

懸念	学力低下	・日本全体の学力低下，質の低下 ・大学（生）の学力低下，質の低下
	入学後格差	・一般入試合格者との学力格差 ・入学後苦労する，本人のために良くない
	一般入試の減少	・一般入試枠の減少 ・AO入試は増やさない方が良い
大学・学部運営	本来の目的	・大学は学問の場で学力が必要 ・研究に関係のあるものが必要
	学生確保	・学生集め，人集めのため ・芸能人を合格させることでの宣伝 ・青田買い
	個性	・各大学，学部の個性，特色
	A/Oポリシー	・入試の方針 ・獲得したい人材の方針 ・大学・学部が求める理念
印象	楽・ずるい	・ずるい，運，逃げ道
	特別・難関	・特別な人が受験するもの ・難しい入試
	未成熟・未知	・制度への疑念／危うさ ・中途半端 ・面倒くさい／複雑 ・知られていない
	欲しい人材の確保	・可能性のある人材の確保 ・優れた人材の確保
	研究・議論の必要性	・更なる研究，議論を必要とする
	推薦入試と同じ	・従来の推薦入試と同じ
その他	大学・学部による	・大学・学部によってはあってもよい
	分からない	・単に判断ができない ・分からない，知らない
	無関心・特になし	・興味なし，無関心

第 4 章

大学進学希望者の高校生が選好する評価方法とは
——「入学者受入れ方針」を検討する上での一視点——

西郡　大・倉元 直樹

第1節　はじめに

　高等教育機関への進学率の上昇，少子化に伴う18歳人口の減少，入学定員の拡大といった様々な要因により，大学入試における選抜機能は，一部の大学を除いて総じて低下した。これは，一定の選抜機能を全体的に有していた時代と比べ，入試によって入学者の学力水準を担保することが困難になってきたことを意味する。

　こうした点は，平成20年（2008年）12月24日に中央教育審議会によって答申された「学士課程教育の構築に向けて」でも問題視され，学士課程教育の改革に向けた3つの柱の1つとして「入学者受入れの方針」が挙げられた[1]。

　同方針では，高等学校段階における学習成果の適切な評価に向けた指針が示され，具体的な改善方策として，「大学に期待される取組」（7項目）が挙げられている[2]。これらの項目に通底しているのは，各大学における入学者受入れの方針に基づく適切な評価の推進であるとみることができる。そのため，今以上に入学者受入れ方針に関する十分な議論とその方針に基づいた受験生に求める資質を評価するための方法の模索が求められている。しかしながら，どんなに崇高な理念や受入方針に基づく評価方法でも，受験者によって受け容れられなければ，長期的に維持できないのが現実的とも言える。

　そこで本研究では，大学入試において実際に実施されている評価方法に関して，大学進学を目指す高校生がどのように捉え，誰がどのように評価されることを選好しているのかに注目した。特に，長い間大学入試の主軸であり続けた高校の授業で学習する「主要教科（英・数・国・地歴公民）を中心とした基礎的な学力を評価するペーパーテスト」（以降，「ペーパーテスト」と

表記）とそれに代わる軸として文部科学省によって推進されてきた「選抜方法の多様化，評価尺度の多元化」に基づくペーパーテスト以外の評価方法（以降，「非ペーパーテスト」と表記）を分析の中軸に据え，それぞれの評価方法が選好される要因は何なのか，また，それらの要因は，どのような属性によって影響を受けているのかについて検討した。

第２節　方法

1．調査概要

　東北，東海地域における10校の高等学校２年生を対象に，「高校生の大学入試に関する受け止め方の調査」を行った。調査協力に関しては，筆者らと交流のある進路指導教員を通じて依頼した。調査校は，各地域における進学校であり，多くの生徒が大学進学を志望する高校である。調査時期は，受験生としての意識が芽生え始めると考えられる年度末（平成20年（2008年）３月頃）に行った。

　調査票は，無記名実施かつプライバシーを保護することを明記しており，個人属性に関しては，「性別」，「クラス（文理別）」，「部活動」，「将来の目標有無」，「志望大学種別（国公私短大別）」，「志望学部種別（学部系統別）」を尋ねた。それ以外は，５件法からなる項目群の９セクションで構成され（一部，自由記述を含む），高校生活を通して得られた認識（具体的には，主要教科の学習，部活動，生徒活動などに対して，どのような意義を認めているか），大学入学後に期待すること，大学入試制度，選抜方法，評価方法等に関する知識および認識について尋ねた。

　全回答者は2,752名であった。高校別の内訳は，311名，308名，264名，260名，304名，246名，288名，237名，344名，190名であった。なお，本研究では，大学進学を目指す生徒層という点において各高校に大きな差はないものと仮定し，調査への回答に高校の違いが影響しないと考えた。これらの回答から，全ての項目に欠損値のない2,611名の回答を分析対象とした。

2．分析方法

まず，これまでの高校生活を通して得られた認識，大学入学後に期待すること，大学入試制度に関する知識および認識，選抜方法，評価手続きに関する認識を尋ねた項目について因子分析を行い，「ペーパーテスト」および「非ペーパーテスト」の選好に影響を与える要因として考えられる因子を抽出した。次に，これらの因子を独立変数，「ペーパーテスト選好」および「非ペーパーテスト選好」を従属変数とし，尺度得点を用いた重回帰分析を行い，どのような要因が従属変数に影響を与えているのかを検討した。最後に，高校生が期待する評価方法を規定する各要因について回答者の属性別に検討し，それぞれの特徴を整理した。

第3節　結果

表4-1に，回答者属性の内訳を示す。

因子分析の結果は，「これまでの高校生活を通して得られた認識」（表4-2），「大学入学後に期待すること」（表4-3），「大学入試制度および選抜手続きに関する認識」（表4-4）として示した[3]。なお，各変数間の相関係数を表4-5に示す。

次に，ステップワイズ法により重回帰分析を行った（表4-6）。従属変数である「ペーパーテスト選好」は，「学力試験（ペーパーテスト）によって，高校の授業で学ぶ『主要教科』を中心とした基礎的な学力を評価されたい」という1項目を用い，「非ペーパーテスト選好」は，「書類審査や面接試験によって，意欲や志望動機を評価されたい」，「書類審査によって，高校の定期試験や課外活動などの成績が反映された調査書を評価されたい」，「面接試験によって，自分の人格や性格を評価されたい」，「実技試験によって，特技（一芸）や運動能力を評価されたい」という4項目を用いた[4]。

分析の結果，相対的に強い影響力を持つ要因は，「ペーパーテスト選好」において，「受験勉強肯定観」（$\beta = .24$）と「大学入試制度肯定観」（$\beta = .19$），「非ペーパーテスト選好」において，「課外活動肯定観」（$\beta = .25$）であることが示された。

表４-１.　回答者の属性　（　）内は％を表す

性別	男子	女子	－
	1,418 (54.3)	1,193 (45.7)	
文理別クラス	文系	理系	未定
	1,044 (40.0)	1,428 (54.7)	139 (5.3)
部活動	運動部	文化部	無所属
	1,389 (53.2)	817 (31.3)	405 (15.5)
将来目標	ある	ない	分らない
	1,831 (70.1)	308 (11.8)	472 (18.1)
志望大学種別	国立	私立	その他
	2,229 (85.4)	195 (7.5)	187 (7.2)

表４-２.　これまでの高校生活を通して得られた認識（主因子法，プロマックス回転）

抽出因子および質問項目	Ⅰ	Ⅱ	共通性
Ⅰ．課外活動肯定観（α＝.53）			
友だちとの付き合いは，勉強以上に大切だと思う	.57	-.20	.24
一般的に部活動や生徒会などの経験は大学入学後に役立つ	.55	-.12	.39
高校まで継続してきたことがあれば，それを大学生活でも活かしたい	.46	.08	.26
Ⅱ．受験勉強肯定観（α＝.43）			
授業で学ぶ「主要教科（英・数・国・理・地歴公民）」は，大学で勉強する上で重要である	-.06	.55	.28
受験のための努力は，大学入学後もきっと役に立つ	.08	.50	.30
受験が無ければ，授業で学ぶ「主要教科」に興味は無い（逆転項目）	-.08	.37	.11
因子寄与	1.04	.96	
累積寄与率（％）	19.9	26.4	
因子間相関	－	.53	

表4-3. 大学入学後に期待すること（主因子法，プロマックス回転）

抽出因子および質問項目	I	II	III	共通性
I. 学問・研究志向（α=.76)				
自分が興味ある分野の学問を追求できること	**.76**	-.04	-.07	.57
高校で学べなかった学問の面白さを発見すること	**.75**	-.01	.01	.52
知的好奇心を刺激してくれる先生との出会い	**.63**	.03	.03	.43
自分の興味や関心がある様々なことに挑戦できること	**.57**	.14	.03	.42
最先端の理論や技術の専門的な研究ができること	**.50**	-.08	-.03	.22
II. 大学生活エンジョイ志向（α=.72)				
束縛されてきたものから自由になること	-.14	**.80**	-.08	.54
保護者から独立して一人暮らしをすること	-.06	**.60**	.02	.35
部活動やサークル活動を楽しむこと	.03	**.59**	.00	.35
生涯の友人を得ること	.10	**.53**	.08	.39
本来の自分とは何なのかという「自分探し」	.15	**.40**	.06	.26
高校生活までとは違った形で大学生活を満喫したい	.03	**.33**	.02	.12
III. 就職準備志向（α=.76)				
就職に必要な情報や人脈を得ること	-.13	-.02	**.88**	.68
就職に役立つ自分の特技や能力を育ててくれること	.05	-.04	**.75**	.57
社会に出たときに役立つ知識や資格を身につけること	.13	.00	**.59**	.43
大学卒業時に就職口を紹介してくれること	-.05	.13	**.49**	.29
因子寄与	2.77	2.61	2.80	
累積寄与率（％）	24.7	34.4	40.9	
因子間相関	－	.31	.43	
		－	.46	

表4-4．大学入試制度および選抜手続きに関する認識 （主因子法，プロマックス回転）

抽出因子および質問項目	I	II	共通性
I．均一的手続き選好度 （α＝.58）			
受験科目が極端に少ない入試で合格した人はずるいと思う	**.58**	.03	.33
同じ学部・学科の入試なら，全員が同じ科目を受験する方が公平だと思う	**.56**	.06	.29
同じ学部・学科に一般入試や推薦入学など異なる選抜方法が混在するのは不公平だ	**.55**	-.09	.34
II．大学入試制度肯定観 （α＝.52）			
公平性が確保された試験制度だと思う	.05	**.68**	.45
現在の大学入試に不満がある （逆転項目）	-.13	**.45**	.25
大学生になる資質のある者を選抜するために必要である	.11	**.42**	.16
全ての選抜方法で適切な能力が判定されているか疑問である （逆転項目）	-.10	**.29**	.11
因子寄与	1.08	1.02	
累積寄与率（％）	17.9	27.6	
因子間相関	－	-.29	

表4-5．各変数間の相関係数 （尺度得点を用いて算出）

	1	2	3	4	5	6	7	8
1. 課外活動肯定観	－							
2. 受験勉強肯定観	.25**	－						
3. 学問・研究志向	.24**	.35**	－					
4. 大学生活エンジョイ志向	.34**	.10**	.26**	－				
5. 就職準備志向	.23**	.11**	.33**	.39**	－			
6. 均一的手続き選好度	.02	-.06**	-.01	.15**	.08**	－		
7. 大学入試制度肯定観	.06**	.19**	.07**	.05**	.09**	-.18**	－	
8. ペーパーテスト選好	.09**	.31**	.21**	.11**	.15**	.04	.23**	－
9. 非ペーパーテスト選好	.31**	.13**	.18**	.22**	.18**	.06**	-.05**	.06**

$**p < .01$

表4-6. 重回帰分析の結果 (標準偏回帰係数)

	ペーパーテスト選好	非ペーパーテスト選好
	β	β
学問・研究志向	.091***	.086***
就職準備志向	.066**	.061**
大学生活エンジョイ志向	−	.094***
受験勉強肯定観	**.24*****	−
課外活動肯定観	−	**.25*****
大学入試制度肯定観	**.19*****	-.08***
均一的手続き選好	.082***	−
自由度調整済み R^2	.15	.13

**p<.01　***p<.001
−はステップワイズ法により当該変数が除去されたことを示す

表4-7. 属性別にみた各要因の特徴

因子名	属性	比較
学問・研究志向	文理別クラス 志望大学種別 学部系統別 将来目標の有無	文系<理系 国立<私立 グループ①<グループ②〜⑧ ある>わからない>ない
大学生活エンジョイ志向	部活動	運動部>文化部>無所属
受験勉強肯定観	性別 志望大学種別 学部系統別	男子<女子 国立>私立 グループ⑤>グループ①，②，⑦
課外活動肯定観	部活動 学部系統別 将来目標の有無	運動部>文化部，無所属 グループ⑦>グループ①〜⑥，⑧ ある>わからない，ない
均一的手続き選好	性別 志望大学種別	男子<女子 国立>私立

　重回帰分析で用いた独立変数である各要因を回答者の属性別に尺度得点の平均点（単純和における回答者の平均点）で比較した結果を表4-7に示す。
　本研究では，属性別の平均点の大小に興味の中心があるわけではないが，要因の平均値の大小を属性別の特徴としたため，t検定および分散分析により統計的に0.1％水準で有意になったもののみを抽出した[5]。なお，属性にお

表4-8．志望学部種別のグループ化

学部系統グループ	学部系統分類
グループ①	法学，経済，商学系
グループ②	文学，社会学，教育学，教員養成，外国語，家政，生活科学系
グループ③	理学，工学系
グループ④	農学，獣医，水産系
グループ⑤	医学，歯学，薬学系
グループ⑥	保健，看護，介護，福祉系
グループ⑦	芸術，体育系
グループ⑧	その他

ける「学部系統別」は，志望学部種別に関する21項目の選択肢を8つにグループ化したものである（表4-8）。

第4節　考察

「ペーパーテスト選好」の規定要因として影響力を持つものの1つに「受験勉強肯定観」が挙げられることから，高校の授業で学ぶ主要教科を中心とする受験勉強を肯定する者には，ペーパーテストを選好する傾向がみられる。「受験勉強肯定観」は，「学問・研究志向」との相関がみられ（$r=.35$, $p<.001$），大学入学後に学問や研究を志向する者ほど，受験勉強を肯定していると解釈できる。

もう1つの影響力を持つ規定因である「大学入試制度肯定観」は，「学問・研究志向」（$r=.07$, $p<.001$）や「受験勉強肯定観」（$r=.19$, $p<.001$）との間に，顕著な相関関係はみられず，各要因との相互作用による影響というよりも，現在の大学入試制度そのものに対して肯定的に捉える者に，ペーパーテストを選好する傾向がみられた。なお，「ペーパーテストを中心とした学力偏重な試験制度である」という項目と本要因との間に相関関係はみられないことから，大学入試制度の肯定者，否定者を問わず，現在の大学入試がペーパーテストを中心とした学力偏重な試験制度であるとは認識されてい

ないことが示された。

一方，「非ペーパーテスト選好」の規定要因として影響力を持つのは，「課外活動肯定観」であり，主要教科を中心とした高校の授業よりも部活や生徒会活動，友だち付き合いといった活動に価値を置く者によって選好されている。また，「課外活動肯定観」は，「学問・研究志向」（$r=.24, p<.001$），「就職準備志向」（$r=.23, p<.001$），「大学生活エンジョイ志向」（$r=.34, p<.001$）といった大学入学後に期待する要因とも一定の関係を示しており，本要因が，入学後の期待と複雑に絡み合いながら，「非ペーパーテスト選好」に影響を与えていると解釈できる。

「ペーパーテスト選好」と「非ペーパーテスト選好」を規定する各要因について，回答者の属性別に検討した結果からは，次のような特徴が確認された。例えば，自分のクラスが文系クラスであるのか理系クラスであるか，志望する大学が国立大学であるのか私立大学であるのか，志望する学部は何なのか，さらには，高校生活において部活をしているか，していないか，運動部であるのか文化部であるのかといった様々な違いなど，「高校生活において何をやっているか」，「自分が志望する大学および学部の性格をどのように考えるか」によって，大学入学後に期待することや高校生活における現状認識，そして，大学入試制度やその手続きに対する認識にも違いが生じることが示された[6]。

こうした特徴は，各大学において選抜方法や評価方法を議論する際の具体的な視点となりうる。例えば，「志願倍率を上げることが優秀な学生確保に繋がる」ということを拠りどころにして，国立大学の理系学部において，入試科目の軽量化や学力検査（ペーパーテスト）を課さない選抜方法を通して志願者を確保しようとするならば，志願者心理について十分に留意しなければならない。というのも，国立大学志望の理系クラスでは，「学問・研究志向」が強く，「受験勉強肯定観」との相関も高いことから，入学後に専門的な学問や研究を行っていく上で基礎となるであろう高校で学ぶ主要教科の重要性を感じていることが予想され，志望校合格のために，高校3年生の年度末まで，しっかり勉強することを厭わない覚悟を持っている層だと考えることができるからである。そのため，上記で示したような選抜方法や評価方法へ舵が切られた場合，彼らが持つ入試に対する受け止め方に対して，葛藤を

もたらすことは否定できない。となれば，高校の授業で学ぶべきことをしっかりと学んできてほしいと期待する大学にとっては，本末転倒な結果となりかねないのである。つまり，志願者の背景やそれぞれの入試に対する受け止め方を考慮しない方向で，志願者確保のみが目的化していくと，結果的に，大学にとって本当に欲しい人材から敬遠される可能性すら持つのである。特に，学問および研究等を志向する大学では十分に配慮する点ではなかろうか。

第５節　結語

　冒頭で示した「大学に期待される取組」の全７項目のうちの１項目は「大学と受験生とのマッチングの観点から，入学者受入れの方針を明確化する」というものであり，受験生に対して「何をどの程度学んできてほしいか」を明示することが求められている。大学入試の選抜性は低下したとはいえ，その影響力は未だ大きいことは言うまでもない。当然，大学入試（特に，「入学者受入れ方針」）を通して大学側が発信するメッセージも大きな意味を持つだろう。その意味において，受験生から本質的に理解されるためのメッセージを発信するための切り口として，本研究で示したような知見が活用されることを期待したい。

文　献
中央教育審議会（2008）．学士課程教育の構築に向けて（答申）
西郡　大・倉元　直樹（2007）．日本の大学入試をめぐる社会心理学的公正研究の試み
　　──「AO入試」に関する分析──　日本テスト学会誌, *3*, 147-160.［本書第３章に再録］

注
１）その他の２つの方針は，「学位授与の方針」，「教育課程編成・実施の方針」である。なお，「入学者受入れ方針」は，「アドミッション・ポリシー」とも呼ばれるが，「学士課程教育の構築に向けて」（答申）の表現に合わせて，本章では，「入学者受入れ方針」と表記した。
２）具体的な改善策は，「大学に期待される取組」と「国によって行われるべき支援・取組」に分けられる。
３）因子分析および重回帰分析の具体的な手順ついては紙幅が限られるために省略し，

分析結果のみを示した。

4）因子分析により，これらの項目の1因子性は確認されており，4項目の和得点で算出している。

5）検定を繰り返すことで，タイプⅠのエラーが発生しやすくなることを考慮し，有意水準を0.1％とした。

6）西郡・倉元（2007）は，大学入試の場面では，自己利益の最大化するように動機付けられる「利己モデル」が適用されやすいことを指摘しており，本分析でも同様の傾向が確認されたとみることができる。

第 5 章

大学入試における面接試験に関する検討
——公正研究の観点からの展望——

西郡　大

第 1 節　はじめに

　近年，我が国の短大を含めた大学進学率は50％に達し，平成19年（2007年）には，大学の収容定員の総数と大学進学希望者の数が一致する「大学全入時代」を迎えるとされる（中教審大学分科会，2004）。米国の教育社会学者であるマーチン・トロウ（Martin, Trow）は，進学率50％超の段階を「ユニバーサル段階」と呼び，進学率の量的な拡大に伴い進学者の能力や属性の多様化が促進し，選抜方法も多様化することを予想した（Trow, M. 天野・喜多村（訳）1976）。事実，我が国の文教政策では，中央教育審議会第2次答申（1997）において，「学力試験を偏重する入学選抜者試験を改め，能力・適性や意欲・関心などを多角的に評価するため，選抜方法の多様化，評価尺度の多元化に一層努めることが必要」であると大学入学者選抜（以下，「大学入試」と略記）方法の多様化が推進され，毎年文部科学省が大学院大学を除いた各国公私立大学，大学入試センター宛に入学者選抜の指針を通達している『大学入学者選抜実施要項』の「基本方針」にも反映されている。こうした政策に各大学の諸事情などが重なり，推薦入学や AO（アドミッション・オフィス）入試等が拡大した結果，これらの入試を経由する入学者は，全入学者の4割を占めるようになった（平成17年度（2005年度）現在）。そのため，数字だけみると「第2の入試」から「主たる入試」の地位に近づきつつあるとも言われる（旺文社，2006）。

　こうした背景をもとに，書類審査や小論文に加え，「受験者の人間性や個性などから，大学生として将来的な可能性があるかどうかの審判」（旺文社，2006）として，面接試験を実施する大学が増えてきた。面接試験は，面接者

と被面接者から構成され，面接者が被面接者を評価するというのが一般的な構図であり，個人面接であろうが集団・グループ面接であろうが，その構図は基本的に同じである。図5-1は，国公立大学における面接を課す大学数の推移を示したものである。入学者選抜を実施している国公立大学の総数155校（平成17年度（2005年度）時点）のうち，約80％弱の大学が選抜方法の1つとして面接試験を導入していることからも，面接試験が現在の大学入試の標準的な選抜方法の1つになっていることが分かる。

しかし，その評価については，何らかの基準があるにしても各面接者の主観的な判断に依存するために公平性に関して疑問視されてきたのも事実である。例えば，面接試験に限らず，主観的判断の要素が入る客観テスト形式の学力検査以外の試験が，公平性に問題があると常々指摘されてきたこと（大学審議会，2000）や大学に入学したばかりの新入生の意見を分析した結果から，「面接による試験はあいまいで公平さに欠けるのではないか」といった面接試験に対する公平性への疑念が見出されること（西郡・倉元，2007；西郡・木村・倉元，2007）などが挙げられる。

ところが，大学入試の具体的な面接試験に対する個人の意見構造から公正の問題そのものを焦点にして分析した研究は管見する限り見当たらない。仮

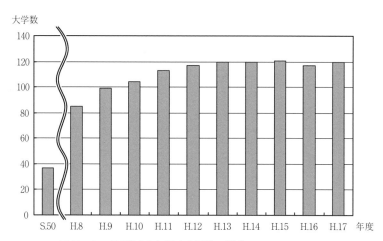

図5-1．面接試験を課す大学数の推移（国公立大学のみ）

（注）文部科学省が2004年8月24日に報道発表した資料をもとに作成。ただし，昭和50年度の数値については，文部省大学局が発行した『大学資料』第54号より抜粋した。

に，個人がどのように公正さを感じるかに焦点を当てたとき，その公正の捉え方は一様でないことが考えられる。このような，個人個人の公正に関する知覚から帰納的に導き出される公正の議論は「経験的議論」（宮野，2000）と呼ばれる。特に，人々の判断や認知を実証的に明らかにする社会心理学の枠組みの中で議論されてきた（林，2007）。

　そこで，本研究では，社会心理学の公正研究において蓄積されてきた理論や概念の枠組みを援用し，大学入試における面接試験に関する個人の意見構造を分析する。そして，そこから見える面接試験設計の1つの方向性を示すことが本研究の目的である。本稿の構成は，まず，本研究で用いる社会心理学における公正研究の枠組みを紹介し，続いて，実際の面接試験に対する具体的な意見を分析する。最後に，公正研究の観点から分析結果を考察することで面接試験設計の1つの方向性を示す。

第2節　本研究で用いる公正研究の枠組み

　公正の要素は，「分配的公正」と「手続き的公正」という2つの側面から定義される（Thibaut & Walker, 1975; Leventhal, 1980; Lind & Tyler（1988　菅原・大渕訳1995）など）。前者は，報酬や結果の分配に対する公正判断を問題にしたものであり，後者は，手続きそのものに対する公正判断を問題にしたものである。本研究では，後者の手続き的公正に注目し，公正要因研究における手続き的公正要因の枠組み（林，2007）を援用する。林（2007）はAmbrose & Schminke（2001）の知見に従い，手続き的公正に関して，決定あるいは報酬分配手続きの構造的側面に注目する「構造的要因」と決定手続きに影響力を持つ人物を問題にする「社会的要因」に区分した。この区分に基づき，分析の枠組みとなる代表的な研究や理論を以下に紹介する。

1．構造的要因（1）
── Thibaut & Walker（1975）のコントロール理論
　一般的に，人は自分に有利な結果を得たいと思うがために決定権を保持したがる。当然，紛争の当事者たちが決定権を主張しあえば，紛争解決は期待

できない。そこで，こうした紛争解決のために，第三者の介入が必要とされる。その際，個人は，少しでも自分に有利な状況，さらには，良い結果を手に入れようと動機付けられる。こうした動機付けは，人々が利己的な存在で，常に自己利益を最大化しようとする動機を持っていると仮定する「利己心モデル」（Lind & Tyler, 1988 菅原・大渕訳 1995）という考え方に立脚しており，大学入試における文脈では，個人の公正判断の基本的な動機となるものである（西郡・倉元，2007）。

Thibaut & Walker（1975）は，裁判における紛争局面に注目し，当事者が，証拠等の情報提示などを通じて，第三者の最終決定に至る過程に影響を与えることで，そのプロセスをコントロール（「過程コントロール」と呼ぶ）しようとすることを見出した。この過程コントロールは，個人の公正感に大きく影響することが，その後の研究からも報告されている（Tyler et al, 1985; Lind et al, 1990など）。

2．構造的要因（2）── Leventhal（1980）の手続き的公正の基準

Leventhal（1980）は，手続き的公正が，分配決定において，公正知覚の重要な決定要因になっていることが多いことを主張し，政治，組織体における社会的決定の手続きの公正さを評価する枠組みについて 6 つの基準を提示した（表 5 - 1）。これらの 6 つの基準を「公正基準（justice rules）」と呼び，「分配の手続きが特定の基準を満たす際に，公正であると知覚する個人の信念」として定義している。大学入試における選抜手続きにおいて，こうした基準が満たされていない場合には，当事者たちの不公平感を喚起することが考えられる。

林（2007）は，当事者が手続きや規則の執行に影響を持つ人物（「権限者」と呼ばれる）から受けた処遇の質も手続き的公正知覚の要因であるという主張（Bies & Moag, 1986; Greenberg, 1990; Greenberg, 1993; Tyler & Bies, 1990; Tyler & Lind, 1992）を踏まえ，手続き的公正の社会的次元を総称して「相互作用的公正（interactional justice）」（Moorman, 1991; Konovsky, 2000）と定義した。さらに，手続き的公正を規定する対人処遇は 2 つの側面から構成されるという指摘（Cropanzano & Greenberg, 1997; Folger & Cropanzano, 1998）より，当事者が権限者から受けた配慮あるいは尊重された程度を示す「対人的公正

表５-１．Leventhal（1980）の手続き的公正の基準

基準	内容
一貫性（consistency）	時間や対象者を越えて，一貫した手続きが適用される
偏りの無さ（bias suppression）	自己利益や思想的先入観を避ける
正確さ（accuracy）	正確な情報を基盤とそれに基づいた判断をする
修正可能性（correctability）	再審理の機会がある
代表性（representativeness）	全ての関係者の利害関心や価値観が反映されている
倫理性（ethicality）	基本道徳や倫理に反しない

（interpersonal justice）」（Colquitt, 2001）と当事者が権限者から正確な情報に基づく説明を充分に受けたかを示す「情報的公正（informational justice）」（Colquitt, 2001）に分けられることを示している。ここでは，相互作用的公正研究の対人的公正の側面に注目した研究を紹介する。

3．社会的要因―― Bies & Moag（1986）の研究

　Bies & Moag（1986）は，就職を希望する MBA の学生を対象に実施した調査により，Thibaut & Walker（1975）の過程コントロールの効果を裏付ける構造的要因だけでなく，社会的要因の１つである対人的処遇，つまり，権限者として考えられる採用担当者の正直さ，配慮，権利の尊重といったものが人々の公正知覚に影響を与えていることを見出した。林（2007）は，これらの結果について，採用結果に関係なく公正に及ぼす対人側面の重要性を示唆するものであると位置づけると同時に，Mikula, Petri, & Tanzer（1990）の日常生活における怒り経験と不公正の関連について分析した研究を例に挙げ，公正判断における対人側面の重要性が採用場面に限定されるものではないことを指摘した。これを踏まえれば，面接試験においても同様の重要性が考えられるであろう。

第3節　方法

　公平性に関して，面接試験に対する有効な意見を得るためには，ある程度の選抜性が作用する試験に対しての意見でなければならない。したがって，本研究では，面接試験が課されている東北大学の AO 入試に対する意見を分析する[1]。東北大学の AO 入試は平成12年度（2000年度）より一部の学部からの開始を皮切りに，徐々に実施学部は増加している。そのために，年度によって AO 入試の実施学部と未実施学部が存在する（表5-2）。

　こうした東北大学の「AO 入試」と「オープンキャンパス」の改善のための参考資料として，4月入学の学部新入生を対象とした悉皆によるアンケート調査を平成12年度（2000年度）から毎年実施している。本研究では，平成12年度（2000年度）～平成18年度（2006年度）の同調査の項目の一部を利用した。

　調査票は全2ページで12の質問項目から構成されている。詳細は，西郡・木村・倉元（2007）を参照されたい。調査対象者は平成12年度（2000年度）～平成18年度（2006年度）の4月に東北大学に入学手続きした学部新入生で

表5-2．学部別 AO 入試実施年度

学部	2000	2001	2002	2003	2004	2005	2006	2007	2008
文学部									
教育学部									○
法学部				○	○	○	○	○	○
経済学部							○	○	○
理学部		○	○	○	○	○	○	○	○
医（医学科）								○	○
医（保健学科）									
歯学部	○	○	○	○	○	○	○	○	○
薬学部									○
工学部	○	○	○	○	○	○	○	○	○
農学部								○	○

ある。調査票は入学手続き書類とともに送付し，回収はオリエンテーション時に行った。調査対象者は7年間で17,117名であり，有効回答者数16,943名（回収率99.0％）であった。

　本研究で利用した質問項目は，東北大学のAO入試に対する意見（Q4）である「東北大学のAO入試は，充分な基礎学力を基盤とした上で，意欲，志望動機等を重視するものですが，あなたはそのポリシーを知っていましたか？　また，それについてどう思いますか？」という質問内容に対する自由記述形式の回答である。これらの回答の中から，「面接」をキーワードとして含むものを抽出した。抽出された意見について，面接試験に関してどのような印象や意見が全体的に含まれているかを見るために類似した意見をまとめ，観点別のカテゴリー化を行った。

　なお，回答者の属性は，AO入試の受験経験の有無（以下，「AO受験有無」と略記）によって，AO入試合格者（以下，「AO合格者」と略記），AO入試不合格者2）（以下，「AO不合格者」と略記），AO入試未受験者（以下，「AO未受験者」と略記）に分けられる。したがって，本研究では，AO合格者とAO不合格者については，AO入試に課される面接試験を経験したという事実から，面接経験者（以下，「経験者」と略記）とみなし，AO未受験者に関しては，少なくともAO入試に課された面接試験を経験していないという意味において，面接未経験者（以下，「未経験者」と略記）と見なすことにする。ただし，データを採集した時期が入学後であるために，未経験者の中に，東北大学のAO入試で課される以外の面接試験（例えば，他大学の面接試験や医学部の面接試問など）の経験者が存在する可能性は否定できないが，その点について，特に考慮することはしない。

◆◇◆
第4節　結果

1．全体的な分類結果

　全回答16,943件（無回答5,103件を含む）を対象に，「面接」をキーワードとして意見を抽出したところ392件の回答が抽出された。これらの回答に対して，類似した意見のカテゴリー化を行った結果，5観点，21カテゴリーに

分類することができた（表 5-3）。これらのカテゴリーに分類されない意見（143件）は分析対象から外すことにし，最終的に249件が分析対象となった。具体的にどのような意見が含まれるかについては，巻末資料として一部を掲載した。各観点の回答件数とカテゴリー数は，『評価の難しさ（91件）』観点

表 5-3．分類された意見の観点とカテゴリー

観点	カテゴリー	該当数
評価の難しさ	志望動機，意欲，人間性を面接で測るのは不可能 (4, 1, 49, 1)	55
	一度（短時間）の面接で評価できるか疑問 (3, 3, 22, 1)	29
	客観的で適切な評価への疑問 (1, 1, 5, 0)	7
スキルとしての面接	試験のために装った面接 (0, 0, 15, 0)	15
	面接の巧拙 (2, 0, 4, 0)	6
面接に関する具体的不満	面接者の態度 (3, 8, 2, 0)	13
	質問内容が適当ではない (6, 3, 3, 0)	12
	集団・グループ面接への不満 (8, 1, 1, 0)	10
	面接がいい加減に感じる (3, 0, 0, 0)	3
	その他 (1, 2, 1, 0)	4
提案・改善	時間を掛けた念入りな面接 (12, 3, 3, 0)	18
	評価基準，配点基準の明確化，その他情報の公表 (11, 3, 0, 0)	14
	質問内容の検討 (3, 2, 1, 0)	6
	面接時における自己アピール機会の増加 (5, 0, 0, 0)	5
	その他 (0, 4, 6, 0)	10
肯定・満足	面接者の対応 (9, 1, 1, 0)	11
	主張やアピールできたこと (8, 0, 0, 1)	9
	面接の雰囲気 (8, 0, 0, 0)	8
	志望動機，意欲，人間性を評価することができる (0, 0, 8, 0)	8
	面接による動機付け (2, 2, 0, 0)	4
	質問内容に満足 (0, 2, 0, 0)	2

（ ）内は，左からAO合格者数，AO不合格者数，AO未受験者数，無回答数を示す

が3カテゴリー，『スキルとしての面接（21件）』が3カテゴリー，『面接に関する具体的不満（42件）』が5カテゴリー，『提案・改善（53件）』が5カテゴリー，『肯定・満足（42件）』が5カテゴリーから構成される。『肯定・満足』観点以外の4観点は，面接試験に対して否定的なものや改善・提案を含む意見から構成されており，面接試験に関して言及している回答は総じて，肯定的な意見であるとは言えない。これらのデータを性別でみると，「男子」211件，「女子」37件，「無回答」1件であり女子の比率が比較的少ない。しかし，女子が男子よりもAO入試を肯定的に捉える傾向（西郡・木村・倉元，2007）を踏まえると，分析対象となる意見に女子の割合が低いのは適当であるといえる。一方，AO受験有無でみると，「AO合格者」89件，「AO不合格者」36件，「AO未受験者」121件，「無回答」3件であった。

2. 観点別の特徴

　観点別に各カテゴリーの特徴をみていく。『評価の難しさ』観点は，分類回答数が多いカテゴリー順に「志望動機，意欲，人間性を面接で測るのは不可能（55件）」，「一度（短時間）の面接で評価できるか疑問（29件）」，「客観的で適切な評価への疑問（7件）」である。本観点は，試験の合否に直結する「評価」について言及した意見を含むものである。AO入試のアドミッションポリシーで謳われている「志望動機，意欲等」の一部を面接試験で評価すること，それらを短い時間で評価しなければならないこと，複数の面接者による主観的判断がある程度含まれる評価になるといった現実的な制約が存在するために，こうした制約における評価の難しさに難色を示す回答は全観点の中で最も多い。なお，本観点に分類される意見を持つ回答者の大半は未経験者であり，実際の面接経験に基づく意見が少ないことが特徴的である。

　『スキルとしての面接』観点は，分類回答数が多いカテゴリー順に「試験のために装った面接（15件）」，「面接の巧拙（6件）」である。本観点は，面接を対策可能なスキルとして捉えたものである。前者の「試験のために装った面接」には，「面接ではウソをつこうと思えばつくことができる」，「意欲も面接だけ出せばよい」といった意見が含まれ，面接試験の形骸化を懸念しており，後者の「面接の巧拙」には，「面接の上手い，下手だけで合否を決めて欲しくない」といった意見に代表されるように，面接スキルの巧拙が合

否に影響を与える可能性を懸念している。どちらにしても，本観点に分類された回答者は，面接試験の目的を個人の意欲や人柄といった地の部分を評価するものだと考えており，面接へのスキルの介在に否定的である。なお，これらの回答の大半も未経験者であることから，実際の面接経験に基づく意見が少ないことが特徴的である。

　『面接に関する具体的不満』観点は，分類回答数が多いカテゴリー順に「面接者の態度（13件）」，「質問内容が適当ではない（12件）」，「集団・グループ面接への不満（10件）」，「面接がいい加減に感じる（3件）」，「その他（4件）」である。回答の大半が経験者の意見であり，実際に自分が受けた面接試験を具体的にイメージして回答したものだと考えられる。これらのカテゴリーは，「その他」カテゴリーを除き，大きく2つに分けることができる。まず，「面接者の態度」，「面接がいい加減に感じる」のグループと「質問内容が適当ではない」，「集団・グループ面接への不満」のグループである。前者は，面接の雰囲気や対人関係によって生じる不満によるもので，試験手順として構造化された面接の手続きや評価に関するものではない。反対に，後者は，質問内容や面接形態などの構造化された手続きに対する不満である。このように面接試験に対する具体的な不満には2通りの原因が示唆される。

　『提案・改善』観点は，分類回答数が多いカテゴリー順に「時間を掛けた念入りな面接（18件）」，「評価基準，配点基準の明確化，その他情報の公表（14件）」，「質問内容の検討（6件）」，「面接時における自己アピール機会の増加（5件）」，「その他（10件）」である。『面接に関する具体的不満』観点ほど顕著ではないが，本観点に分類された回答の大半も経験者の意見であり，実際に自分が受けた面接試験に対する意見だと考えられる。また，最も該当件数が多い「時間を掛けた念入りな面接」は，『評価の難しさ』観点の「一度（短時間）の面接で評価できるか疑問」に対する改善案としてみることができ，「評価基準，配点基準の明確化，その他情報の公表」は，『評価の難しさ』観点の「客観的で適切な評価への疑問」にやや関係した改善案だとみることができる。さらに，「質問内容の検討」は，『面接に関する具体的不満』観点の「質問内容が適当でない」に対する改善案としてみることができるだろう。以上のように，本観点に含まれる提案や改善に関する意見は，他の観点において問題とされているカテゴリーと多くが関連している。

『肯定・満足』観点は，分類回答数が多いカテゴリー順に「面接者の対応（11件）」，「主張やアピールできたこと（９件）」，「面接の雰囲気（８件）」，「志望動機，意欲，人間性を評価することができる（８件）」，「面接による動機付け（４件）」，「質問内容に満足（２件）」である。本観点は，他の４観点と異なり，面接に対して肯定的に捉えたものや満足を示した意見を含むカテゴリーから構成される。「志望動機，意欲，人間性を評価することができる」と『評価の難しさ』観点の「志望動機，意欲，人間性を面接で測るのは不可能」，「面接者の対応」「面接の雰囲気」と『面接に関する具体的不満』観点の「面接者の態度」「面接がいい加減に感じる」，「主張やアピール出来たこと」と『提案・改善』観点の「面接時における自己アピールの増加」との対応関係は，他観点のカテゴリーとの関連を示している。一方，本観点に特徴的なカテゴリーは「面接による動機付け」である。少数ではあるが，「面接試験を受けるにあたり大学で何がしたいのかを考えることができるのでよかったと思う」，「緊張してしまい，自分をアピールすることができなかったが，面接をして，ここで勉強したいという気持ちが増した」といった意見を含んでおり，大学入試本来の目的の１つである選抜とは異なる面接試験が生み出す効果の一端を示していると考えることができる。また，分類された回答をAO受験有無でみると，AO合格者27件，AO不合格者５件，AO未受験者９件とAO合格者が占める割合が他観点と比べ相対的に高い。つまり，AO合格者は，面接試験をポジティブに捉える傾向がある。ただし，「志望動機，意欲，人間性を評価することができる」に分類された回答者は全てAO未受験者であり，面接試験の一般的な印象を肯定的に捉える回答者も存在することを示している。

◆◇◆

第５節　考察

本研究では，自由記述形式で得られたAO入試の面接試験に関する意見を分析した。AO入試に対する意見を自由に記述できるにもかかわらず，面接について意見した回答者は，面接試験への関心が高いことが考えられる。つまり，無関心な対象に対する消極的な回答ではなく，関心が高い対象への積

極的な回答を得られたという意味で，数量こそ少ないものの比較的良質な
データを得ることが出来たと考える。本節では，意見の分類結果に対して公
正研究の枠組みから考察を行い，そこから得られた知見より，面接に関する
入試設計を行う上での1つの方向性を示すことを試みる。なお，本研究で得
られたデータは，直接的に公平性について言及した意見は少ない。しかし，
不満や改善要求，または，満足などは，「適正に処遇されたか」という社会
心理学の公正研究における非常に重要な概念とも関係している。また，「あ
る行為や決定が，関係者をその資格や権利に相応しい処遇をしていること」
という「公正」・「公平」についての定義（大渕，2004）を踏まえれば，面接
試験の被面接者に対する処遇に関する意見は，公平，公正に関係するものと
見なすことができる。したがって，各意見における個人の認知や知覚に関し
て言及する場合には，「公正感」もしくは「公正知覚」という用語を適宜用
いることにする。

1．公正研究の枠組みからみた解釈

　分類された観点は，大きく2つのグループに分けることができる。『評価
の難しさ』，『スキルとしての面接』の未経験者の回答を多く含むグループ
（以下，「未経験者グループ」と略記）と『面接に関する具体的不満』，『提
案・改善』，『肯定・満足』の経験者の回答を多く含むグループ（以下，「経
験者グループ」と略記）である。
　まず，未経験者グループは，未経験者が大半を占めることから，面接に対
する一般的な印象を反映した意見である可能性が高く，その印象は否定的で
ある。否定的に捉えられる理由を考える上で，手続き的公正の構造的要因で
ある Leventhal（1980）の公正基準からの解釈が可能であろう。面接試験の
問題点は，19世紀にホラス・マンによって以下の6点が指摘されている（印
東・牧田・肥田野，1950）。(1) 全ての生徒に対して平等でかつ公平である
というわけにはいかない。(2) 包括的な効果的な検査ができない。(3) 検査
者（面接者）の意識的，無意識的な干渉や贔屓が働く。(4) 検査に時間が掛
かりすぎる。(5) 成績を客観的に記録して保存することが困難である。(6)
問題の困難度を評価することができない。これらの問題点は，今日において
も当てはまることである（池田，1992）。『評価の難しさ』，『スキルとしての

面接』観点に含まれる意見の根拠となった面接に対する否定的な印象は，こうした問題点を含意したものだと考えられ，公正基準から見れば，面接試験というのは，「一貫性」，「偏りの無さ」，「正確さ」を担保するのが難しい手続きであると回答者が無意識に認識していると見ることが出来るのである。反対に，これらの基準を出来る限り満たすようにすることで被面接者の公正知覚を高められることが考えられる。

　一方，経験者グループは，経験者が大半を占めるために，各観点のカテゴリーは，回答者の具体的な面接経験に基づく意見が多く，面接者の態度や質問内容に関する意見といった経験者しか知りえないものを含んでいる。そのため，構造的要因だけでなく社会的要因の両方を含んでいるのが特徴的である。まず，構造的要因についてみると，『面接に関する具体的不満』観点の「質問内容が適当ではない」，『提案・改善』観点の「質問内容の検討」，『肯定・満足』観点の「質問内容に満足」の3カテゴリーは，公正基準の「正確さ」からの解釈が可能であるだろう。妥当な判断材料に基づき評価されないといった「正確さ」が欠如した評価の場合，人々の公正知覚に影響を与えるとされる。つまり，被面接者が妥当な質問により評価されていないと感じるのであれば，こうした不満は不公正な試験という認識に繋がる可能性がある。反対に，質問内容に満足しているのであれば，妥当な質問によって評価されたという認識が高められるだろう。実際，AO入試では不合格であったにもかかわらず，『肯定・満足』観点の「質問内容に満足」に分類された回答が存在することを考えれば，妥当な質問によって適正に処遇されたと知覚することが，合否結果にかかわらず個人の公正感を高めていることが分かる。

　『提案・改善』観点の「評価基準，配点基準の明確化，その他情報の公表」は，「正確さ」，「一貫性」，「偏りの無さ」の3つの公正基準からの解釈が可能である。つまり，予め明確化された評価基準や配点基準に基づく採点により，評価の「正確さ」の担保と面接者の個人差や時間を越えた「一貫性」の保持等を望む回答者の意識が窺えるのである。また，『提案・改善』観点の「面接時における自己アピール機会の増加」は，Thibaut & Walker（1975）のコントロール理論からの解釈が可能である。被面接者にとって，自分の意欲や志望動機そして人間性を面接者にアピールする十分な時間や機会を得ることは，少しでも多く理解してもらえるように面接者へ働きかけができるとい

うことである。ここに，少しでも時間を掛けて自分をアピールし，面接試験のプロセスをコントロールしようとする「過程コントロール」欲求が示唆される。したがって，面接過程を少しでもコントロールできたと感じた者が，『肯定・満足』観点の「主張やアピールできたこと」に分類されたと考えられる。さらに，コントロール理論に従えば，たとえ不合格になったとしても，十分に発言できなかったときよりも，少しでも多くの発言の機会が与えられた選抜手続きの方が不満は幾分か少ない。こうした「発言（Voice）」については，Tyler et al.（1985）や Lind et al.（1990）によって，個人の公正感に影響を与える要因として報告されている。この発言の要因を考えれば，『面接に関する具体的不満』観点の「集団・グループ面接への不満」に分類された回答者が，被面接者一人当たりの発言が少なくなるような面接形態に対して不満を抱いていると見ることが出来る。

　こうした手続き的公正の構造的要因を指摘している Leventhal（1980）の公正基準や Thibaut & Walker（1975）のコントロール理論は，「利己心モデル」を仮定した考え方であるとされる（Lind & Tyler, 1988　菅原・大渕訳1995）。これまで検討してきた面接試験に対する不満や改善要求の動機として「利己心モデル」を仮定すると，受験者にとっての最大の利益とは「合格」であり，その利益享受の可能性を最大化するように動機付けられているとみることが出来る。その手段として，不正や不利な状況を最小限に抑えるような公正基準や過程コントロールに関心を持ったことが考えられる。

　次に，社会的要因に注目する。『面接に関する具体的不満』観点の「面接者の態度」，「面接がいい加減に感じる」は，試験そのものの内容とは直接関係の無い面接者の態度や面接の雰囲気を問題にした意見から構成され，社会的要因の否定的側面を反映していると見ることができる。対人的処遇が公正知覚に影響を及ぼすことを考えれば，これらの意見の背後には選抜試験として適正に処遇されなかったという認識が潜んでいる可能性がある。特に，「面接者の態度」に分類された回答に，AO 不合格者が多いことを考慮すると，不合格という結果を得た 1 つの原因として，適正に処遇されなかったという認識を持っている可能性は否定できない。反対に，対人的処遇の肯定的側面が反映された意見を含む『肯定・満足』観点の「面接者の対応」，「面接の雰囲気」では，AO 合格者が多くを占めることから，適正な処遇によって

合格という結果を得たという認識に基づいた意見であると考えることができるだろう。なお，『提案・改善』観点の「時間を掛けた念入りな面接」が望まれるのは，短い時間で機械的に評価されるよりも，十分に時間を掛けて念入りに評価してくれる面接の方が適正に処遇されたと被面接者が知覚するためであり，その意味で，本カテゴリーも社会的要因の影響を受けたものであると解釈できる。

　各カテゴリーについて，２つのグループ，手続き的公正の要因別にそれぞれに該当するものをまとめると図５−２のようになる。両グループともに該当するカテゴリーは，構造的要因に関する意見である。一方，未経験者グループは，社会的要因に関する意見を含まない。ここで注目する点は，構造的要因と社会的要因を持つ経験者グループにおいてその該当する回答数が大して変わらないことである。つまり，経験者にとって，構造的要因と社会的要因に関する手続き的公正への関心は，同程度に高いとみることができる。

２．面接試験設計の方向性

　公正研究からみた面接試験設計の方向性を考える上で必要なことは，現実的な大学入試の文脈において，誰もが納得するような公平性を確保することが不可能であるという事実を踏まえ，如何に個人の不公平感を軽減させ，如

	AO受験未経験者を多く含むグループ	AO受験経験者を多く含むグループ
社会的要因	—	・面接者の態度（11） ・面接がいい加減に感じる（3） ・時間を掛けた念入りな面接（15） ・面接者の対応（10） ・面接の雰囲気（8）
構造的要因	・志望動機，意欲，人間性を面接で測るのは不可能（50） ・一度（短時間）の面接で評価できるか疑問（23） ・客観的で適切な評価への疑問（5） ・試験のために装った面接（15） ・面接の巧拙（4） ・志望動機,意欲,人間性を面接で測ることができる（8）	・質問内容が適当でない（9） ・集団・グループ面接への不満（9） ・評価基準,配点基準の明確化，その他情報の公表（14） ・質問内容の検討（5） ・面接時における自己アピール機会の増加（5） ・主張やアピールできたこと（9） ・質問内容に満足（2）

（　）内は，該当回答数

図５−２．グループ，要因別にみたカテゴリー分類

何にその公正感を高めていくかという観点（西郡・倉元，2007）を前提とすることだろう。この前提に立ち，公正感を高めるような面接試験を設計するために，具体的にどのような設計が可能であるかについて，本研究で得られた知見を踏まえて考えてみたい。

　面接試験に関する意見から得られた重要な視点は，面接経験の有無によって注目する観点に特徴があることであった。未経験者は，面接の一般的な印象を基にした構造的要因に焦点を当てた意見が中心であり，反対に，経験者は自らの具体的な経験に基づくもので，構造的要因と同程度に社会的要因に関する意見も混在することであった。この枠組みに従えば，面接試験を受験する意思があり，実際に受験する者（以下，「面接受験者」と略記）と面接試験を受験する意識が無く，実際に受験しないもの（以下，「非面接受験者」と略記）を意識した処遇や情報提供等に関する検討が必要になるのではないだろうか。

　まず，面接受験者に対しては，手続き的公正の構造的要因，社会的要因を考慮に入れた検討が必要となるだろう。例えば，公正基準について言えば，「正確さ」を担保するための質問内容の検討や評価する面接者の専門，また，「正確さ」だけでなく，「一貫性」や「偏りの無さ」を担保するために，評価や配点などの基準を可能な限り明確化することで手続き的な透明性を確保することも１つの手段である。さらに，本研究のデータから直接見出すことはできないが「修正可能性」の重要性も検討に値する。倉元・西郡・佐藤・森田（2006）は，国立大学の後期日程廃止問題において，進路指導に関わる高校教員から複数の受験機会が重要視されていることを見出し「修正可能性」との関係を指摘した。これに従えば，面接時における発言のやり直しや複数回の面接といった「修正可能性」の機会を組み込むことも面接試験設計の１つの指針となるだろう。また，被面接者の自己アピールの機会を増やすことや，合格したいという気持ちを充分に引き出すような質問をすることで，面接試験の過程を少しでもコントロールしたと知覚するようなコントロール理論を考慮に入れた設計も検討すべきことであろう。こうした構造的要因に関する検討は，対象とするものが相対的に構造化しているだけに手続き的な対処や設計すべきことが明確である。ただし，どの程度構造化するかについては慎重な判断を要する。

　一方，社会的要因に関する問題は構造化されたものではない。面接者と被面接者との対人関係やそこで生じる雰囲気に依存するために処遇や対応も即興的となる。特に，面接者の態度や対応に対して被面接者は敏感である。合格者は肯定的に，不合格は否定的に捉える傾向があり2者間での公正感が大きく異なるのもその一端を示している。極端な場合には，不合格の理由を面接者の対応に帰属することも考えられ，面接試験を伴う選抜方法そのものへの批判に繋がる可能性も否定できない。こうしたリスクを少しでも軽減するために，社会的要因に配慮した面接設計は欠かせない。まずは，面接を実際に行う従事者が社会的要因の公正感に与える影響の大きさについて共通認識を持つ必要があるだろう。

　非面接受験者に対しては，未経験者が一般的な印象に基づき面接試験を否定的に捉えていることから，その印象を可能な限り払拭するような構造的要因を意識した情報発信が必要となるだろう。特に，公正基準の「一貫性」，「正確さ」，「偏りの無さ」といった要因を反映した「評価」に関する情報に重点を置く必要がある。確かに，志望動機や意欲，人間性等を評価する基準を定義することは，客観式テストのような一元的で明確な評価基準と比較して定義が難しいために評価が困難であることは事実である。しかし，評価手続きの情報が全く公開されない場合と少しでも公開されている場合を比べれば，明らかに後者の方が透明性という点で信頼性が高い面接であると捉えられるだろう。ただし，面接の質問内容や評価手続きの極端な構造化は，受験者にとって面接試験対策の容易化を招き，未経験者が懸念する『スキルとしての面接』へ陥るという不安を煽ることになりかねない。したがって，これらのバランスを考慮した設計が求められる。もちろん，面接経験者の構造的要因に関する意見からのフィードバックは欠かせない。

　最後に，面接試験の副次的な効果について触れたい。一般的に大学入試における面接試験本来の目的の1つは選抜である。しかし，別の役割にも目を向ける必要がある。企業の採用面接では，合理的で公平な選考であると認識され，選考過程で自分の実力を存分に表現した自己アピールを評価してもらえたと実感できた企業を最終的な入社先に選ぶ傾向が強いとされる（川上・齋藤，2006）。この意味で，被面接者がどのように処遇されたのかという認識が，その面接試験を実施している母体への価値判断に直結していることが

考えられる。つまり，大学入試における面接試験という場は，大学にとっては，将来のビジョンや欲しい学生像といったメッセージを伝達する場であり，受験生にとっては，自分のアピールの場であり，大学へのメッセージを伝える場でもあると言っても過言ではなかろう。さらに，本研究では面接試験が入学後の動機付けにもなっていることが見出され，学習的な効果も少なからず作用しているとみることが出来る。したがって，こうした選抜以外の別の役割を果たすためにも，被面接者の適正に処遇されたという公正知覚を高めるような視点は面接設計に欠かせないだろう。

第6節　おわりに

　大学全入時代を控え，各大学が優秀な学生を獲得するために入試方法や時期に知恵を絞っている。近年，丁寧な入試によって各大学の欲しい人材を獲得しようというAO入試はその最たるものであるが，学生獲得が先行しすぎることによって，その目的と実態にズレが生じているという見方もある（読売新聞，2006年1月11日付）。また，「大学サバイバル」（古沢，2001）とも言われるように各大学が生き残りに凌ぎを削り効率性を高めていることも事実である。しかし，大学入試における面接試験に限って言えば，効率性と公平性はトレードオフの関係にある。つまり，片方を重視すれば，もう片方が疎かになってしまうというジレンマを含む関係である。この視点に立てば，効率性を重視しつつも全体としての個々人の不公平感を最小化するような方向性で入試設計を行う必要があるだろう。本研究では，面接試験に焦点を当て，社会心理学における公正研究からその入試設計の可能性を検討した。ここで得られた知見が，今後の入試研究の1つの方向性として参考にされることを期待したい。

文　献

Ambrose, M. L., & Schminke, M.（2001）. Are flexible organizations the death knell for the future of procedural justice? In R. Cropanzano（Ed.）, *Justice in the workplace: from the theory to the practice* vol2.（pp.229-244）. Mahwah, NJ: Lawrence Erlbaum Associates.

Bies, R. J., & Moag, J. S.（1986）. Interactional justice: Communication criteria for justice. In R.

J. Lewicki, B. H. Sheppard, & M. H. Bazerman（Eds.），*Research on negotiation in organizations*（pp.43-55）. Greenwich, CT: JAI Press.

中央教育審議会大学分科会（2004）．我が国の高等教育の将来像（審議の概要）

中央教育審議会第2次答申（1997）．21世紀を展望した我が国の教育の在り方について

Colquitt, J. A.（2001）. On the dimensionality of organizational justice: A construct validation of a measure. *Journal of Applied Psychology, 86,* 386-400.

Cropanzano, R., & Greenberg, J.（1997）. Progress in organizational justice: Tunneling through the maze. In C. L. Cooper & I. T. Robertson（Eds.），*International Review of Industrial and Organizational Psychology, 12*（pp.317-372）. New York: John Wiley.

大学審議会（2000）．大学入試の改善について（答申）

Folger, R., & Cropanzano, R.（1998）. *Organizational justice and human resource management.* Thousand Oaks, CA: Sage Publications.

占沢 由紀子（2001）．大学サバイバル――再生への選択―― 集英社新書

Greenberg, J.（1990）. Organizational justice: Yesterday, today, and tomorrow. *Journal of Management, 16 ,* 399-432.

Greenberg, J.（1993）. The social side of fairness: Interpersonal and informational classes of organizational jutice. In R. Cropanzano（Ed.），*Justice in the workplace: approaching fairness in human resource management*（pp.79-103）. Hillsdale, NJ: Lawrence Erlbaum.

林 洋一郎（2007）．社会的公正研究の展望――4つのリサーチ・パースペクティブに注目して―― 社会心理学研究, *22*（3），305-330.

池田 央（1992）．テストの科学――試験にかかわるすべての人に―― 日本文化科学社

印東 太郎・牧田 稔・肥田野 直（1951）．現代の心理学（1）心理学的測定――統計・調査・テスト―― 金子書房

川上 真史・齋藤 亮三（2006）．コンピテンシー面接マニュアル 弘文堂

Konovsky, M. A.（2000）. Understanding procedural justice and its impact on business organizations. *Journal of Management, 26,* 489-511.

倉元 直樹・西郡 大・佐藤 洋之・森田 康夫（2006）．後期日程入試廃止問題に対する高校教員の意見構造 東北大学高等教育推進開発センター紀要, *1,* 29-40.

Leventhal, G. S.（1980）. What should be done with equity theory? : New approaches to the study of fairness in social relationship. In K. Gergen, M. Greenberg, & R. H. Willis（Eds.），*Social exchange*（pp.27-55）. New York: Academic Plenum.

Lind, A., & Tyler, T. R.（1988）. *The social psychology of procedural justice.* New York: Plenum.（菅原 郁夫・大渕 憲一（訳）（1995）．フェアネスと手続きの社会心理学――裁判, 政治, 組織への反応―― ブレーン出版）

Lind, E. A., Kanfer, R., & Earley, P. C.（1990）. Voice, control and procedural justice: Instrumental and noninstrumental concerns in fairness judgments. *Journal of Personality and Social Psychology, 59,* 952-959.

Mikula, G., Petri, B., & Tanze, N.（1990）. What people regard as a just and unjust: Types and structures of everyday experiences of injustice. *European Journal of Social Psychology, 20,* 133-

149.

宮野 勝（2000）．公正理念はどのように形成されるのか――概念の整理と日本の位置づけ―― 海野 道郎（編）日本の階層システム2 公平感と政治意識（pp.85-102）東京大学出版会

Moorman, R. H.（1991）. The relationship between organizational justice and organizational citizenship behaviors: Do fairness perceptions influence employee citizenship? *Journal of Applied Psychology, 76*, 845-855.

文部省大学局（1975）．大学資料，第54号 文教協会

西郡 大・木村 拓也・倉元 直樹（2007）．東北大学のAO入試はどう見られているのか？――2000～2006年度新入学者アンケート調査を基に―― 東北大学高等教育推進開発センター紀要，*2*，23-36.

西郡 大・倉元 直樹（2007）．日本の大学入試をめぐる社会心理学的公正研究の試み――「AO入試」に関する分析―― 日本テスト学会誌，*3*，147-160.［本書第3章に再録］

大渕 憲一（2004）．公正の社会心理学――社会的絆としての公正―― 大渕 憲一（編）日本人の公正観（pp.3-30）現代図書

旺文社（2006）．全国大学 推薦・AO入試合格対策号 蛍雪時代，2006年7月臨時増刊

Thibaut, J., & Walker, L.（1975）. *Procedural justice: A psychological analysis*. Hillsdale, NJ: Lawrence Erlbaum.

トロウ，M. 天野 郁夫・喜多村 和之（訳）（1976）．高学歴社会の大学――エリートからマスへ―― 東京大学出版会

Tyler, T. R., & Bies, R. J.（1990）. Beyond formal procedure: The interpersonal context of procedural justice. In J. S. Carroll（Ed.）, *Applied social psychology and organizational settings* （pp.77-98）. Hillsdale, NJ: Lawrence Erlbaum.

Tyler, T. R., & Lind, E. A.（1992）. A relational model of authority in groups. In M. P. Zanna （Ed.）, *Advances in Experimental Social Psychology*, Vol. 25 （pp.115-191）. New York: Academic Press.

Tyler, T. R., Ransinski, K., & Spodick, N.（1985）. The influence of voice on satisfaction with leaders: Exploring the meaning of process control. *Journal of Personality and Social Psychology, 48*, 72-81.

注

1）東北大学の平成18年度（2006年度）AO入試の全学部の競争倍率（全志願者数÷全合格者数）は約2倍であった。

2）当該該当者は，他の選抜方法で合格している。

巻末資料

　各観点のカテゴリーに分類された意見を示した。1カテゴリーにつき10件以上の回答があるものは10件まで，10件以下のものは全回答を示している。なお，面接試験と無関係の文脈である回答部分は削除している。

【評価の難しさ】「志望動機，意欲，人間性を面接で測るのは不可能」

意欲や動機は文章や面接だけで判別するのは難しいと思う。

受験生の人間性をたかが面接や小論くらいではかるのは不可能だと思う。

志望動機や意欲は，面接や試験で測れるものではないので，意味がないと思う。

意欲とかの面での話だと面接などで差がそんなにつくのかどうかよく分からないし，変わってしまうものでもあると思う。

面接と論文だけで本当にその人の意欲，志望動機がわかるとも思えない。

面接だけではその人間性や意欲をはかることはできないと思う。

意欲や志望動機は面接や書類で見るだけで分かるものではないと思う。

面接等で受験者のことがどれだけわかるのか疑問が残る。

面接で意欲を見ることができるのかという事については疑問が残る。

面接だけで受験者の意欲を測れるかどうか疑問。

【評価の難しさ】「一度（短時間）の面接で評価できるか疑問」

意欲などは一度の面接などで判断できるのだろうか疑問だ。

短時間の面接でその人の意欲や動機をどれくらい見られるかという疑問をもつ。

一回や二回の面接等で意欲や志望動機を計るのは不可能。

短時間の面接や，一回の小論文等で受験者の人格等が判断できるはずもない。

あの短い面接ごときでその人の内面をみようというのは無理だと思う。あの場で，どれほど自分を偽れたかどうかで合否が決まるだろう。

短時間の面接や小論文だけでは受験生の人柄や意欲を理解することは難しいと思う。

「意欲，志望動機」がたかだか数時間の面接で判断されうるかは甚だ疑問である。

少しの時間の面接で正しく判断できるのか怪しい。

短時間の面接などで意欲などを測るのは難しい。

一回の面接では人柄や個性などを理解するのは難しいと思う。

意欲，志望動機をどうやって採点し，入学を許可するかについて問題がある。公正さに欠けるのではないか。面接者，試験官の見方に左右されるのではないか。

面接や論文で受験生を客観的に評価できるかという疑問点も残る。

面接による試験はあいまいで公平さに欠けるのではないか。

面接をする教官によって評価がバラバラになってしまうのではないかと思った。

意欲や志望動機といったものは面接などでは測りにくいものだし，その評価も判断する人によって変わるものだと思うから。

自分は合格したのだが，その面接が5部屋で行われていた。人によって評価の基準が異なると思うのだけれど，その基準はしっかり統一されているのだろうかと思った。

面接，小論文は評価が人によって多少異なるので，合格基準が不明瞭。

【スキルとしての面接】「試験のために装った面接」

面接でウソもつこうと思えばつくことができる。その意欲が，果たして大学内でどこまで生かせるかもわからない。

面接って，本当に周りから信頼されているとか絶対見抜けないだろうし。（医者とかそういうの必要だろうけど…。）いくらでも作れるからなぁとは思う。

面接はとりつくろうと思えばいくらでもできるし，もしそうしなかったときでもその人の意見は時をおって変わる場合がある。

面接で言ったことがそのまま本人の大学生活に反映されるとは思いません。

面接などにおいて外的で薄っぺらな意欲を見せることもできる。

そんな簡単な面接で全てを知ることはできないし，日本人が得意な本音と建前の使い分けの活躍する場となるだけだ。

面接や小論文といったものも，いくらでも嘘をつけるので，実施しても無駄である。

面接も，練習をする友人を見た限りでは，"意欲""志望動機"などはどうとでも言えるものに見えました。

面接で語られる言葉や，紙に書かれた文章は，飾られている場合が多く，意欲や志望動機を正確に知ることはできないから。

志望動機などいくらでもウソをつける。意欲も面接だけ出せばよい。

【スキルとしての面接】「面接の巧拙」

面接の上手い，下手だけで合否を決めてほしくない。

面接はある程度マニュアルみたいなものがあり，また，性格的におとなしい人は意欲があっても表に出せないこともあり，面接試験には疑問がある。

もちろん意欲があるということは大切なことだと思いますが，面接でそういうものを出しにくい人もいると思います。

人前で話すことの苦手な人にとって面接は不利。

意欲，志望動機などを確認する面接が口下手な人にとっては不利ではないかと気がかりだった。

熱意を持っている人，全てがそれらを十分に表現できるわけではないので面接などの選抜方法だけではその人を理解できない。

【面接に関する具体的不満】「面接者の態度」

面接者の態度についてである。フレンドリーな雰囲気で溶け込みやすいが口頭試問で失敗するとたちまち暗くなる（らしい）。それは受験者にとって語弊があるのかもしれないが裏切られたというか，肩すかしをくらう。

面接者のモチベーションに左右される。

面接を受けたが，志望動機，人間性を問う面は理解できたが，意欲を問う部分がもり込まれていたのか疑問。「考えが及ばなかった」という返事に対し，嘲笑されたこともあり圧迫面接と変わらなかった。

最近の新聞で AO 入試について書かれた記事があり，面接者が夢を語る受験生に「それは実現不可能だ」と鼻で笑ったり，「学力がないから AO 入試に頼る」などとののしる等があったそうです。貴学にはそうしたことがないと信じていますが，面接者はいっそう受験生の視線，そして柔軟な態度で優秀な人材を選んでほしいと思います。

入試の面接でせっかく一生懸命やっているのに，あからさまにつまらなそうな態度を面接者がとるのをやめてほしい。

面接者は精一杯考えている生徒に対して「こんなのも分からないのか。」という態度は慎むべきだと思う。

面接が威圧的だったと思う。

面接者がポリシーを理解していない。

面接でのプレッシャーがすごかった。

面接者が威圧的な態度で面接者としての心得をわきまえていないのではないかと思った。

【面接に関する具体的不満】「質問内容が適当ではない」

面接の質問にばらつきがある。

面接を受けたが，ポリシーを重視しているとは思わなかった。

志望動機や意欲を試すような質問が面接ではまったく無かったので，その点を改善したほうが良いと思う。

面接では志望動機に関する質問が無く，学力重視なのかなと感じた。

意欲・志望動機を重視しているとは思えないし，面接では全て基礎学力についての質問であった。

実際受けてみて，面接でまったく志望動機に触れられなかったので，「意欲・志望動機を重視」していたのでしょうか。

当日の面接では，志望動機を一切聞かれなかったので少し驚いた。志願理由書だけで十分ということなのかなと思った。抽象的な質問が多く返答にかなり困った。

面接の大半を口頭試問に費やされ，意欲・人柄を重視しているとは思えなかった。

AO入試で合格した友人の話を聞くと面接であまり関係のないことばかり話したとのことで，あまり信用性のないものに思われる。

面接の質問内容が毎年同じようなものが繰り返されているような印象を受けた。

【面接に関する具体的不満】「集団・グループ面接への不満」

集団面接のディスカッションで，他の人の意見を考慮する時間がなかった。

面接が28人面接で，個人を見ることをしていないという印象を持ちました。

集団面接にその意義がみえない。

面接はいったい何だったのか？　人数が多すぎだったと思う。

集団面接を受けたのだが，自分の主義・主張のないものも見受けられたのでそのような者は落として欲しい。

集団面接だったのだが，一人あたりの時間が短く，正直どこを判断されていたかが，わからなかった。

集団面接はやめた方がよいと思われます。学生がPRする機会をへらしているように思うからです。

集団面接などは個人の意欲や志望動機を重視するのに適してないと思う。

グループ面接で問われた程度の時間では，十分に自分の意欲と志望動機を吟味されたのか少し疑問が残った。

今年のAO入試では，面接のとき1人1度ぐらいしか発言の機会が無かったと聞きました。これだけで充分に人物を評価できるのか疑問に思う。

【面接に関する具体的不満】「面接がいい加減に感じる」

面接が少しいいかげんな感じだった。

面接はただの飾りに感じた。

意欲，志望動機を重視するにしては面接が適当すぎる。

【面接に関する具体的不満】「その他」

自分の面接室から一人として合格者が出ていないことには，公平性を疑わざるをえない。

面接はややあげあし取りな印象を受けた。

面接などで人格や意欲を見るものであるため，落とされた人間が人格に自信をなくすおそれがあるかもしれない。

面接を二日に分けるのは果たして公平であるのか疑問に思った。

【提案・改善】「時間を掛けた念入りな面接」

時間無制限の志望論文や一人一人の徹底した面接をしてほしいと思う。

面接などを一回ではなく，数ヶ月にわたって数回行うなどしてみるのも，いいかもしれないと思う。

面接の時間をもっと多くしてほしかった。

AO ディスカッション型式の面接だったが，もっと人を見るということをしてほしい。受験者の数が多いからしかたがないのだろうが，面接の時間を長めにとってもらいたい。

面接をもっと丁寧にすべき。

面接をもう少し長くしてもっとつっこんだ話をしてほしいと思う。

面接はもっと突っ込んで深いところまで，もっと長い時間をかけてしてほしかったです。

きちんと意欲をはかれるように，面接を念入りにして下さい。

課される試験，面接は短時間で，意欲を伝えきれなかった人も多いと思うので，改善してよいと思う。

面接を複数回するなど，もっと長い期間で試験すべきだと思う。

【提案・改善】「評価基準，配点基準の明確化，その他情報の公表」

配点（センターと小論と面接）を公表してほしい。小論や面接の形式を最初に教えてほしい。

基礎学力を重視している点には好感がもてる。小論文も学力・関心を試す上ではいいやり方だと思う。面接は評価・採点基準を明確にして欲しい。

小論文や面接がどの程度重要視されているかをはっきりさせて欲しい。

面接を行う時間の長さは要綱に書かれていた方がよかった。

面接や小論の点数と比べ，どの程度のウェートを占めるのか明示するべき。

センター試験や面接，小論の点数配分を知りたいと思った。

もう少し出願期間を長くしてほしい，面接の時間を先に教えてほしい。

面接が1日目なのか2日目にあるのか早く知らせてほしかった。

面接の合否評価基準を明確にすべき。

センター試験，小論文，面接の得点の割合を受験する際に知っておきたかった。

【提案・改善】「質問内容の検討」

面接でもっといろいろな質問（例えばその学部・系の研究分野に関すること）を聞いてもよいと思う。

面接でもっと専門的なコトを聞いて欲しかった。

理系では面接などで口頭試問があるようだが，その他にも本人の内面的なところも聞いてほしい。

小論文や面接でも政治や経済などの幅広いことから系ごとの専門分野まで様々なことを尋ねた方がいいと思う。

学部，学科に対する適応力を測りとる点ではよいと思うが，まだテスト形式なので，面接時の質問を考えてほしい。

面接でもう少し受験生を困らせる質問をしてもいいと思う

【提案・改善】「面接時における自己アピール機会の増加」

面接時にもっと受験生にしゃべらせてもいいと思う。

もっと受験生が自分をアピールする機会を面接の時に増やしてほしかった。

少し面接が短いと感じた。もう少し長く受験生の思いを聞いてほしかった。

試験における面接時間を増やすなどして，もっと学生に直に大学側にアピールできる機会を，増やして欲しいと思います。

面接で，様々な質問に答えるのはもちろんだが，もっと自由に自分の思っていることを言いたかったので，最後に「何か言いたいことはありますか」等と聞いてほしかった。

【提案・改善】「その他」

悪くないが面接などにマニュアルがあるようにそれをねらった受験者の画一化をまねくおそれがあるのでその対策をしっかりした方がいいと思う。

生徒もそのポリシーを理解することが必要だが面接者も生徒を見抜く力が今以上に必要になる。

本人の向学心を重視するのはいいと思うんですけど，面接でのそれがはたして本当なのかということを見極める必要があると思います。

より注意深い面接と心理学的手法も参考にして，ふさわしいものを選びたいだけ選べばいいと思う。

面接時におけるプレゼンテーション能力を評価してほしい。

面接の担当教官と話が盛り上がった人は AO に合格したと聞いている。口下手な人でも合格することのできる方法にしてほしい。

面接で答えにくい質問をして発想力，対応力を調べてみては？

面接会場が広過ぎて戸惑いました。もう少し狭い方が落ち着けると思いました。

面接で相手の発創力や独自性を発揮させるようなものにすべきだ。

面接の際には受験生全員が同じ面接者のもとで面接を受けたほうが良いのではないかと思う。

【肯定・満足】「面接者の対応」

面接の時に「緊張しないで」と何度か言われ少しずつ緊張が和らぎ，ありのまま話すことができた。

面接者は優しかった。

小論文にしろ，面接にしろ，教授の方々が私のつたない文章や発言に真剣に向き合ってくださったことが，とてもうれしかったです。

面接では，いろいろな面について聞かれ，自分を評価してもらえることができたのでとてもよかったです。

面接で，面接者が大変熱心に聴いて（動機等を）下さったのはよいと思う。

面接などで実際に先生方にお会いできて，受験生にとっていい刺激となり，いい入試だと思います。個人的には，受験後，結果はどうであれ，東北大学に行きたいという思いが強くなりました。

特に面接は厳しい質問もあったが，私自身の考えをうまく引き出してくれたと思う。

面接の方々がとても良い対応のしかただったので，自分の意見を考えて述べる事ができたと思う。

面接で，大学に入ってやりたい事，考えを親身になって聞いて下さったので，意欲を十分に伝えることができて良かったです。

面接者が受験者を緊張させないように気を配ってくれていたのは良かったと思う。

【肯定・満足】「主張やアピールできたこと」

私はもともと志望する系に大変な意欲と興味があったため，自己表現が面接者に直接できたことがとてもうれしかった。同じ方針でこれからも続けるべきだと思う。

初めてだったのでどういうものか見当もつかなかったが，面接などで自分の意見を主張できたのでよかった。

二つの部屋での面接に最初はとまどいましたが，二回アピールするチャンスがあると思えたので良かったです。

面接で自分の意見を言うことは入試では経験できないことなので，いい経験となった。

とてもいいと思う。面接で意欲・志望動機をアピールできる場があることは，とてもいいことで今回は20分でしたが出来ればもう少し長い時間があったらと思いました。

1人1人面接をしていただいて自分の意欲，熱意を直接伝えられるので，非常にうれしい。

ペーパーテストでは捉えきれないその人なりの考え方を面接などで直接対話することで把握しようとする点に共感できる。

面接は自分の気持ちを大学に発表できるとても良い試験だと思った。

自分の思いをじっくり聞いてもらい，納得できる面接ができてよかった。

【肯定・満足】「面接の雰囲気」

面接の雰囲気は本当の人柄を見るにはいい方向に作用していると思う。

面接の雰囲気は良いです。

面接については，聞いていたよりも簡単だったというのが感想です。でも丁寧にやっているのが感じられ，よく受験者1人1人にこれだけの時間と労力を掛けれるなーと感心しました。

面接も，予想外の質問がたくさんあったけど話しやすい感じでした。

面接では落ち着いて自分の考え，答えを述べられる雰囲気で，満足にできたので，良かったと思う。

面接前に受験者をリラックスさせるための工夫がしてあり，いつも通りの自分で面接を受けることができて良かった。

面接の時など，休みの時間に教授の方々と話をする機会があり，大変有意義な時間だった。

面接前や面接中には，受験生がリラックスするように配慮してくださったので，自分の全力を発揮することができたので，とても良いと思います。

【肯定・満足】「志望動機，意欲，人間性を評価することができる」

意欲の他にも，面接などによる人格も重視してほしい。

面接は直接会えるから人間性などをじかに見れるかもしれないが，小論文はいわば紙切れ一枚でありポリシーである「意欲，志願動機を重視する」ことにあてはまらないのでは。

面接などをとりいれて，やる気のある学生を選抜することは大学にとってもプラスになることだと思う。

面接を行って意欲などを確認するのはいいと思う。

小論文，面接で意欲や動機は把握できると思うが，調査書だけでは学力を把握できないと思うので，学力試験も課した方がよいと思う。

やはり，意欲などはある程度評価されるべきだと思う。特に東北大などの難関大学は成績のレベルだけで受験する人がかなりいると思う。ただし，面接など直接人を見ることができるシステムでなければ意味がないと思う。

一般入試では面接を行っていない学部でも，AO入試では面接を行うので，より個人の意欲等を知る事ことができるから良いと思う。

面接を課すことは人物の性格や意欲を知ることができるので良いと思うが，学力検査の分量をもう少し増やしても良いと思う。

【肯定・満足】「面接による動機付け」

討論型の面接を受け，他人の意見をおおく知ることができたということは大変貴重だと思った。

また受験勉強の圧迫感で自分の将来についてゆっくり考える時間が無かった私にとって，最初は面接対策だったが，自分を見つめ未来を考えるきっかけを与えてくれたAO入試は私の人生の中で有意義なものだと思う。

緊張してしまい，自分をアピールすることができなかったが，面接をして，ここで勉強したいという気持ちが増した。

面接試験を受けるにあたり大学で何がしたいのかを考えることができるのでよかったと思う。

【肯定・満足】「質問内容に満足」

特に面接で，専門的な質問が多くてよかったです。

面接での質問が奥深いものだった。

面接試験の印象を形成する受験者の心理的メカニズム
——大学入試における適切な面接試験設計をするために——

西郡　大

第1節　問題

　面接法は，様々な場面や目的に応じて利用される極めて一般的な手法である。中学・高校の生徒であれば進路指導の面接，就職活動をする学生であれば採用面接，企業等で働く会社員ならば給与査定に関する面接など，受ける側，行う側にかかわらず多くの場で面接法が利用されている。また，その目的も場面によって様々であり，進路指導であれば進路に関する助言やアドバイス，採用面接であれば志願者の選抜が目的となる。

　面接法（interviewing）に関して米国では，従来の経験と因習に基づく面接の弱点を改め，面接の科学的研究の必要性が古くから認識されていた（Garrett, 1942）。そのため，選抜試験やカウンセリングなど面接法に関する多岐にわたる実証的な研究が蓄積されている（例えば，Memon & Bull, 1999）。本稿では，こうした幅広い面接の目的の中から，選抜を目的とした面接法（いわゆる「面接試験」）に関する研究に注目した。

　面接試験に関する研究として多くみられるのは，予測的妥当性に関する研究である。企業等の採用場面を例に挙げれば，採用したい人物を実際に採用できたかを検証するために，面接試験の成績と入社後業績や上司評価との関係を検討するものなどが該当する。Shuler（1993）によると，面接試験の予測的妥当性が低いこと（Scott, 1916）は古くから知られており，それ以降の報告（Arvey & Campion, 1982；Hunter & Hunter, 1984など）でも同様の傾向がみられた。しかし，1980年代以降，面接試験の精度向上へ向け，構造化面接と呼ばれる手法（例えば，Janz, 1982; Latham, Saari, Pursell, & Campion, 1980）が提案されるようになり，より高い信頼性（Conway, Jako, &

Goodman, 1995) や妥当性（McDaniel, Whetzel, Schmidt, & Maurer, 1994）を得られたことが報告されている（今城，2005）。

　一方，我が国でも近年になり面接試験を実証的に検証する試みがみられるようになった。特に，面接試験が一般的に多用される企業等の採用場面では，面接試験の妥当性を検証するような構造化面接に関するもの（今城・二村・内藤，2000；今城・二村・内藤，2001；竹田，2004）や面接者の「評価」に影響を与える要因を検討したもの（今城，2005）などがみられる。しかしながら，こうした面接試験に関する研究の数は必ずしも多くない。その理由の1つとして，面接試験に関する研究環境が整っていないことが挙げられる。というのも，妥当性や評価手続きに関する研究には，選考過程における機密性が条件として付与されることや，妥当性の検証において，被面接者の入社後の追跡調査が必要になることなど，面接試験実施側の関係者もしくは実施者側から調査委託された者でなければ，面接試験の研究に関わることが難しいからである。

　このように面接試験に関する研究は，現実的な問題に関する制限が多く，かつ，実施が難しい。その反面，様々な場面で面接試験が利用されているのも事実である。となれば，規模は小さくとも各場面における面接試験の検討を通して得られる知見の積み重ねにより，面接試験研究全体の蓄積に繋がることが期待される。そこで，本研究では，他に面接試験が採用される場面として，入学試験，特に，大学入試における面接試験に注目した。

　佐々木（1984）によれば，戦前の旧制高校時代の入試において，面接試験（口頭試問を含む）は常識化していたものの，主観的な判断への懸念や受験者の思想・信条に立ち入ったりすることへの危惧から，戦後の新制大学入試発足と同時に全面禁止になったが，再度，昭和30年度（1955年度）入試から「大学の事情により入学志願者につき面接をすることはさしつかえない」と方針転換がなされたとされる。その後，時代の変遷とともに面接試験を実施する大学は徐々に増加し，近年では，文部科学省による「多様な選抜方法，評価方法の多元化の推進」という「錦の御旗」（天野，1992）の下，ペーパーテストでは測れないとされる「人間性」，「意欲・関心」，「志望動機」などを評価する方法として，国公立大学だけでも，75% に及ぶ大学が面接試験を実施している（文部科学省，2008）。

しかしながら，大学入試の場面においても面接試験に関する研究は十分であるとは言えない。これまでの大学入試における面接試験に関する一般的な議論を俯瞰すると，面接試験が入学後の成績をどの程度予測するかという予測的妥当性について，学力検査や調査書等の他の評価方法との比較に注目が集まる傾向があり（例えば，平野，1992；篠森・野尻，2004；吉川・影井，1996），構造化面接に関する研究の延長上に位置づけられるような面接試験の手続きそのものを焦点にした議論は，ごく少数に限られている（香川・平野，2002；小宮，2005；渋谷・香川・平野，2001など）。その背景に，先述した面接試験研究の環境面での困難さが影響していることが考えられるだろう。

　以上を踏まえ，本研究では，面接手続きの信頼性や妥当性の検証など，面接試験に対して直接的な関与が必須である試験実施者側からの視点からではなく，受験者である被面接者が面接試験に対して抱く印象からアプローチすることにした。受験者側の視点に立てば，間接的な調査からも，被面接者が抱く面接試験の印象を形成する要因の分析が可能であり，結果として，多くの受験者から受容される適切な面接試験を設計する上で，具体的な視点を提供することが期待できるからである。

　特に，「公平性の確保」が日本の大学入試における原理原則の1つ（木村・倉元，2006）であることを踏まえたとき，面接者の「主観的な評定」（日本テスト学会編，2007）が不可避的に生じる面接試験に対して，受験者がどのように受け止めているかは興味深い点である。また，面接試験は，同じように「主観的な評定」が懸念される小論文や作文等の採点とは異なり，面接者と被面接者とのコミュニケーションが生じる特徴を持つ。

　西郡（2007）は，こうした視点から，東北大学の全学部の新入生を対象に実施したアンケートの一部である自由記述の項目を利用し，面接試験について言及しているものを抽出することで，受験当事者が面接試験に対して抱く印象を構成する心理的な要因を検討した。

　分析の視点は，社会心理学の分野で議論されてきた「手続き的公正」の枠組み，特に，「構造的要因」と「社会的要因」の2要因（林，2007）である。「構造的要因」とは，物事の決定あるいは報酬分配手続きの構造的側面に注目するものであり，Thibaut & Walker（1975）の「過程コントロール」，当事

者の発言量（voice）が持つ効果（Tyler, Ransinski, & Spodick, 1985）など，面接試験における自己アピール時間の確保に関する手続きに該当するものや，試験実施上の手順およびルールなど評価基準や質問内容，評価の透明性といった手続き的公正知覚を規定する要因（例えば，Leventhal, 1980）などが該当する。一方，「社会的要因」とは，面接者の被面接者に対する接し方や両者間のコミュニケーションを通じて生じる面接試験の雰囲気など，決定手続きに影響力を持つ人物の誠実性や言動に対する公正知覚を規定する要因（Bies & Moag, 1986）が該当する。

　分析の結果，回答者の意見分類からみた面接試験設計に向けた1つの視点を提供することはできたものの，対象者が学部新入生の回答であるために，受験当事者としての意識が受験当時よりも薄れていることや，面接試験の印象を形成する心理的メカニズムに関する検討が課題点として残された。また，大学入試における面接試験の経験者と未経験者の意見を比較した場合，未経験者において「志望動機，意欲，人間性を面接で測るのは不可能」，「一度（短時間）の面接で評価できるか疑問」，「客観的で適切な評価への疑問」といった面接試験という手法に対する否定的な意見が多く見られ，彼らが面接試験の公平および公正な手続きという点に関して潜在的に疑問を抱えている可能性が示唆された。これは，面接試験を受験する者（「面接受験者」と略記）と面接試験を受験しない者（「面接非受験者」と略記）との間に，面接試験に対する姿勢に関して一定の差異があることを意味する。

　以上の課題点を踏まえ，本研究ではまず，実際に受験した面接試験の印象を形成する受験者の心理的メカニズムについて，「構造的要因」と「社会的要因」の影響力を確認する。次に，面接試験一般に対する公平・公正性認識や親和性について，面接受験者と面接非受験者の認識を比較することで，面接受験者に特徴的な傾向があるかどうかを確認する。最後に，上記2つのアプローチより明らかになった視点を踏まえ，適切な面接試験の設計に向けた考察を試みる。

第2節　方法

１．調査対象

　まず，実際に受験した面接試験の印象を形成する受験者の心理的メカニズムを検討するために，面接試験実施当日（面接試験直後）の受験者を対象とした調査を行った。面接試験を課す選抜方法を実施する25大学（国立大：22大学，私立大：3大学）に調査を非公式に打診したところ，3大学から協力を得ることができた。各大学は，「A大学」，「B大学」，「C大学」と表記する。対象学部は，大学によって異なるが，文系・理系が混合しているものの総体的に理系学部が多い。なお，1大学のみセンター試験を課した選抜方法における面接試験に対する回答が含まれている。面接形態は，3大学とも複数の面接者に対して，被面接者1人という「個人面接」の形態であり，当日1回限りの面接試験であった。調査票の回答は，面接試験終了後という前提条件は同じであるが，その手続きは，「回答を回答者の自由意志に任せた郵送返却」，「休憩時間に希望者のみが回答する現地回収」，「大学独自のアンケートに付加した悉皆調査」と大学によって異なる[1]。

　全回答者は583名（男子：388名，女子：114名，無記名：81名）である。現浪別では，現役が525名，浪人が45名，無記名が13名と回答者のほとんどが現役高校生である。大学別の内訳は，A大学が79名（全受験者数116名），B大学が46名（全受験者数77名），C大学が458名である。なお，センター試験の得点を利用するタイプの受験者は209名であった。これらの回答から，「性別」，「現浪」の項目以外に欠損値のない551名の回答を分析対象とした。以降，これらのデータを「面接試験後データ」と呼ぶ。

　次に，「面接受験者」と「面接非受験者」に関して，面接試験一般に対する公平・公正性認識と親和性の素地を比較するために，筆者が直接訪問したことのある高校の進路指導担当の教諭を通じて，3つの高校3年生に調査を依頼した。調査時期は，国公立大学の前期試験終了後，合格発表前である。なお，これらの調査は，「高校生の大学入試に関する受け止め方の調査」という筆者が別に実施した調査の一部である。

　全回答者は960名（男子：577名，女子：382名，無記名：1名）である。

これらの回答から，「面接試験の受験経験の有無」[2]と「面接試験一般につい
て」の計6項目において欠損値のない948名の回答を分析対象とした。以降，
これらのデータを「高校データ」と呼ぶ。

2. 調査項目

「面接試験後データ」の調査票は，Ａ４サイズ用紙1枚の両面綴りからな
る。表紙には，無記名実施かつプライバシーを保護することを明記しており，
個人属性に関しては，性別，現浪のみである。それ以外の項目については，
自分が受験した面接試験ではなく，世間一般で言われている面接試験の印象
について尋ねた「面接試験一般について」というセクション1と，回答者が
試験当日に実際に受けた面接試験について尋ねた「本日受けた面接試験に関
して」というセクション2，さらに「面接試験に関する意見や感想」（自由
記述）というセクション3から構成される。セクション1と2の各項目は，
「構造的要因」と「社会的要因」に対する回答者の認識に配慮しながら，西
郡（2007）で示したカテゴリー等を参考に作成した。表6-1と表6-2に両
セクションにおける項目の詳細を示す。

3. 分析方法

まずは，「面接試験後データ」におけるセクション2に注目し，実際に受
験した面接試験に対する印象の心理的メカニズムについて，「構造的要因」
と「社会的要因」が持つ影響力を検討するために，構造方程式モデリング
（SEM：Structural Equation Modeling）を用いて分析した。

分析の視点は，受験した面接試験に抱く印象および評価という変数に対し
て，手続き的公正知覚を規定する面接試験の手続きや質問内容といった手続
きの構造的要因に対する肯定的認知度，自己アピールや発言量および面接試
験対策を活かすことにより，面接試験の過程を自分に有利にコントロールで
きたかという「過程コントロール感」，面接の雰囲気や面接者の対応，接し
方などを示す社会的要因に対する肯定的認知度という3つの変数がどのよう
に影響しているのかを分析した。なお，過程コントロールは手続き的公正知
覚を規定する構造的要因として分類されるが，西郡（2007）の結果より，同
概念は受験者の心理的メカニズムについて検討する上で重要な役割を担って

表6-1.「面接試験一般について」というセクション1に含まれる質問項目

項目番号	項目内容	各項目のねらい
Ⅰ-1 Ⅰ-2 Ⅰ-3	面接試験は，公平な試験だと思う 面接試験には，一貫した評価基準があると思う 面接試験は，ペーパーテストで測れない能力や適性をみる試験だと思う	面子試験一般に対する公平・公正性について尋ねた項目
Ⅰ-4 Ⅰ-5	入試全般において面接試験は実施されたほうが良い 自分は，面接試験が課された選抜方法を受験したい	面接試験一般に対する親和性について尋ねた項目

表6-2.「本日受けた面接試験に関して」というセクション2に含まれる質問項目

項目番号	項目内容	各項目のねらい
Ⅱ-5 Ⅱ-6 Ⅱ-7 Ⅱ-13	大学で公表している資料にのっとった面接だった 志望する専門分野に関係する面接内容だったと思う 大学に入学して自分が勉強したいと考えている内容についてもっと聞いて欲しかった（逆転項目）[3] 面接は複数回あっても良かったと思う（複数回あった場合は，それが良かったと思う）（逆転項目）	面接の具体的な手続きや質問内容といった構造的側面に関して尋ねた項目
Ⅱ-2 Ⅱ-3 Ⅱ-4	準備してきた対策が十分いかせたと思う 自分の長所を十分に面接者にアピールすることができきたと思う アピールする時間は十分だったと思う	過程コントロールに関する認識について尋ねた項目
Ⅱ-8 Ⅱ-9 Ⅱ-10	面接者は自分の発言に関心を持ってくれたと思う 嫌な気分になる質問があったと思う（逆転項目） 自分の言いたいことが言える雰囲気だった	面接の雰囲気や面接者の接し方といった社会的要因に関して尋ねた項目
Ⅱ-11 Ⅱ-14 Ⅱ-15 Ⅱ-16 Ⅱ-17 Ⅱ-18	客観的な評価基準に基づき評価されると期待できる 本日の面接試験に手ごたえを感じている 面接試験を終えて満足している 合否の結果にかかわらず，結果に納得できると思う 面接試験を受けることで入学後に勉強する意欲が増した 本日の面接試験は貴重な体験だったと思う	実際に受験した面接試験に対する回答者の印象および評価を尋ねた項目
Ⅱ-1	面接試験の対策に多くの時間をさいてきた	試験準備に関して尋ねた項目
Ⅱ-12	この面接試験の評価が合否に大きく影響すると思う	面接試験の評価に対するウエイトについて尋ねた項目

いると考えられるため，特別に 1 つの概念として扱うことにした。

　まず，次のような初期モデルを仮定した。従属変数として想定する面接試験に対する印象および評価は，試験後の満足や手ごたえに関する「試験後達成感」（Ⅱ-14，Ⅱ-15）と自分が受験した面接試験への肯定感を示す「面接試験肯定感」（Ⅱ-11，Ⅱ-16，Ⅱ-17，Ⅱ-18）という 2 つの潜在変数を設定した。なお，試験後の達成感が高まれば，受験した面接試験そのものに対する肯定感も高まることが考えられるため，「試験後達成感」から「面接試験肯定感」に対して一定の影響力を仮定した。

　次に，手続き的公正知覚を規定する面接試験の手続きや質問内容といった手続きの構造的要因に対する肯定的認知度を示す「構造的要因肯定的認知度」（Ⅱ-5，Ⅱ-6，Ⅱ-7，Ⅱ-13），自己アピールや発言量および面接試験対策を活かすことにより，面接試験の過程を自分に有利にコントロールできたかという「過程コントロール感」（Ⅱ-2，Ⅱ-3，Ⅱ-4），面接の雰囲気や面接者の対応，接し方などの社会的要因に対する肯定的認知度を示す「社会的要因肯定的認知度」（Ⅱ-8，Ⅱ-9，Ⅱ-10）という 3 つの潜在変数を設定した。これらの 3 変数から，「試験後達成感」と「面接試験肯定感」の 2 変数に対してそれぞれパスを引いた。また，セクション 3 の自由記述に，「とても話しやすい環境を作ってくれたので自分の意見をしっかりと言うことができました」という意見が見られ，話しやすい雰囲気が作られることにより，被面接者にとって自己アピールが容易になり，結果的に，面接者と被面接者のやり取りが促進されることで，面接試験自体の雰囲気を快く感じるという相互作用が考えられるため，「過程コントロール感」と「社会的要因肯定的認知度」に共分散のパスを引いた。

　なお，本研究で取得したデータは，複数の大学で実施された面接試験に対する受験者の回答であるため，各大学における面接試験実施手続きの違いによる影響を考えることができる。そのため，各大学の回答者を異なる母集団であると考えることもできるが，大学によって回答者数に大きな差があること，実際の大学入試という面接試験の機密性が重要視される条件下での調査であるために，具体的な手続きに関する検討が不可能であること，一般的に言われる「学力」という側面からみれば回答者に大きな差がないことから，具体的な試験手続きに関する各大学の違いから生じる要因は考慮せずに，

「大学入試における面接試験」という刺激に対する受験者の反応（印象およ
び評価）を示すモデルとして考えることにした。

第3節　結果

1．SEM による分析結果

　項目分析の結果は，各項目の標準偏差は，最も小さいもので II-18の0.64，
最も大きいもので II-13の1.34であった。全項目間の相関をみたところ，r
=.70以上の相関は確認されなかった。SEM による分析の結果，初期モデル
の適合度は，$\chi^2(96, n=551) = 381.94$, $p<.001$, GFI =.92, CFI =.87, RMSEA
=.074であり，十分なモデル適合度は得られなかった（図6-1）。各潜在変
数に関する尺度得点の相関係数，平均，標準偏差について表6-3に示す。

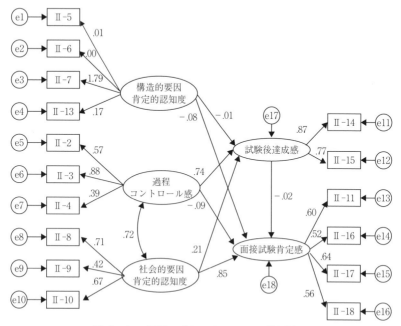

図6-1．初期モデルの SEM による分析結果

表6-3. 初期モデルにおける各潜在変数に関する尺度得点の相関係数，平均，標準偏差

	1	2	3	4	平均値	標準偏差
1．構造的要因肯定的認知度	－				13.76	2.59
2．過程コントロール感	.27**	－			9.62	2.73
3．社会的要因肯定的認知度	.16**	.45**	－		12.52	2.31
4．試験後達成感	.09	.65**	.51**	－	6.44	2.31
5．面接試験肯定感	.13**	.37**	.52**	.42**	16.75	2.61

$^{**}p<.01$

　初期モデルの検討の結果を踏まえ，次のようにモデルを修正した。まず，「構造的要因肯定的認知度」が「試験後達成感」と「面接試験肯定感」の両変数に有意な影響力を持たないことからモデルから削除した。また，「過程コントロール感」と「面接試験肯定感」のパスおよび「試験後達成感」と「面接試験肯定感」のパスは，十分な影響力が確認されなかったためにモデルから削除した。

　以上の修正モデルの適合度を検討した結果，$\chi^2(50, n=551)=166.23$, $p<.001$, GFI＝.95, CFI＝.94, RMSEA＝.065と改善された。また，複数のモデルを比較するための指標であるAICは，修正前が461.94だったのに対し，修正後は222.23となり，大幅に改善された。そこで本研究では，修正後のモデルを採用した（図6-2）。

　まず，「試験後達成感」に対して，直接的で大きな影響を与える要因は，「過程コントロール感」であることが示された（$\beta=.74$, $p<.001$）。ただし，「過程コントロール感」と「社会的要因肯定的認知度」には，強い相関関係がみられる（$r=.71$, $p<.001$）。「社会的要因肯定的認知度」からの直接的な影響が相対的に小さい（$\beta=.21$, $p<.01$）ことを踏まえると，「試験後達成感」への影響は，「社会的要因肯定的認知度」と「過程コントロール感」との相互作用を通じた効果が一定の影響力を持っていると解釈できる。

　次に，「面接試験肯定感」に大きな影響を与えている要因は，「社会的要因肯定的認知度」であった（$\beta=.75$, $p<.001$）。初期モデル検討段階では，「試験後達成感」が高まることで「面接試験肯定感」も高まることを仮定していたが，分析結果からは，試験後の達成感が与える影響よりも，面接試験の雰

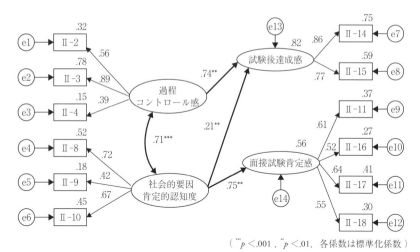

図6‒2．採用モデルの SEM による分析結果

囲気やどのように処遇されたかの方が「面接試験肯定感」に対して，直接的な影響力を有していることが確認された。

　以上のことをまとめると，自分が受験した面接試験の「試験後達成感」や「面接試験肯定感」に影響力を与える要因は，手続きの「構造的要因肯定的認知度」よりも「過程コントロール感」や「社会的要因肯定的認知度」において，直接的にも間接的にも大きな影響力を持っていることが示された。なお，本モデルにおいて，性別およびセンター試験の付加の有無別に，「試験後達成感」と「面接試験肯定感」に対する「過程コントロール感」と「社会的要因肯定的認知度」のパス係数の差異について，多母集団の同時分析により確認したが，各係数の差に有意な差はみられなかった。

２．面接試験の経験別にみた面接試験一般に対する「公平・公正性認識」および「親和性」の比較

　面接試験一般に対する公平・公正性について，面接受験者および面接非受験者がどのような認識を持っているか，また，どの程度の親和性を持っているのかという点について，「面接試験後データ」と「高校データ」の両データを用いて検討した。面接受験者とは，「面接試験後データ」の全回答者が該当する。一方，面接非受験者とは，「高校データ」において，「大学入試で

表6-4．面接受験者と面接非受験者の項目別比較

項目	面接受験者		面接非受験者		t 値
	平均	SD	平均	SD	
Ⅰ-1	3.97	1.14	2.97	1.08	16.07***
Ⅰ-2	3.47	1.12	2.84	1.17	9.86***
Ⅰ-3	4.66	0.67	3.70	1.11	19.52***
Ⅰ-4	3.55	1.27	2.70	1.12	12.65***
Ⅰ-5	3.56	1.25	2.37	1.19	17.74***

***$p<.001$

面接試験を受験しましたか」という項目に「しない」と回答した者である。なお，上記項目に「した」と回答した者は，回答時に既に合否結果を知っている可能性が高く，その結果を受けて回答していることが考えられ，合否結果を知らない「面接試験後データ」の回答者とは条件が異なることから，「面接受験者」から外すことにした。

　各群の内訳は，面接受験者が551名（男子：369，女子：111，無記名：71），面接非受験者が779名（男子：488，女子：291）であった。分析に用いた項目は，セクション1に含まれる（Ⅰ-1）〜（Ⅰ-5）の5項目である。

　各項目における面接受験者と面接非受験者の平均値の差についてBonferroni の修正を考慮した検定を行い，有意性を検討した（表6-4）[4]。その結果，全ての項目において面接受験者の平均値が面接非受験者よりも十分に高いことが確認された。つまり，面接受験者は，面接非受験者よりも面接試験一般を公平・公正な試験であると認識し，さらに親和的な態度を示している。なお，性別を考慮しても同じ傾向が示された。

◆◇◆

第4節　考察

　本研究では，西郡（2007）の限界や課題点を踏まえ，手続き的公正における構造的要因と社会的要因の観点から，受験者が実際に受験した面接試験に対する心理的メカニズムにアプローチした。実際の面接試験において受験者からデータを得ることは難しい上に，項目数，質問内容も制限されることか

ら，「構造的要因」，「社会的要因」に関する構成概念について十分に測りきれてないことも考えられる。しかしながら，合否結果が判明していない状況において自分が志望する大学の面接試験について尋ねた回答からは，強い当事者性が機能していることが予想される[5]。さらに，大学入試の場面に生じやすい「利己心モデル」（西郡・倉元，2007）を考慮した場合，合否決定に関する「利己心」[6]をある程度排除できたという点において，彼らの面接試験の手続きに対する純粋な捉え方が反映された意見だと考えることができる。

　受験した面接試験の印象を形成する受験者の心理的メカニズムを検討した結果，「試験後達成感」に対して，「過程コントロール感」が直接的で強い影響力があることが示された。また，「過程コントロール感」は，「社会的要因肯定的認知度」との相互作用が強く，その相乗効果によって「試験後達成感」を高めていると解釈できる。一方，「面接試験肯定感」に対しては，「社会的要因肯定的認知度」が直接的に強い影響を与えており，「過程コントロール感」からの影響は確認されなかった。

　これらのことから，彼らが実際に受験した面接試験を振り返ったとき，その印象を決定付けるものとして，面接者との相互作用や面接試験の雰囲気などが反映された「社会的要因肯定的認知度」が大きな要因となっていることが示された。一方，「構造的要因肯定的認知度」はモデルから削除され，「試験後達成感」や「面接試験肯定感」に対する影響力はみられなかった。これらの点を踏まえ，面接非受験者も含めた多くの受験者から受容されるための適切な面接試験を設計する上で，どのような視点が具体的に有効であるかについて以下に考察する。

　まず，受験者を面接受験者と面接非受験者という枠組みから考えることが重要であろう。前者は，面接試験という手続きに対して相対的にポジティブな認識を持っているのに対し，後者は，ネガティブとまでは言えないもののポジティブに受け入れているような傾向はみられない。これは，両者の面接試験に対する認識の素地が異なっていることを意味しており，合わせて考えることはできないものとして位置づけられる。

　面接受験者にとって，「社会的要因肯定的認知度」は受験した面接試験に対して抱く印象を形成する上で大きな影響力を持っていた。セクション3の自由記述をみても全266件の自由記述回答の中で，「構造的要因」に関する記

述が41件だったのに対し，「社会的要因」に関するものは110件と，当該要因に対する関心の高さが裏付けられた。つまり，被面接者への面接者の接し方や口調，両者間のコミュニケーションを発端とする面接試験の雰囲気などが，受験者の印象を大きく左右しているのである。仮に，面接者が受験者に対して故意に意地悪な質問をしたり，威圧的な接し方をするような圧迫面接が実施されるのであれば，面接試験に対する受験者の印象が著しく低下することは避けられない。さらに，「試験後達成感」に影響力を持つ「過程コントロール感」の背後に，「社会的要因肯定的認知度」との強い相互作用があることを踏まえれば，単に自己アピールの時間を長く確保するといった試験手続きの構造的部分のみを改善するだけでは十分とは言えず，「社会的要因肯定的認知度」との相乗効果を考慮した試験実施が必要となるだろう。

　こうした受験者の「社会的要因肯定的認知度」を高めるために，実施者側として最も重要なことが，面接試験に関わる関係者全員の「社会的要因」が持つ影響力に対する共通認識である。例えば，面接者の中に，１人でも「社会的要因」を軽視し，単独で圧迫面接や不用意な発言を行うようなことがあれば，その大学が実施する面接試験全体の評価に影響しかねない。こうしたリスクを考慮したとき，面接試験における面接者の選定や面接者自身のトレーニングも含めた研修等が期待される。面接試験に関するスキル的な議論が十分になされれば，潜在的な問題点も浮き彫りとなり，さらなる面接試験の改善に向けた具体的な議論が可能となるだろう。ただし，受験者の印象ばかりを考えて，「社会的要因」に配慮した面接試験が単なる受験者の機嫌取りにならないように十分に留意しなければならない。あくまでも本要因は，適切な面接試験を行うために，受験者の十分な実力の発揮を促すものとして位置づけられるべきである。

　一方，本研究でモデルから削除された「構造的要因肯定的認知度」を高める努力も軽視してはならない。本要因がモデルから削除された理由として，定義した「構造的要因肯定的認知度」という潜在変数が，面接試験に関する実施手続きの一部分しか反映しておらず，「試験後達成感」と「面接試験肯定感」への影響力が限定的になった可能性が考えられるが，第３節2.の結果を踏まえれば，次のような解釈も可能である。

　面接受験者と面接非受験者に分けて，面接試験一般に対する公平・公正性

の認識を比較したとき，面接受験者の方が面接試験を公平・公正性が確保された試験であると認識し，面接試験に対する親和性も前者の方が相対的に強いことが示された。つまり，面接受験者は，面接試験を受験するに際し，試験実施に関する構造的な手続きの公平・公正性に対して，一定の信頼を寄せており，正当な手続きの下，適正な評価がなされているという肯定的な認識が当初から強いことが考えられる。そのため，試験手続きに少々の不手際が生じたとしても，過敏に反応することも少ないであろうし，反対に，いくら信頼性が高く公平性が確保された試験手続きであっても，当然の手続きとして認識されていることが予想される。面接受験者のこうした面接試験に対する認識の素地を踏まえれば，「試験後達成感」や「面接試験肯定感」に対して特徴的な影響力を示さなかったのも理解できる。

　このように，構造的要因に関する手続きの多くは，公平で公正であることが当然であると受験者から認識されているために注目の対象外となり易く，「試験後達成感」や「面接試験肯定感」といった印象に影響しにくい。しかしながら，構造的要因には，選考における「評価」に関する信頼性や妥当性の技術的な議論も含まれる。特に，こうした点は，受験者からはなかなか見えにくい部分であるものの，適切な面接試験を実施する上での絶対条件となるものである。この点も十分に意識しながら，面接者による「評価」の精度を常に高めていく必要があることは言うまでもない。

　次に，面接非受験者に注目する。まず，彼らに対して重要な視点は，大学入試という場面において面接試験が実施されることに対する「納得性」を高めることである。彼らは，面接試験一般に対する公平・公正性の認識および親和性ともに面接受験者と比較して相対的に低い。しかしながら，「面接試験は，ペーパーテストで測れない能力や適性をみる試験だと思う」（Ⅰ-3）という項目に対する面接非受験者の平均点そのものは決して低いものではなく，ペーパーテストで測れない能力や適性をみるためには，面接試験という評価方法をある程度妥当なものだと考えている傾向がみられる。となれば，面接試験一般に関する否定的な印象を可能な限り払拭するような「構造的要因」を意識した情報発信が必要となる[7]。特に，面接試験における「評価」に対する公平・公正性の認識（Ⅰ-2）が相対的に低いことから，「評価」に関する情報に一定の比重を置くべきだろう。一般的に，客観式テストのよう

な一元的で明確な評価基準と比べ，基準化するのが難しい志望動機や意欲，人間性等の評価基準であるが，評価手続きに関する情報が皆無の場合と少しでも公開されている場合を比べれば，明らかに後者の方が透明性という点で理解が得られやすい。ただし，西郡（2007）で分析した自由記述の中には，「面接は人格や意欲をみるものであるため，落とされた人間が人格に自信をなくす恐れがあるかもしれない」という面接による人間性などの評価が人格否定に繋がることを懸念する意見がみられる。この点を考慮すれば，アドミッション・ポリシーに基づく評価基準を策定する段階で，何を評価するかという十分な議論が必要であり，公開する情報は，受験者本人に対する「否定」や「拒否」として受け取られないような，あくまでも手続きの「納得性」に焦点を絞ったものに限定しなければならないだろう。

　また，面接非受験者は，「入試全般において面接試験は実施されたほうが良い」（Ⅰ-4）という項目の平均点が比較的低いことから，面接試験を課す選抜方法が極端に増えることに否定的であると解釈できる。この認識の背景には，天野（1992）が指摘する「一般入試の量的な比重が高いうちは，不平等，不公平を生むことはない」というような入試全体の構造的な問題との関係が示唆される。したがって，面接非受験者における「納得性」を担保するためには，他の選抜方法との適当なバランスを配慮した入試制度全体からみた視点も必要とされるだろう。

第5節　結語

　川上・齋藤（2006）によれば，就職活動においてレベルの高い学生たちは，自分が経験した複数の企業面接を比較して，合理的で公平な選考が行われ，かつ，その選考過程で自分の「自己アピール」を十分に評価してもらえたと実感できた企業を最終的な入社先に選ぶ傾向が強いと指摘する。この指摘を踏まえれば，被面接者が受験した面接試験に抱く印象が，面接試験を実施している母体への価値判断に直結していることが考えられる。逆に言えば，彼らが抱く印象をある程度コントロールすることができれば，実施母体に対する価値観の形成に一定の影響力を及ぼすことも可能であろう。本研究で得ら

れた知見が，こうした場面において有効に活用されると共に，面接試験研究
をサポートするための基礎研究として位置づけられるならば幸いである。

文　献

天野 郁夫（1992）．大学入学者選抜論　IDE 現代の高等教育，5 月号，5-12．

Arvey, R. D., & Campion, J. E.（1982）. The employment interview: A summary and review of recent research. *Personnel Psychology, 35*, 281-322.

Bies, R.J., & Moag, J. S.（1986）. Interactional justice: Communication criteria for justice. In R.J. Lewicki, B. H. Sheppard, & M. H. Bazerman（Eds.）, *Research on negotiation in organizations*（pp.43-55）. Greenwich, CT: JAI Press.

Garrett, A.（1942）. *Interviewing: Its principles and methods.* Family welfare association of America.

Conway, J. M., Jako, R. A., & Goodman, D. F.（1995）. A meta-analysis of interrater and internal consistency reliability of selection interviews. *Journal of applied Psychology, 80*, 565-579.

林 洋一郎（2007）．社会的公正研究の展望――4 つのリサーチ・パースペクティブに注目して――　社会心理学研究，*22*，305-330．

平野 光昭（1992）．面接の評価・学内成績・医師国家試験の合否の関連　大学入試研究ジャーナル，*2*，58-65．

Hunter, J. E., & Hunter, R. F.（1984）. Validity and utility of alternative predictor of job performance. *Psychological Bulletin, 96*, 72-98.

今城 志保（2005）．採用面接評価の実証的研究――応募者，面接者，組織が面接評価に及ぼす影響の多水準分析――　産業・組織心理学研究，*19*（1），3-16．

今城 志保・二村 英幸・内藤 淳（2000）．採用面接の実証的研究――面接の構造化における効果――　産業・組織心理学会第16回大会発表論文集，80-83．

今城 志保・二村 英幸・内藤 淳（2001）．採用面接の実証的研究 2 ――面接の構造化の効果――　産業・組織心理学会第17回大会発表論文集，94-97．

Janz, J. T.（1982）. Initial comparisons of patterned behavior description interviews versus unstructured interviews. *Journal of Applied Psychology, 67*, 577-580.

香川 智晶・平野 光昭（2002）．面接試験の構造化とその評価――構造化のプロセスと受験者アンケートによる評価――　大学入試研究ジャーナル，*12*，45-54．

川上 真史・齋藤 亮三（2006）．コンピテンシー面接マニュアル　弘文堂

木村 拓也・倉元 直樹（2006）．戦後大学入学者選抜制度の変遷と東北大学の AO 入試　東北大学高等教育開発推進センター紀要，*1*，15-27．

小宮 義璋（2005）．医学部入学者選抜における面接試験　大学評価研究，*4*，16-33．

倉元 直樹・西郡 大（2009）．大学入試研究者の育成――「学生による入試研究」というチャレンジ――　大学入試研究ジャーナル，*19*，53-59．［倉元 直樹（監修）　倉元 直樹（編）（2020）．「大学入試学」の誕生　第 8 章に再録］

Latham, G. P., Saari, L. M., Pursell, E. D., & Campion, M.A.（1980）. The situational interview. *Journal of Applied Psychology, 65*, 422-427.

Leventhal, G. S.（1980）. What should be done with equity theory? : New approaches to the study of fairness in social relationship. In K. Gergen, M. Greenberg, & R. H. Willis（Eds.）,

Social exchange（pp.27-55）. New York: Academic Plenum.

McDaniel, M.A., Whetzel, D. L., Schmidt, F. L., & Maurer, A. D.（1994）The validity of employment interviews: A comprehensive review and meta-analysis. *Journal of Applied Psychology, 79*, 599-616.

Memon, A. A., & Bull, R.（1999）. *Handbook of the psychology of interviewing.*

文部科学省（2008）. 平成21年度国公立大学入学者選抜の概要（参考）．　Retrieved from http://www.mext.go.jp/b_menu/houdou/20/08/08090107/001.htm

日本テスト学会（編）（2007）．テスト・スタンダード——日本のテストの将来に向けて——　金子書房

西郡 大（2007）．大学入試における面接試験に関する検討——公正研究からの展望——　教育情報学研究　東北大学大学院教育情報学紀要, *5*, 33-49.［本書第5章に再録］

西郡 大・倉元 直樹（2007）．日本の大学入試をめぐる社会心理学的公正研究の試み——「AO入試」に関する分析——　日本テスト学会誌, *3*, 147-160.［本書第3章に再録］

西郡 大・木村 拓也・倉元 直樹（2007）．東北大学のAO入試はどう見られているのか?——2000～2006年度新入学者アンケート調査を基に——　東北大学高等教育推進開発センター紀要, *2*, 23-36.

佐々木 亨（1984）．大学入試制度　大月書店

Scott, W. D.（1916）. Selection of employees by means of quantitative determinations. *Annuals of the American Academy of Political and Social Science, 65.*

渋谷 昌三・香川 智晶・平野 光昭（2001）．面接の構造化に向けて——面接者の評価スタイル及受験生（入学者）の面接評価——　大学入試研究ジャーナル, *11*, 133-138.

篠森 敬三・野尻 洋一・寺田 浩詔（2004）．多様な入試方法と学内成績ならびに就職時評価との関係——面接を伴う入学者は就職面接（学内模擬面接）に強いか——　大学入試研究ジャーナル, *14*, 143-152.

Shuler, H.（1993）. Is there a dilemma between validity and acceptance in the employment interview? In B. N. Nevo & R. S. Jager（Eds.）, *Educational and psychological testing: the test takers outlook*（pp.239-250）. Toront, Canada: Hogrefe and Huber.

竹田 知子（2004）．日本企業における採用面接構造化の研究　心理学研究, *75*, 339-346.

Thibaut, J., & Walker, L.（1975）. *Procedural justice: A psychological analysis.* Hillsdale, NJ: Lawrence Erlbaum.

Tyler, T. R., Ransinski, K., & Spodick, N.（1985）. The influence of voice on satisfaction with leaders: Exploring the meaning of process control. *Journal of Personality and Social Psychology, 48*, 72-81.

吉川 信行・影井 清一郎（1996）．小論文・面接入試における受験者の傾向と入学後の成績　大学入試研究ジャーナル, *6*, 52-57

注

1）各大学における具体的な試験手続きの詳細は，協力大学が特定することを避けるために明示することはできない。なお，調査に関する各大学とのやり取りの詳細は，倉元・西郡（2009）を参照のこと。

2）「高校生の大学入試に関する受け止め方の調査」の1項目である。

3）入学後に自分が関わるであろうと予想される内容と全く無関係な質問ばかりされたと感じるのであれば，妥当性を欠いた試験であると認識する傾向を示す「職務関連性」（西郡・倉元，2007）に関する項目である。

4）つまり，$p = 0.05/5 = 0.01$，$p = 0.01/5 = 0.002$が，通常の5％および1％水準の有意性を示すものとなる。

5）西郡・木村・倉元（2007）は，東北大学の「AO入試」を題材に，学部新入生がどのようにAO入試を評価しているかを検討した結果，「当事者性」が一定の影響力を持っていることを見出した。

6）西郡・倉元（2007）の結果からは，合格者は，自分の能力が判定された選抜方法を適切で正当なものであると捉える反面，不合格者からは否定的に捉えられる傾向があることが示された。

7）面接非受験者に「社会的要因」に関する公正認知は生じない。

付　記

本研究は，平成20〜21年度科学研究費補助金（特別研究員奨励費）の助成を受けて，研究成果がまとめられた。

第 **7** 章

選抜試験における得点調整の有効性と限界
——合否入替りを用いた評価の試み——

倉元 直樹・西郡　大・木村 拓也・森田 康夫・鴨池　治

第1節　問題

　本研究は大学入試における得点調整を主題とする。大学入試研究には制約が多い。入試データは個人情報であり，アクセスが制限される[1]。また，入学者選抜の主体となる機関が開示できない情報も多い。

　得点調整とは，「素点として与えられた得点に対して，テスト実施後に何らかの変換を行う」操作を指す。得点調整を行うべきか，行うべきではないのか，また，行うとすればどのような方法を用いるべきなのか，といった判断は極めて状況依存的であり，最適な答は用意されていない。しかし，多様な制約条件と限定された手段の下，現場でよりよい方法を模索するためには，考え方の原則と考慮すべき観点の整理が必要である。

　本研究では，最初に得点調整の是非に関わる論点を測定論と社会的受容の問題に分け，それぞれ論点を整理する。次に，社会心理学的公平性の観点から，大学入試センター試験（以後，「センター試験」と表記する）と個別試験の状況の異同を明らかにする。さらに，個別試験に論点を絞り，個別試験における得点調整の評価法として，倉元・森田・鴨池（2008）で提案された合否入替りを用いた方法を東北大学の事例に適用する。そして，その事例に対して利点と欠点を明らかにする。なお，実際に東北大学で行われている得点調整の具体的方法については詳らかにしない。後述の通り，東北大学では得点調整を実施することは公表しているが，その方法については開示していないからである。

1. 選択問題に対する得点調整

1.1. 測定論的観点からみた得点調整の問題

　選抜試験に限らず，わが国のテストでは，受験者に解答すべき問題の選択を許す出題形式が頻繁に見られる。本研究で題材として扱う大学入試もそのひとつである。大学入試における問題選択の典型例としては，地理歴史，公民，理科といった系統的に異なる複数の科目から構成される教科の試験において，任意の科目を選択して解答する形式が挙げられる。例えば，理科を例に取ると，物理，化学，生物，地学のいずれの科目を選択して解答してもよい，といったような設計のテストである。

　ところが，その一方で，テスト結果が比較可能な尺度得点として表されるようにテストを設計しなければならない（日本テスト学会，2007），という意識は，一般にほとんど感じられないことが多い。予備テストの実施が不可能な状況で行われるハイステークスなテストである大学入試では，項目反応理論などによって尺度化された項目を用いた適応型テストの実施は考えられない。選択式のテストにおいても，素点がそのまま利用されることが一般的である。その結果，近年では，センター試験の複数教科の中で最高得点を取った科目の素点をそのまま選抜資料として採用するといった，明らかに基本設計の範囲を逸脱したテスト結果の利用形態でさえ珍しくなくなっている。

　異なる項目構成のテスト結果を比較可能にするには，理論的には項目の統計的な性質を決定し，同一尺度上に表現することが必要である。実施結果として得られる得点が尺度化されたテストでは，そのような操作は等化（equating）と呼ばれている。National Research Council（1999）では異なるテストの結果を比較可能とすることをリンク法（linking method）と呼び，その強さの順に4つの水準に分類している。等化もそのひとつとされる。水準としては等化が一番強いが，その分，前提条件も厳しく，テストの内容，形式，目的，実施，項目困難度，母集団が同等である際に可能な方法であるとされている。次いで，目的や内容，仕様が異なる場合，技術的に等化と同じ方法が用いられていても，それはカリブレーション（calibration）と呼ばれ，概念的には等化とは区別されている。さらに，射影（projection）は回帰分析的手法で予測得点を与える方法であるとされている。射影を用いた場合には，回帰の方向性によって結果が異なることが指摘されている。最後に，異なる基

本設計の下，必ずしも同等とは言えない受験者集団に対して行われる結果の
リンクは，調整（moderation）と呼ばれる。調整にはテスト得点に基づく統
計的調整リンク（statistical moderation links）と主観的判断による社会的調整
リンク（social moderation links）に分けられる。

　選択科目を許す制度の下でのテスト得点は，同一の測定内容や受験者母集
団からのものではない。したがって，同一教科内の選択科目間の得点に対す
る尺度化の問題は，最も前提条件が弱い「調整」に当たると考えるべきであ
ろう。等化の前提条件を欠く状況で行わなければならない複数科目間の得点
比較のための尺度化は，その最適な方法を一義的に定めることはできない。
その場の条件に応じ，幅広い可能性の中から，その都度社会的に許容される
範囲にある方法を考案する必要がある。

1.2.　社会的問題としての得点調整

　日常的に当たり前に行われていることだが，わが国のテストでは，個々の
項目（test item）に配点と呼ばれる事前に定められた重みを掛けて足しこみ，
成績を零点から事前に定められた満点までの整数で表すことが習慣となって
いる。そして，そのようにして得られた素点をそのまま利用することが一般
的である。

　Arai & Mayekawa（2005）は，日本の大規模テストにある独特の慣習を指
摘し，それを「日本的な試験文化」と呼んだ。そして，具体的に6つの特徴を
指摘したが，そのうちのひとつが「素点の利用」である。確かに，テスト得
点の尺度化を阻む主要因として，このわが国特有の「素点主義文化」が挙げ
られることが多々ある。しかし，同時に，素点の利用が絶対的な文化的制約
条件というほどの強さを持つわけでもないことも指摘されている。中畝・前
川・石塚・内田・村上・南風原（2002）が588名の大学教員，245名の高校教
員，5,482名の高校生を対象に行った調査によれば，素点を変換することに
対する抵抗は，従来考えられていたほどには強くなかったという。

　現に，素点を事後的に変換して擬似的に尺度化したことが広範に知られて
いるケースもある。昭和54年度（1979年度）から導入され，平成2年度
（1990年度）にセンター試験へと衣替えをした共通第1次学力試験（以後，
「共通1次」と表記する）においては，素点を変換して複数科目を比較可能

にする操作は「得点調整」と呼ばれてきた。得点調整とは、「素点に一定の基準により人為的な処理を加えて、利用上より適切な評点を得る措置（大学入試センター、1992）」とされている。共通１次の導入から平成20年度（2008年度）までに行われた30回の試験の中で二度、得点調整が実施されたことがあった。一度目は社会的に大きな問題となり、二度目は何事もなかったかのように、調整された得点がスムーズに受容された。ところが、逆に得点調整が行われなかったことが大きな社会問題となったケースもあったのである。

初めて得点調整が実施されたのは共通１次最後の年に当たる平成元年度（1989年度）である。この年の本試験では、理科の物理、生物の平均点が化学、地学の平均点を著しく下回った。このとき取られた得点調整の方法は各科目の満点を100点に保ちつつ、物理、生物の平均点を線形的に一定の値に引き上げる方法である。物理および生物選択者に対して「ゲタをはかせる」形で得点のかさ上げが行われた。結果的に物理と生物の選択者に対して、得点が低かった受験者ほど大きな調整点が加算されたことになり、そのことをもって実施者である大学入試センターは激しい社会的批判を浴びる結果となった。

一方、平成９年度（1997年度）のセンター試験は、その３年前に行われた学習指導要領の改訂による新しいカリキュラムで学んだ高校生が大学を受験した最初の年であった。その際、旧指導要領に基づく「旧数学II」の平均点が新指導要領において新たに設けられた科目である「数学II・数学B」より20点以上も下回るなどの問題が生じた。しかし、大学入試センターはあらかじめ「得点調整は行わない」と事前に公表しており、その方針に従って得点調整は実施されなかった（菊池、1997）。間の悪いことに、「旧数学II」が過年度生向けの経過措置科目であったがために、平成元年度（1989年度）のケースとは逆に得点調整を行わなかったことによって社会から「浪人差別」と厳しく叩かれることとなったのである。

その問題を受け、翌年（平成10年度（1998年度））のセンター試験から、ある一定の条件の下で特定教科の選択科目の間で難易に著しい差が開いた場合、「分位点差縮小法」と呼ばれる等パーセンタイル法に準ずる等化方法（真弓・村上・白旗・吉村・前川、1999）によって得点調整を行うことが定

められた。実際，翌年には調整対象教科として挙げられていた「地理歴史」の中で「地理 B」と「日本史 B」の科目の間に約21点（中間集計時点）の平均点の差が生じ，「地理 B」と比較して平均点が低かった「世界史 B」，「日本史 B」の得点に対して「分位点差縮小法」による得点調整が行われることとなった。共通 1 次・センター試験史上二度目の得点調整である。ところが，ある意味不可解にも，このときは平成元年度（1989年度）とは逆に，全く混乱が生じなかった（村上，1998）のである。

　以上のような事例から，テスト結果の表示が素点でなければならないという制約は，絶対的というほど強いものではないことが推察できる。むしろ，状況によっては，素点を変換してより社会的許容度の高い尺度を用いることが求められている。しかし，得点調整実施の是非に関する世論はそのときどきによって大きく食い違うので，実施者側は難しい判断を迫られる。大学入試の場合，社会的関心の高さ故に，時に激しい反発も覚悟しなければならない。

　尺度化の論理は一般には十分理解されていない。先述の中畝他（2002）によれば，高校生は特に「得点の尺度化」という言葉にはなじみが薄く，その結果，「尺度化は必要だが素得点の変換は望ましくない」という矛盾した回答として現れたという。わが国の「素点主義文化」の背景にはそのような二律背反的状況がある。

2．得点調整と大学入試の社会的公平性

2.1．共通 1 次・センター試験の場合

　一般に，大学入試が公正，公平でなければならないという認識が強く存在していることは自明である（例えば，中央教育審議会，1997）。しかし，何が公平かということの意味内容は曖昧であり，公平性を保つための具体的な方策を一意に定めることは難しい。

　林・倉元（2003）は，大学入試における公平性の担保に対する分析枠組みを 3 つに分類した。すなわち，機会均等などの社会的意味から公平性を取り上げる「社会学的視点からのアプローチ」，「教育測定の理論からのアプローチ」，個人の主観的な公正感に関わる「社会心理学的アプローチ」の 3 種類である。得点調整の問題を技術的に考えるためには，教育測定の理論からの

アプローチが不可欠である。しかし，得点調整をめぐって巻き起こった世論は，先述の通り，形の上では矛盾したものである。得点調整の問題は，測定論的に考えるだけでは根本的な解決にはならないことが端的に示されたといえる。得点調整はテストの技術的問題であると同時に社会的問題なのである。社会的問題としての得点調整を捉えるためには社会心理学的公正研究に則ったアプローチからの解釈が必要となる。

　倉元（2004）は，公正研究で用いられてきた分配的公正（distributive justice）の枠組みにおける，衡平（equity），均等（equality），必要（need）の3つの主要原理のうち，大学入試は本質的に個人の能力に応じた配分によって公平性が判断される衡平原理（Deutch, 1975）が作用する場面であることを指摘している。Adams（1965）によれば，衡平とは「自分のアウトカム（Outcome）に対するインプット（Input）の比が同一条件下の他者のそれと釣り合った状態」と定義されている。科目の選択が許されているテスト場面に当てはめると，異なる選択科目間で得られた得点が「アウトカム」と位置づけられ，それが，当事者が考える「インプット」としての学力に見合わないと感じられたときに分配的公正の観点から公平性（衡平）が不当に侵害された，すなわち「選択科目間で不公平が生じた」という認識が起こるのだと理解できる。すなわち，一定以上の多くの人から素点による成績評価では受験生が納得できる許容範囲内の公平性が確保されていないと感じられるとき，日本的試験文化の下での素点を用いる秩序感覚を超えて，得点調整に対する要求が現れてくるのであろう。分配的公正の枠組みからは，先述の三度の事例は全てそのような場面に該当したと考えられる。つまり，平成9年度（1997年度）の不作為に対する非難は，社会心理学的公正の観点からは，分配的公正の確保の失敗を糾弾したものと解釈することができる。

　一方，二度の得点調整に対する世論の評価が正反対であったことには，必ずしもそれだけでは説明がつかない要因がある。この問題に対しては，社会心理学的公正研究のもう一方の柱である手続的公正（procedural justice）の考え方からもアプローチする必要がある。

　平成元年度（1989年度）の事例からは，不公平感に応えようとして得点調整を行ったとしても，調整した結果があらゆる立場の受験生にとって衡平の状態を回復しているとみなされない限り，社会的に受容されるものにはなら

ないことが見て取れる。まさに,「得点調整は,行えば行ったで新たな不公平感が生じる措置（大学入試センター, 1997）」なのである。これを Leventhal（1980）の手続的公正基準に照らし合わせてみると,平成元年度（1989年度）の方法が「全ての関係者の利害関心の反映」という「代表性（representativeness）の基準」に反すると受け取られたと考えられる。さらに,得点調整の実施に関するルールが事前に決められて受験生に周知されておらず,テストの実施後に突然行われたことも批判を浴びた原因のひとつであろう。それは,Leventhal（1980）の「一貫性（consistency）の基準」からの逸脱と解釈できる。

　それに対して,平成10年度（1998年度）の事例では,得点調整の方法が特定の集団に著しい不満を抱かせるようなものではなかったことと同時に,事前にその発動のルールを宣言し,受験生に周知する努力がなされていた。このことが,得点調整の実施が社会問題化することを避けられた大きな理由であったと考えられる。

2.2.　個別試験の場合

　大学入試における得点調整の問題は,共通1次・センター試験に限られたものではない。大学が独自に実施する個別試験についても,同じような科目選択の状況が存在する。共通1次・センター試験をめぐる議論は,個別試験における得点調整に関する社会心理学的公平性を考える上で参考になる。しかし,個別試験は,極めて重要な点で共通1次・センター試験と機能的に異なっていることを忘れてはならない。それは,共通1次・センター試験が何十万人にも及ぶ受験生が数百の大学を受験するために用いられる汎用性の高い選抜ツールであるのに対し,個別試験はその名のとおり,ある特定の選抜区分のみに用いられる個別性の高い選抜ツールであることに由来する。また,個別試験が受験生から見て大学入試のプロセスの最後に位置することも配慮すべき重要な要因である。

　共通1次・センター試験には,受験生が受験する大学を選択するためのナビゲーション機能が付与されている。発足当初から現在まで,受験機会が複数化された最初の年である昭和62年度（1987年度）の共通1次を唯一の例外として,共通1次・センター試験を受験した後に,受験を希望する大学への

出願手続きを取る制度となっている。高い合格可能性を担保するには，個々の受験生が自らの成績を正確に知った上で，他の受験生の動向をにらみながら出願先を決定しなければならない。平成14年度（2002年度）からは，センター試験の出願時に希望すれば事後に得点が通知される制度となったが，得点通知は出願時期には到底間に合わない。そこで，各自，自らの解答内容を控えておいての自己採点が行われる。このことから，センター試験においては，受験生が自ら簡単に結果を算出することができる素点尺度によるテスト結果の表現が必要不可欠であり，得点調整を行った場合でも素点からの換算が簡単にできるシステムでなければならない事情がうかがえる。さらに，本来の尺度化の考え方からすれば，そもそも素点を経由して変換する必然性自体がないはずだが，いったん与えられた得点が，調整によって見かけ上引き下げられることを許容できない，という受験生の心理も実際には無視するわけにはいかない。

　それに対して，個別大学がそれぞれ行う個別試験には，受験生に対するナビゲーション機能は付与されていない。つまり，受験生が自己採点を行う必要はないのである。たとえ，希望者に対して事後に行われる入試情報開示の中で得点が通知されるとしても，その時点では受験する大学どころか選抜が終了して合否が判明しているわけだから，得点そのものにセンター試験のような即時的かつ精度の高いフィードバックは要求されない。その分だけ，個別試験における得点調整に対する方法的な制約条件はゆるやかだと言えるし，多様な調整方法が考えられるであろう。

　さらに，それ以上に重要な相違点は，個別試験が選抜の最終プロセスに位置づけられていることにある。西郡・倉元（2007）は，大学入試では，分配的公正の文脈におけるアウトカムとなる変数が，最終的に「合格」と「不合格」の2値しかとり得ないことを指摘した。すなわち，センター試験とは異なり，社会心理学的公平性の観点からより重要視すべきアウトカムは，テスト得点そのものよりも選抜結果，すなわち「合否」と考えられるのだ。個別試験においては，得点調整に対する評価も合否に対する影響指標として捉えられるべきである。

3．合否入替りによる得点調整の評価法

　以上のような観点から，倉元他（2008）は合否入替りの手法を用いて得点調整の結果を評価する方法を提案した。この方法は，得点調整の具体的方法を問わずに調整結果のみを評価するので，汎用性が高いという利点がある。

　合否入替りとは，「素点の合計（合計得点）によってその上位者から順にあらかじめ定められた人数までの受験者を『合格』とし，合格者の最低得点に満たない者をすべて『不合格』とする合否判定方式を所与として，特定の選抜資料を取り除いたり，配点を変化させるなど，一部の条件を操作することによって生じる合否判定結果の逆転現象」を指す。

　例えば，教科 A，教科 B の 2 教科からなる選抜試験において，教科 A の得点を x_a，教科 B の得点を x_b とし，最終的な合否が

$$x_{a+b} = x_a+x_b \qquad （1）$$

によって決まる状況を考える。ただし，受験者数を n 名，合格者数を n_p 名に固定する。このとき，合否入替りの様相は図 7 - 1 のように示される。

　左上，合否判定ラインを座標軸として第 2 象限にあたる部分は x_a のみでは不合格であったにもかかわらず x_b の得点を加えることによって合格ラインに達した者である。本研究ではこの部分に当たる受験者を平・池田（1994）に則り x_b による「逆転浮上者」と呼ぶ。逆に，第 4 象限に当たる右下では，x_a のみでは合格圏内であったにもかかわらず x_b の得点を加えることによって合格圏内から脱落した者である。これを「逆転不合格者」と呼ぶ。

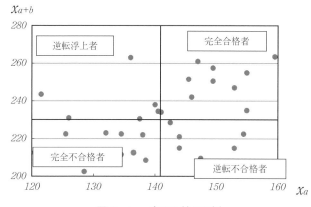

図 7 - 1．合否入替りの例

右上の x_a のみで判定しても x_{a+b} で判定しても合格となる者を「完全合格者」と呼ぶ。左下はいずれのケースでも不合格と判定される者で，「完全不合格者」と呼ぶ。逆転浮上者数を $n_{f\text{-}p}$ 名，逆転不合格者数を $n_{p\text{-}f}$ 名とすると，合否ボーダーに同点者がいない場合には，

$$n_{f\text{-}p} = n_{p\text{-}f} \qquad (2)$$

となる。

　木村（2007）によれば，既に1950年代には類似の発想による選抜方法の検討が試みられているという。その後も科目の重みに関心を寄せた研究（平・池田，1994；吉澤・藤本・1975）などが行われてきたが，合否入替りの手法が広く知られるようになったのは，国立大学入学者研究連絡協議会[2]（入研協）による平成5年度（1993年度）からの共同研究プロジェクトに採用されてからだと思われる。同プロジェクトでは合否入替り率の指標を用いて，多くの大学の募集単位や経年的な分析における相対的な比較の中で，センター試験と個別試験の効果を検討しつつ，個別大学の入試改善の資料とする目的があった（高野，1995）。

　科目やテストの効果の指標として用いられていた合否入替り率については，例えば，菊地（1999）の表現が分かりやすい。菊地（1999）によれば，合否入替り率とは「本来は合格しているけれども，その試験を合計点から除いた場合には不合格となってしまう者の数の合格者数に対する割合」であり，「各科目がどれくらい利いているのかを表す指標のひとつ」とされる。先述の例では，x_b による合否入替り率 P_b は，

$$P_b = n_{f\text{-}p}/n_p \qquad (3)$$

となる。

　入研協の共同研究プロジェクトには最終的に46大学が参加し，第1報（清水，1995）から第6報（石塚・菊地，2000）まで，毎年，数多くの大学のデータを分析した研究報告が積み重ねられた。それと同時に合否入替り率の統計的な性質に関する理論的研究も進んだ（Kikuchi, 1996；Kikuchi & Mayekawa, 1996；前川・菊地，1996）。しかし，その一方で，入研協の共同研究プロジェクトの関心が「1次と2次の入替り率（高野 1995）」という，多分に当時の時事問題的な色彩が強いテーマに限定されていたためか，石塚・菊地（2000）の報告を最後に，合否入替り率を用いた入試研究発表自体

が見られなくなってしまった。石塚・菊地（2000）の研究報告に対するコメント論文の中で，田栗（2000）は婉曲な表現ながら，合否入替り率を用いた入研協共同プロジェクトの諸報告が「実際の入試改善に役立つ情報」として機能していたのかどうかという疑問を投げかけている。

　確かに，「センター試験と個別試験との関係」といったテーマであれば，合否入替り率にせよ，相関係数にせよ，どの程度の値が適切なのか，その目安を示すことは難しい。それに比べれば，「得点調整に対する合否入替り率の適用」という倉元他（2008）の発想は明快である。まず，「同じ得点の者は選択科目の如何にかかわらず，同じ水準の学力ないしは特性を有している」べきだとする。そうすると，例えば，α，βの2つの選択科目を許す教科Bを課す状況において，特定科目αの選択者ばかりが逆転浮上し，別の科目βの選択者がばかりが逆転不合格となるような試験は，科目βの選択者にとって不利（不公平）なものとみなすことができる。すなわち，科目αの選択者の中における逆転浮上者数 $n_{f\_p|a}$ と逆転不合格者数 $n_{p\_f|a}$ との比

$$O_a = n_{f\_p|a}/n_{p\_f|a} \qquad （4）$$

が科目βの選択者の中における逆転浮上者数 $n_{f\_p|\beta}$ と逆転不合格者数 $n_{p\_f|\beta}$ との比

$$O_\beta = n_{f\_p|\beta}/n_{p\_f|\beta} \qquad （5）$$

とほぼ等しければ，αとβの選択者間に不公平は存在しないと考えられるが，いずれか一方が著しく大きければ不公平な状態と判断することになる。比較する2つの科目以外にも選択科目があったり，合否ボーダーに同点者が存在していなければ，単純に

$$O_a = O_\beta = 1 \qquad （6）$$

を公平な状態と考えることができる。なお，共通1次導入以前に，吉澤・藤本（1975）が本質的に同じ発想で山梨大学の社会の選択科目の有利不利についての分析を行った事例がある。

　倉元他（2008）は，素点によって生じた合否入替りパターンの偏りが得点調整を加えることで是正されたかどうかについて，対数オッズを用いて検討を加えた。すなわち，（1）式における教科Bが選択科目α，βを持つとき，逆転浮上者の逆転不合格者に対する比の値の対数を取り，

$$\ln o_a \gg \ln o_\beta \qquad （7）$$

であったものが，教科 B に調整を加えた後の調整済得点の $x_{b'}$ において，

$$\ln o_{\alpha'} \approx \ln o_{\beta'} \qquad (8)$$

となっていれば，選抜の公平性に対する得点調整の寄与があったとみなしている。

　本研究では，倉元他（2008）の方法を用いて個別試験における得点調整の評価を行う。倉元他（2008）と同様に，素点を用いた選抜結果に合否入替りの観点から不公平が現れたときに得点調整によってそれが是正できたか否かということを得点調整方法に対する評価の指標と考える。さらに，それに加えて合否入替りが生じた際の逆転浮上者，逆転不合格者の得点プロフィールを比較することにより，得点調整機能の特徴について，より詳細な検討を加えることとする。

第 2 節　方法

1．分析対象

1.1．東北大学における得点調整

　本研究では，国立大学法人東北大学の個別試験における得点調整を事例として取り上げる。平成19年度（2007年度）現在，東北大学には10学部が存在しており，一般選抜前期日程では，10学部11学科が合計13の募集単位に分かれて入学者を募集している。

　東北大学では，一般選抜学生募集要項には，毎年，「理科の成績調整について」という項目が設けられている。例えば，平成20年度（2008年度）入学者選抜の場合，「理科の選択科目では，得点の調整を行います。」と，センター試験とは違って無条件に得点調整を実施することを公表している（東北大学, 2007）。現在まで，東北大学の成績調整をめぐって問題が生じたケースはない。

　なお，本研究では，東北大学で用いられている成績調整という表現は用いずに，センター試験にあわせて得点調整と呼ぶ。

1.2. 募集単位と選択科目

本研究では，連続する8つの年度（年度1～年度8）の入試データを分析に用いる。

13の募集単位のうち，4つでは個別試験で理科を課していないので，本研究の分析対象とはならない。また，理科を課す9の募集単位のうち，3つの募集単位は分析年度の途中に新設されたものであり，初期の年度でデータが存在しない。

理科を課している募集単位のうち，2つの学部では選抜の段階で区分がさらに合計10に細分化されている。すなわち，志願の際に入学を希望する区分を選択するが，同じ学部内では第2志望，あるいは，第3志望までの選択が可能であり，実際に第1志望以外の区分に合格する受験者も存在する。しかし，第2志望以下の合格を考慮すると条件が複雑になるので，倉元他（2008）と同様に，本研究でも第1志望のみを「合格」とみなす。その結果，区分を超えた受験者の間で合否入替りは起こらないので，分析上はそれぞれの区分を独立な選抜の単位として扱うことができる。以後，これを実施上の募集単位とは区別して「選抜単位」と呼ぶ。

個別試験で課されている理科の科目は，α，β，γ，δの4科目である。一般的に課される入試科目及びその配点は13の募集単位ごとに決められている。個別試験理科の選択科目も同様である。個別試験で理科を課している17の選抜単位では，いずれも2科目を課しており，そのうち6つの選抜単位ではα～δの4科目中2科目，5つの選抜単位では科目δを除く3科目中2科目の選択となっている。残りの6つの選抜単位では指定科目制となっており，科目選択がないので得点調整の必要もない。いずれの選抜単位においても分析対象の年度内に理科の選択科目構成に変更はなかった。

本研究の分析対象データは原則として全ての年度に得点調整が行われている8つの選抜単位とする。ただし，場合によっては途中から加わった3つの選抜単位を含む11選抜単位，さらに，全体の統計量の算出が必要な場合には，得点調整の必要がない選抜単位を含めて個別試験で理科を課している17の選抜単位全てのデータを用いて分析を行う場合がある。

1.3. 合否判定の規則と同点者がある場合のバイアス

　本研究では，合否入替り分析上の合否は全て合計点によって判定した，すなわち，合計点の上位者から順に合否が決しているとみなす。合格者数は実際に第1志望で合格と判定された者の数とするが，追加合格等，合計点ルールに沿わないイレギュラーな判定結果は考慮の対象としない。よって，分析上の合格者数が実際の合格者数と一致しない場合がある。

　合否入替り分析の際の計算規則は倉元他（2008）に従う。すなわち，合格者の人数は上記の規則による合格者の人数に固定するが，入替り計算によって合否ボーダーに同点が生じた場合には全て「合格」と判定することになるので，逆転浮上者数と逆転不合格者数が一致しない場合がある。

　本研究においては，調整済の理科の得点 x_b を素点 x_b と調整点 m_b の和として考える。その際，理科を取り除いた得点 x_a に理科の素点 x_b を加えた x_{a+b} のボーダーに同点者が存在する場合，合否入替り率の値にバイアスが生じる。

　例えば，x_b の効果を見るための合否入替り率と，x_{a+b} に m_b を加えたことによる合否入替り率とを比較したいとする。x_{a+b} の上位から j 番目の順位となる合格圏内の得点に t（ただし，$t > n_p - j + 1$）名の同点者が並んでいる場合，x_{a+b} の合格者数は $n_{p'} = j + t - 1 > n_p$ として，合否入替り率の計算が行われることになる。また，x_{a+b} に m_b を加えたことによる逆転浮上者数を n_{f_p} (m_b)，逆転不合格者数を n_{p_f} (m_b) とすると，

$$n_{p\_f}\ (m_b) = n_{f\_p}\ (m_b) + n_{p'} - n_p \qquad (9)$$

となり，逆転不合格者数が逆転浮上者数を上回る。x_a のボーダーには同点者がいないとすると，x_a に x_b を加えたときには，逆に，

$$n_{f\_p}\ (b) = n_{p\_f}\ (b) + n_{p'} - n_p \qquad (10)$$

となり，逆転浮上者数が逆転不合格者数を上回る。

　合否入替り率は倍率の影響を受けることが知られている（Kikuchi & Mayekawa, 1996）が，同じテストの中では受験者数 n が固定されているので，合否が入替った者，すなわち，逆転浮上者数と逆転不合格者数の合計を全体としての合否入替りの程度を示す指標として捉えるべきであろう。すなわち，n_{f_p} と n_{p_f} の和を一定にしたとき x_b による合否入替り率 P_b と，m_b による合否入替り率 P_{mb} との間には，

$$P_b = P_{mb} + (n_{p'} - n_p)(n_p - n_{f\_p})/n_p\ n_{p'} \qquad (11)$$

という関係があるので，P_b は P_{mb} に対して正のバイアスが生じることになる。数多くの同点者が存在するようなケースでは，この点に注意を払う必要がある。

2．分析データ

　受験者の成績データから個人情報を取り除いて分析データを作成した。本研究の分析に利用可能なデータは，志願した選抜単位および年度，個別試験理科の選択科目，入替り分析用に加工された合否判定結果，最終合否判定のための合計得点 x_{a+b}，個別試験の理科を除いた得点 x_a，成績調整前の理科の得点を含む合計得点 x_{a+b}，個別試験理科の科目別素点 x_a，x_β，x_γ，x_δ，個別試験理科の調整点 m_b である。

第3節　結果

1．選抜単位のプロフィール

1.1.　選抜単位の規模と倍率

a.　募集人員

　募集人員は分析対象の年度内で若干の増減があったが，大きく変わってはいない。むしろ，選抜単位による違いが大きい。募集人員の最大値は選抜単位 M で，182名という年度があった。最小値は F の28名である。なお，科目選択のある選抜単位に限れば，募集単位の最大値は E で，125名という年度があった。

b.　受験者数

　本研究で分析対象とする選抜単位における志願者数は，8年度間通算で30,707名（科目選択のある選抜単位では14,417名），分析上の受験者数は26,353名（科目選択のある選抜単位では13,318名）であった。受験者数は年度によって変動があり，選抜単位の規模によっても異なっている。

　受験者数は志願者数から欠席者数を除いた人数である。センター試験等を利用して第1次選抜が実施される場合には，当初の志願者数と比べて個別試験の受験者数が大きく減少する場合もある。なお，個別試験の途中での受験

放棄等がその主要な理由と思われるが，記録上，公式発表された受験者数よりも理科の成績記録が若干名分多く残っている場合があった。欠席者の同定が難しいので，本研究では全て分析データに含むこととし，分析上の受験者数とすることとした。これらの受験者は，当然，不合格者となるので，分析結果に影響はない。受験者数等の詳細は表7-1に示すとおりである。

c. 合格者数，および，実質倍率

先述の通り，本研究では第1志望による合格者のみを分析上の「合格」として扱うこととした。したがって，合格者数は公式発表の数値と比較して小

表7-1. 選抜単位の規模と倍率

単位	受験者数		合格者数		実質倍率	
	最小	最大	最小	最大	最小	最大
A	202	348	87	93	2.24	4.00
B	48	76	28	33	1.66	2.62
C	86	134	33	51	1.84	3.14
D	36	76	15	28	1.89	4.63
E	337	495	125	141	2.42	3.90
F	65	106	30	35	1.86	3.53
G*	91	125	54	57	1.60	2.31
H	342	383	90	97	3.53	4.12
I	119	196	40	49	2.98	4.90
J*	70	117	32	33	2.12	3.55
K*	58	105	31	35	1.76	3.39
L	393	767	142	195	2.47	4.49
M	375	529	147	172	2.30	3.27
N	186	303	70	94	2.17	4.33
O	185	209	59	87	2.22	3.54
P	193	254	64	67	2.92	3.97
Q	176	263	41	75	2.44	4.64

備考：A〜Fは4科目，G〜Kは3科目中2科目選択，L〜Qは2科目指定。
＊：分析年度の途中に新設の選抜単位。

さい場合がある。分析上の受験者数を合格者数で割った比率を実質倍率と定義する。募集人員の少ない選抜単位では，年度によってある程度変動する場合も見られたが，ある年度に，突然，実質倍率が10倍以上になったり1に近くなったりするような激変はないという意味で，おおむね安定していた。詳細は表7-1に示すとおりである。

d. 理科の配点比率

主たる選抜資料となるセンター試験および個別試験の配点は募集単位ごとに決められている。したがって，ひとつの募集単位に複数の選抜単位が存在する場合には，配点はそれらの中では全て共通である。個別試験理科の配点をセンター試験も含めた総得点に対する比率として表すと，分析対象とした年度の科目選択のある募集単位においては，最小では19.0%，最大では25.0%であった。

1.2. 選抜単位ごとの科目選択状況と理科の成績

表7-2の科目選択状況には，本研究で分析対象とする8つの年度を通算しての数値を示した。選抜単位によって，科目選択のパターンは著しく異なっているが，「科目α・科目β」，「科目β・科目γ」がほとんどを占めており，それ以外の組み合わせはおおむね例外的と言ってよい。選抜単位によって科目αと科目γの選択率が著しく異なっている。なお，入試制度上の制限で選択できないパターンのセルはハイフン（−）で示した。行の合計が100%となる。

個別試験理科2科目合計点の成績指標は，200点満点としたときの素点の尺度を基に，年度ごとに受験者全体の平均点からの偏差を用いて表現する。標準得点を用いない理由は，素点の合計を用いて合否の判断がなされることを重んじたためである。

選抜単位によって受験者および合格者の成績水準にはかなりの差がある。科目選択がある選抜単位においては，受験者の調整前得点の平均値で最大値が39.0，最小値が−22.0，調整済得点の平均値で最大値が38.9，最小値が−16.7であり，合格者の調整前得点の平均値では最大値が60.7，最小値が−6.9，調整済得点の平均値で最大値が60.1，最小値が−9.0であった。

表7-2．　選抜単位ごとの科目選択状況

	$\alpha \cdot \beta$	$\alpha \cdot \gamma$	$\alpha \cdot \delta$	$\beta \cdot \gamma$	$\beta \cdot \delta$	$\gamma \cdot \delta$
A	92.9%	0.6%	5.2%	1.0%	0.2%	0.0%
B	88.1%	0.4%	0.4%	10.4%	0.6%	0.2%
C	77.9%	0.0%	0.0%	21.4%	0.7%	0.0%
D	63.2%	0.6%	7.0%	21.5%	5.2%	2.5%
E	25.5%	0.2%	0.2%	73.6%	0.3%	0.3%
F	11.6%	0.9%	0.0%	87.1%	0.0%	0.4%
G*	70.2%	0.0%	−	29.8%	−	−
H	60.4%	0.8%	−	38.8%	−	−
I	51.4%	0.0%	−	48.6%	−	−
J*	47.1%	0.3%	−	52.6%	−	−
K*	23.9%	0.7%	−	75.5%	−	−
通算	55.6%	0.5%	1.3%	42.1%	0.4%	0.2%

備考：A〜Fは4科目，G〜Kは3科目中2科目選択。
＊：分析年度の途中に新設のため，通算には算入せず。

2．理科を課すことによる合否入替り

2.1．合否入替り率

　得点調整の効果を検討する前提として，理科を課すことによる合否入替りの様相について検討する。

　倉元他（2008）にもあるように，理科を課すことによる合否入替り率そのものがどの程度であるのが適正かという目安は存在しない。したがって，ここでの分析の目的は理科の影響力を検討するといった意味はなく，後述する得点調整による合否入替り率の大きさを検討するためのベースを示すことが目的である。理科による合否入替り率と比べて得点調整による合否入替り率がどの程度であるかを吟味することが可能となる。倉元他（2008）と分析の視点は同じである。

　表7-3に調整前の理科による入替り率，表7-4に調整済の理科による入替り率を示す。最小値は調整済得点では選抜単位C，年度5の4.4%（調整前得点でも同じ），最大値は同じC，年度3の29.7%（調整前得点では32.4%）

表7-3．理科を課すことによる入替り率（得点調整前）

	年度1	年度2	年度3	年度4	年度5	年度6	年度7	年度8	通算
A	14.6%	15.9%	14.6%	14.6%	8.9%	10.0%	8.8%	9.7%	12.1%
B	7.1%	10.3%	19.4%	6.1%	6.5%	13.3%	13.8%	6.5%	10.3%
C	6.1%	12.1%	32.4%	12.2%	4.4%	14.9%	7.8%	14.0%	12.8%
D	8.7%	20.8%	22.2%	13.3%	25.0%	17.9%	10.5%	12.5%	16.4%
E	11.0%	13.6%	15.8%	12.5%	12.5%	13.1%	9.8%	12.1%	12.5%
F	12.9%	22.6%	10.0%	12.1%	14.3%	9.1%	5.7%	15.2%	12.6%
H	19.2%	18.7%	14.4%	8.7%	9.9%	17.2%	13.4%	15.5%	14.6%
I	15.0%	17.5%	17.5%	12.5%	15.0%	20.4%	22.5%	12.2%	16.6%
全体	13.1%	16.1%	16.9%	11.7%	10.9%	14.2%	11.1%	12.4%	13.3%

であった。調整前でも調整済の得点でも大差はない。なお，得点調整前の合否ボーダーで同点者が生じたケースが7度（そのうち2度は同点による合格者数が2名増えた）あった。多少のバイアスはうかがえるが，全体として見れば，気にするほどではないだろう。

　選抜単位，年度によってばらつきは見られるが，おおむね10%台前半が影響力指標としての理科による入替り率の目安と言える。

2.2.　入替り率に影響を与える要因

　理科による入替り率の年度，選抜単位による違いを見るために，表7-3，表7-4に示された年度および選抜単位別の「合否入替り率」，および，「逆転浮上者の完全合格者に対する比率」の2つの指標とそれらの対数オッズを従属変数として繰り返しのない2元配置の分散分析を行った。有意水準5%を目安として判断したところ，調整前，調整済いずれの指標でも年度の主効果が有意であった（上記の4つの指標でF [7,49] =2.57～3.65）が，選抜単位による違いは見られなかった。

　次に，合否入替り率に影響を与えている可能性がある他の指標について検討した。Kikuchi & Mayekawa（1995），前川・菊地（1996）は，合否入替り率の標本分布の推定研究において，受験倍率をその影響要因のひとつに挙げている。そこで，同じ指標と実質倍率との間に相関係数を算出したところ，

表7-4. 理科を課すことによる入替り率（得点調整済）

	年度1	年度2	年度3	年度4	年度5	年度6	年度7	年度8	通算
A	14.8%	16.1%	14.6%	12.6%	10.0%	10.0%	7.7%	9.7%	11.9%
B	7.1%	10.3%	19.4%	6.1%	9.7%	10.0%	13.8%	9.7%	10.7%
C	6.1%	15.2%	29.7%	12.2%	4.4%	14.9%	5.9%	16.0%	12.8%
D	8.7%	20.8%	22.2%	13.3%	18.8%	7.1%	10.5%	6.3%	13.2%
E	11.7%	14.4%	15.0%	11.7%	14.1%	12.3%	9.8%	11.4%	12.5%
F	12.9%	19.4%	10.0%	9.1%	14.3%	6.1%	5.7%	15.2%	11.5%
H	15.2%	17.6%	14.4%	8.7%	9.9%	15.1%	12.4%	14.4%	13.5%
I	12.5%	20.0%	17.5%	12.5%	15.0%	14.6%	22.5%	12.2%	15.7%
全体	12.3%	16.3%	16.5%	10.9%	11.6%	12.0%	10.5%	12.2%	12.7%

一貫して実質倍率に有意な正の相関が見出された（$r = .40 \sim .44$，いずれも有意水準1％を目安として有意）。しかし，さらに共分散分析によって実質倍率の影響を排除した上で，年度の主効果の分析を行ったところ，年度の効果は消失した。すなわち，年度による合否入替り率の違いは，実質倍率によってもたらされた見掛け上のものと考えられる。

2. 得点調整の効果

2.1. 調整点の分布と合否入替り率

　得点調整による合否入替り率および調整点の分布を表7-5に示した[3]。なお，表7-5の注のように加工した値である。

　得点調整による合否入替り率を見ると選抜単位が比較的小さいこともあって，入替りが全く生じなかったケースも散見される。すなわち，倉元他（2008）における分析結果で述べられている通り，得点調整による合否入替りは，理科を課すことによる合否入替りと比べると全体としての影響力は小さいことが再確認された。

　調整点による合否入替りについては，前節で行ったような年度，選抜単位の双方を同時に区別する分析は行えないが，必要に応じて年度や選抜単位をこみにした分析を行うこととする。

　表7-5の最右列に示された選抜単位ごとの平均値には，Aの3.57点からF

表7−5．得点調整による合否入替り率および調整点＊の分布

	年度1	年度2	年度3	年度4	年度5	年度6	年度7	年度8	通算	調整点平均 (SD)
A	1.1%	0.0%	1.1%	1.2%	2.2%	1.1%	1.1%	1.1%	1.1%	3.57 (2.77)
B	0.0%	0.0%	0.0%	0.0%	6.5%	3.3%	0.0%	3.2%	1.7%	2.42 (3.77)
C	0.0%	3.0%	2.7%	0.0%	2.2%	2.1%	2.0%	4.0%	2.0%	1.54 (4.32)
D	0.0%	4.2%	0.0%	0.0%	12.5%	10.7%	0.0%	6.3%	4.4%	1.40 (5.71)
E	1.5%	4.0%	3.2%	0.8%	6.3%	2.3%	1.5%	2.1%	2.7%	−2.62 (4.78)
F	0.0%	3.2%	0.0%	3.0%	2.9%	6.1%	0.0%	0.0%	1.9%	−3.19 (3.97)
H	5.4%	5.5%	2.2%	0.0%	3.3%	4.3%	1.0%	3.1%	3.1%	0.02 (3.23)
I	5.0%	5.0%	5.0%	0.0%	5.0%	6.3%	2.5%	2.0%	3.9%	−0.20 (3.87)
全体	2.1%	3.3%	2.2%	0.6%	4.4%	3.6%	1.2%	2.4%	2.5%	0.37 (4.05)
平均 (SD)	0.10 (2.61)	0.23 (3.45)	−0.08 (3.96)	0.21 (2.91)	1.27 (6.18)	1.25 (6.12)	0.00 (3.36)	−0.03 (3.83)	0.37 (4.05)	✕

＊：表中の調整点は理科の配点を200点とした上で，全ての年度の全ての調整点の平均からの偏差を取った値。

の −3.19点までの幅がある。それに対して，最下行に示された調整点の年度別平均値はほぼ0に近い。むしろ，年度によって著しく大きな違いがみられるのは，標準偏差に現れた散らばりの指標である。年度5と年度6では標準偏差が6を超えており，他の年度と比較して大幅な調整が行われたことが伺える。また，選抜単位による調整点の分布の違いは，表7−2に示した科目選択状況の影響が大きいものと思われる。

2.2　得点調整の理科の得点分布への影響

　合否入替り指標を手がかりとした得点調整の有効性を検討する前の段階として，得点調整の理科の得点分布全体への影響を検討する。
　表7−6は，調整前の理科の得点 x_b と調整後の理科の得点 $x_{b'}$ の分布におけ

る，選択科目パターンを要因としたときの級内平方和と級間平方和の比を年度別に取ったものである。平方和の値そのものは，受験者数や得点の散らばりに依存するため，特に意味は無い。この分析は，得点調整によって，選抜に必要となる受験生の理科の学力差を表す得点の散らばりが保たれ，かつ，平均点の違いが縮小されるかどうかを検討するための指標である。選択科目パターンによって受験生の学力に差があった場合には，級間分散が小さいほどよいと言えるかどうか問題であるが，例えば，大学入試センター試験の得点調整は科目間の平均点の違いを縮小しているので，ラフな指標としては，ある程度有効なのではないかと思われる。

　表7-6に示された平方和を見る限り，全ての年度で同じ科目選択パターンを取った受験生の学力差をあらわす級内平方和は十分に保たれている。一方，級間平方和は小さくなっている年度がある一方で，拡大した年度もある。年度3では，当初は他の年度と比べて最も平均値差が小さかったが，得点調整によって，若干，差が拡大した。年度5から以後は，この指標で見る限り極めて「強力」な調整が行われている。特に，年度6では選択科目パターンによる理科の平均値差は，全体としてみればほぼ無いに等しいほどとなり，得点調整の影響の強さが現れている。

表7-6．得点調整による平方和の縮小

	級内平方和（単位万）			級間平方和（単位万）		
	x_b	$x_{b'}$	$x_{b'}/x_b$	x_b	$x_{b'}$	$x_{b'}/x_b$
年度1	116	115	99.3%	5.53	3.19	57.6%
年度2	147	145	98.6%	2.09	1.58	75.7%
年度3	180	179	99.4%	1.32	1.53	115.8%
年度4	157	156	99.7%	3.99	3.19	80.1%
年度5	128	126	98.3%	8.63	0.59	6.9%
年度6	127	125	98.4%	6.21	0.16	2.5%
年度7	88	88	100.0%	2.17	0.82	37.6%
年度8	1.13	1.13	99.8%	1.73	0.37	21.2%

3．得点調整の効果

3.1．科目選択パターンと調整点

　続いて，科目選択パターンと調整点との関係を見る。

　表7-7に科目ごとの平均点（100点満点）と科目選択パターンごとの調整点平均を示す。なお，表7-7の科目別平均点は当該年度の全ての受験者のデータを用いて算出したものである。また，調整点は表7-5と同様に加工した値である。

　表7-7を見ると，まず，ほとんどの年度において，科目αの平均点が他の科目と比較して著しく低かったことが見て取れる。そのため，ほとんどの年度において科目αを含む選択パターンに対して相対的に高い調整点が与えられていた。表7-2と表7-7を合わせて見ると，科目αの選択率と選抜単位ごとの調整点平均には，明らかに強い正の相関関係が見て取れる。

　さらに，年度による散らばりの違いも表7-7によって説明がつく。特に，大幅な調整が行われた年度5と年度6では，多数の受験者数を占める「科目α・科目β」の組合せを中心に，科目αの選択者に大きなアドバンテージが与えられていたことが分かる。特に，年度6においては，選択者が少数であるとは言え，科目β，科目γに加えて科目δを選択した受験生との間に平均値にして30点以上の開きがつく調整が行われていたことが見て取れる。表

表7-7．科目別平均および科目選択パターン別調整点 * 平均

年度	科目別平均点				科目選択パターン別調整点平均					
	α	β	γ	δ	$\alpha \cdot \beta$	$\alpha \cdot \gamma$	$\alpha \cdot \delta$	$\beta \cdot \gamma$	$\beta \cdot \delta$	$\gamma \cdot \delta$
年度1	-7.0	7.2	-7.7	-1.6	*-1.1*	12.2	5.5	*1.5*	-6.5	4.3
年度2	-10.5	9.1	-1.8	10.0	*2.4*	10.3	-0.4	*-3.6*	-15.7	-8.5
年度3	-3.9	2.0	6.0	4.3	*1.5*	2.7	0.7	*-2.2*	-4.7	-6.5
年度4	-7.1	5.7	1.0	-8.2	*1.0*	8.0	9.4	*-1.9*	4.0	6.2
年度5	-13.2	8.9	5.3	4.4	*7.1*	9.6	9.1	*-7.6*	-6.5	-1.0
年度6	-12.3	8.3	4.6	19.5	*7.0*	9.1	-2.5	*-6.8*	-19.0	-24.5
年度7	-0.8	-1.4	9.1	0.5	*2.7*	-5.6	2.5	*-4.2*	-1.4	-3.4
年度8	-3.0	0.8	6.7	3.8	*3.2*	-1.4	0.2	*-4.4*	-3.3	-9.0

＊：表中の調整点は理科の配点を200点とした上で，全ての年度の全ての調整点の平均からの偏差を取った値。

7-6，表7-7を合わせて見ると，年度5，年度6の合否入替り率の大きさによって，得点調整で結果的に科目αの平均点の低さがカバーされたことが見て取れる。

3.2. 合否入替り指標から見た公平性への寄与

　　ここでは，基本的に倉元他（2008）の分析手順に従って分析を行い，そこで得られた知見を再確認することとする。分析対象を「科目α・科目β」および「科目β・科目γ」の2つの科目選択パターンに限り，そこでの合否入替りの様相に検討を加える。なお，分析対象となるデータは，全ての年度で

表7-8．科目選択パターン別合否判定結果集計

	合否判定結果			人数	x_b の効果		m_b の効果		$x_{b'}$ の効果	
	x_a	x_{a+b}	$x_{a+b'}$	人数	f_p	p_f	f_p	p_f	f_p	p_f
科目α・科目β	p	p	p	1,944	–	–	–	–	–	–
	p	f	p	47	–	47	47	–	–	–
	f	p	p	229	229	–	–	–	229	–
	f	f	p	29	–	–	29	–	29	–
	p	p	f	12	–	–	–	12	–	12
	p	f	f	306	–	306	–	–	–	306
	f	p	f	18	18	–	–	18	–	–
	f	f	f	4,183	–	–	–	–	–	–
	合計			6,768	247	353	76	30	258	318
科目β・科目γ	p	p	p	1,313	–	–	–	–	–	–
	p	f	p	6	–	6	6	–	–	–
	f	p	p	217	217	–	–	–	217	–
	f	f	p	9	–	–	9	–	9	–
	p	p	f	30	–	–	–	30	–	30
	p	f	f	149	–	149	–	–	–	149
	f	p	f	34	34	–	34	–	–	–
	f	f	f	3,365	–	–	–	–	–	–
	合計			5,123	251	155	15	64	226	179

表7-9. 理科科目選択パターンごとの選抜単位別対数オッズ

		A	B	C	D	E	F	H	I	通算
x_b の効果	$a \cdot \beta$	0.03	-0.13	-0.24	-0.74	-1.10	-0.81	-0.29	-0.67	-0.36
	$\beta \cdot \gamma$	–	0.41	0.63	0.69	0.46	0.11	0.63	0.57	0.48
x_b の効果	$a \cdot \beta$	-0.03	0.04	-0.09	-0.37	-0.54	-0.22	-0.28	-0.44	-0.21
	$\beta \cdot \gamma$	–	-0.69	0.20	0.41	0.21	-0.07	0.54	0.28	0.23

表7-10. 理科科目選択パターンごとの年度別対数オッズ

		年度1	年度2	年度3	年度4	年度5	年度6	年度7	年度8	通算
x_b の効果	$a \cdot \beta$	0.17	-0.25	-0.24	0.06	-0.85	-0.78	-0.46	-0.65	-0.36
	$\beta \cdot \gamma$	-0.13	0.42	0.35	-0.04	1.04	1.02	0.62	0.67	0.48
x_b の効果	$a \cdot \beta$	-0.14	-0.04	-0.26	0.03	-0.16	-0.41	-0.32	-0.41	-0.21
	$\beta \cdot \gamma$	0.17	0.04	0.34	-0.14	0.12	0.46	0.45	0.42	0.23

選抜と得点調整を行った8つの選抜単位のものである。

　表7-8は，以後の分析に用いる逐次的な合否入替りの基礎データを「科目a・科目β」，「科目β・科目γ」の理科選択パターンごとに示したものである。

　最初に表の見方の概略を説明する。最左列は科目選択パターンの区別である。次から3列は，理科を取り除いた総得点（x_a），理科調整前の総得点（x_{a+b}），調整済の総得点（$x_{a+b'}$）において合否いずれと判断されたかを示している。pは「合格」，fは「不合格」である。欄を横に見ていったとき，3つのセルともpであれば，いずれの合否入替りにおいても「完全合格（p_p）」，逆に，3つのセルともfであれば，「完全不合格（f_f）」と判定されたことを示す。それ以外のケースでは，合否入替り分析のプロセスの中で，入替りが起こったことになる。例えば，左から合否の判定結果が「p, f, p」の順序になっていたとすれば，x_aでは「合格」，x_{a+b}では「不合格」，$x_{a+b'}$では「合格」と判定されたということになる。すなわち，この欄に分類された受験者は，理科の素点（x_b）の効果を見る合否入替り計算では「逆転不合格（p_f）」，理科の調整点（m_b）の効果を見る合否入替り計算では「逆転浮上（f_p）」，調整済の理科の得点の効果を見る入替り計算では合否の入替りが起こらない

「完全合格（p_p）」と判定されたことになる。なお，合否入替りが起こらないケースについてはその旨の表示は省略した。セル中の数値はそれぞれのパターンの人数である。

　表7-9，表7-10は，倉元他（2008）と同様に，（4）式，（5）式で示された逆転浮上者数の逆転不合格者数に対する対数オッズを算出して，理科の素点による合否入替りと理科の調整済得点による合否入替りの効果を年度別，選抜区分別に比較したものである。

　表7-9からは，多くの選抜単位で得点調整によって両者の対数オッズ比が原点の方向に向かっており，不公平が是正されているが，その利き方が完全ではないことと，その様相が選抜単位によって異なっていることが分かる。例えば，選抜単位Fでは「科目α・科目β」選択群の対数オッズが-0.81から-0.22と0に近づき，著しい不利が得点調整によって圧縮されている。一方，選抜単位Iでは，-0.67が-0.44へと多少，改善されたとは言え，対数オッズは得点調整後も依然として負でやや大きな値を示している。選抜単位Hでは，最初から他の選抜単位ほどの不均衡は見られないにせよ，得点調整による不公平の縮小幅はあまり大きくない。なお，選抜単位Aでは「科目β・科目γ」の組み合わせの受験者には逆転不合格者が存在しなかったため，対数オッズの計算ができなかった。

　表7-10からは，年度間の動きが読み取れる。表7-7に示されたような大幅な調整がなされた年度5と年度6について見ると，年度5では得点調整によって不公平がかなり大幅に修正されている様相が分かる。しかしながら，年度6では，前の年度ほどの効果は見られていない。

3．得点調整の問題点

3.1．逆転浮上者と逆転不合格者の科目得点

　以上のように，得点調整には科目選択パターン間の不公平を是正する機能があることが再確認された。しかしながら，得点調整は常になされるべきであり，常に効果的であると考えてよいのであろうか。ここまでの分析では現れてこなかった問題点を探るため，合否入替り分析を用いながらも，着眼点を変えて別な角度からの検討を行うこととする。

　表7-11は，「科目α・科目β」および「科目β・科目γ」の2つの科目選択

表7-11.　得点調整による合否入替り状況別科目平均得点

		人数	科目a 平均 (SD)	科目β 平均 (SD)	科目γ 平均 (SD)
科目a・科目β	完全合格者	2,173	0.75　(0.72)	0.69　(0.62)	－
	逆転浮上者	76	0.29　(0.75)	0.28　(0.76)	－
	逆転不合格者	30	0.66　(0.74)	0.49　(0.74)	－
	完全不合格者	4,489	-0.35　(0.91)	-0.28　(0.96)	－
科目β・科目γ	完全合格者	1,530	－	0.74　(0.62)	0.68　(0.71)
	逆転浮上者	15	－	0.62　(0.62)	0.63　(0.73)
	逆転不合格者	64	－	0.40　(0.50)	0.21　(0.82)
	完全不合格者	3,514	－	-0.40　(0.99)	-0.30　(0.96)

パターンについて，得点調整による合否入替りのパターンごとに，個別試験理科各科目の平均と標準偏差を示したものである。ただし，年度，および，選抜単位の異なるデータを比較可能にするため，年度と選抜単位の組合せごとに科目の得点を標準化した値で示している。なお，表7-11のデータは表7-8のデータと同一であるので，データ数は調整点の効果「m_bの効果」として示した欄から再現可能である。

　合否入替り分析においては，完全合格者と逆転浮上者が最終的な合格者であり，逆転不合格者と完全不合格者が得点調整を経て最終的に不合格となった者である。すなわち，本来，合格者の成績が不合格者を上回っていることが望ましく，特に，合否が入替った者の比較においては，逆転浮上者が逆転不合格者の成績を上回っていることが望ましい。

　「科目β・科目γ」の選択パターンでは，β，γの双方の科目で，全体としてその傾向が達成されている。すなわち，逆転浮上者の科目β，科目γの成績は逆転不合格者の成績を平均的に上回っている。ところが，「科目a・科目β」の組合せでは，科目a，科目βともに，逆転浮上者の平均値が逆転不合格者を下回る傾向が見られている。

3.2.　科目選択と選抜単位の特性

　図7-2は「科目a」を専ら基礎とした専門性で研究することを目的とし

ている選抜単位における得点調整による合否入替り状況を示したものである。「科目α・科目β」の選択パターンの受験者のみを抽出して，横軸に科目β，縦軸に科目αの成績を取ってプロットした。なお，成績は各年度の当該選抜区分の中で標準化したものであるため，年度の違いは捨象している。

図7-2から明らかなように，科目αで抜群の成績を修めている者が逆転不合格になったケースが見られた。その一方で，科目αの成績が芳しくない者が得点調整によって逆転浮上したケースが目立つ。逆転浮上者の中には，科目αの成績で当該選抜単位の受験者全体の平均を下回った者が逆転浮上した例が3件見られている。

また，それとは別な事例として，「科目δ」に専門的な基礎を置く選抜単位にもやや疑問に思われる現象が見出された。すなわち，逆転不合格となった者のうちの半数以上が科目δを選択した者であったのに対して，科目δを選択した者の中で得点調整によって逆転浮上した例は，全年度を通じて1件のみという結果だったのである。

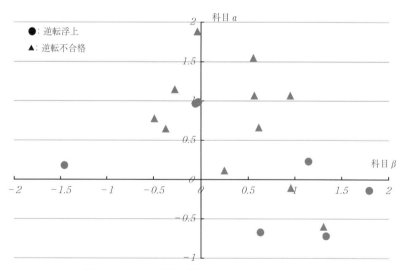

図7-2．ある選抜区分における合否入替りの様相

第4節　考察

　本研究では，社会心理学的公正の観点から得点調整に対する世論の反応を分析することで，一見矛盾した反応に対する一貫した解釈を導くことに成功した。こういった検討は，一般に理解しやすく，十分に合理的と認められ，受容されやすい得点調整の具体的手法や制度を考案するために欠かせないものと言える。また，同様に，社会心理学的公正の概念を媒介することによって，合否入替り分析が個別大学の入試における得点調整の評価ツールとして有力な指標であることが改めて示された。

　東北大学の得点調整に関しては，倉元他（2008）で既に指摘されていたように，全体としての公平性に寄与してきたことは間違いない。しかしながら，さらに詳細な分析を行った時点で浮かび上がってきた問題点は，重く受け止めざるを得ない性質のものである。

　選抜的な入試が行われているとき，それが大学教育に相応しい人材の選択に機能するためには，入学後の教育内容にかかわりの深い能力について資料を集め，判断を行い，その能力が高い者に入学許可を与えることが原則であろう。社会心理学的公正の観点に立てば，西郡・倉元（2007）で指摘されているような職務関連性の高い選抜資料が求められていると言うこともできるし，測定論的な観点からは妥当性の高いテストが必要だという表現になるだろう。大学が望む学生像もまさにそのような選抜資料に現れているはずだ。本研究の事例分析によれば，得点調整によって，実施者側の本来の意図とは逆に，当該分野に関連の深い科目に高い関心や成績を示した受験生が不合格と判定されている事例が認められた。もちろん，合否は個別試験理科といったひとつの資料だけではなく，総合的に判断されるべきものなので，それだけを取り上げてことさらに問題視するべきではない。しかし，それにしても，当該教科の調整の結果，その得点が低い者が逆転浮上し，高い者が逆転不合格になるという現象は，大学が求める学生像（いわゆる，アドミッションポリシー）に合致した学生を迎え入れるという観点からは不都合と感じられる。山村（1996）によれば，オーストラリア・クィーンズランド州の大学入学者選抜制度では，合否ボーダーの判定を行う際に，当該分野の成績を重んじて

いる。東北大学個別試験理科の得点調整は，まさしく，それとは逆の機能を果たしてしまったことになる。

　この問題を技術的に克服するのは極めて困難であることが予想される。すなわち，満点と0点という形で天井と床が抑えられている素点尺度を前提にして考えたとき，高い成績を示した者をより高く評価するような調整方法は考えられない。どうしても，成績の低かった者を引き上げるか，高かった者を引き下げる形を取らざるを得ないであろう。あるいは，この問題を解決するために，素点尺度とは異なる尺度化の方法を導入することも考えられる。もちろん，それが技術的に不可能ということではないだろうが，日本的試験文化の中で簡単に受容されるものができるかどうかは，必ずしも楽観視できない。

　それでは，得点調整は行うべきではないという結論になるかというと，それもまた躊躇せざるを得ないのである。科目によって難易に偏りが生じてしまった場合には，それによる不公平を是正する措置は必要である。日本的試験文化を前提としたとき，素点という尺度は重要なものである。科目選択の制度が撤廃されない限りにおいては，まず，事前に問題作成の時点で素点による難易度を出来るだけ揃えるための努力がなされるべきであろう。結局のところ，合否入替りの指標で最初から選択科目による偏りが生じなければ，調整点は限りなくゼロに近いことが望ましい。すなわち，本来は，得点調整の必要が無い状況が望ましく，得点調整による合否入替りも生じないことが望ましいのである。得点調整という操作は，テストの公平性が侵犯されたときにそれを是正するための最後の手段であり，あくまでも補助的な措置であるべきなのだ。

　得点調整が解決の難しい社会的問題のひとつであることが改めて端的に示されたと言える。

　さて，ここで，再認識する必要があると思われるのは，問題作成の重要性である。テストで測り取る能力を素点という尺度にどのようにすれば有効に反映させられるのか，そのためにはどのような技術が必要とされるのか。そういった課題は，具体的な研究の積み重ねで明らかにしていくしかないものであろう。

　最後に本研究では扱えなかった方法論的な問題点に触れておく。本研究で

は，大学入学者選抜のプロセスを一連の流れとみなした。すなわち，選抜資料の最後に個別試験理科の得点が加わり，さらにそれに調整点が加えられるという段階を踏んで，合否が判定されるというプロセスを前提にした分析である。逆に言えば，それ以外の得点は所与のものとして扱っている。しかし，実際には，科目選択があるのは個別試験の理科だけではない。センター試験の地理歴史，公民，理科にも選択科目が存在する。したがって，本研究の x_a において，本来，同じ得点であった者をそのまま同じ学力を持っている者とみなしてよいかどうかという点に関しては，若干の疑問が残るかもしれない。しかし，この問題は，本稿の冒頭で論じたセンター試験における得点調整というきわめてセンシティブな社会的問題に直結する，きわめて社会的な性質のものでもある。

　選択科目の得点調整をどのように行うべきかという問題に対して，根本的な解決策は容易に得られないかもしれない。テスト得点の尺度化に対するリテラシーを普及させ，世論を形成する一般の人々にこの問題に対する認識と理解を深めてもらう以外，進むべき道がないことだけは確かだと思われる。

文　献

Adams, J. S.（1965）. Inequity in Social Exchange. In L. Berkwits（Ed.）, *Advances in Experimental Social Psychology*, 2,（pp.267-299）. NY: Academic Press.

Arai, S., & Mayekawa, S.（2005）. The Characteristics of Large-scale Examinations Administered by Public Institutions in Japan: From the Viewpoint of Standardization. *Japanese Journal for Research on Testing*, 1, 81-92.

中央教育審議会（1997）. 21世紀を展望したわが国の教育の在り方について（第2次答申）

大学入試センター（1992）. 特集：大学入試用語集'92 大学入試フォーラム, *13*, 98-99.

大学入試センター（1997）. 大学入試センター試験における得点調整について

Deutch, M.（1975）. Equity, equality, and need; What determines which value will be used as the basis of distributive justice? *Journal of Social Issues, 31*, 137-149.

林 洋一郎・倉元 直樹（2003）. 公正理論から見た大学入試 教育情報学研究, *1*, 1-14.［本書第1章に再録］

石塚 智一・菊地 賢一（2000）. 入学者選抜における試験の効果の評価——合否入替り率を中心に（第6報）—— 大学入試研究ジャーナル, *10*, 1-6.

Kikuchi, K.（1996）. Analytic Approximation to the Standard Error of Swap-Rate. *Behaviormetrika, 23*（2）, 187-203.

菊地 賢一（1999）. Q59 入れ替わり率　繁桝 算男・柳井 晴夫・森 敏昭（編著）Q&A で知る統計データ解析―― DOs and DON'Ts ――（pp.118-119）. サイエンス社

Kikuchi, K. & Mayekawa, S.（1995）. On the Sampling Distribution of Swap-Rate. *Behaviormetrika*, *22*（2）, 185-204.

菊池 誠（1997）. 新教育課程によるセンター試験――第 1 回を終えて―― '97　大学入試フォーラム, *20*, 4-16.

木村 拓也（2007）.「合計得点」を巡るポリティクス――戦後日本人は「合計得点」にどんな意味を込めてきたのか？――日本教育社会学会第59回大会発表要旨集録, 323-324.

倉元 直樹（2004）. ペーパーテストによる学力評価の可能性と限界――大学入試の方法論的研究―― 東北大学大学院教育学研究科博士学位請求論文（未公刊）

倉元 直樹・森田 康夫・鴨池 治（2008）. 合否入替りによる得点調整方法の評価――科目選択の公平性の観点から―― 大学入試研究ジャーナル, *18*, 79-84.

Leventhal, G. S.（1980）. What should be done with equity theory?: New approaches to the study of fairness in social relationship In K. Gergen, M. Greenberg, & R. H. Willis（Eds.）, *Social Exchange*（pp.27-55）. NY: Academic Plenum.

真弓 忠範・村上 隆・白旗 慎吾・吉村 功・前川 眞一（1999）. 大学入試センター試験の得点調整　'98大学入試フォーラム, *21*, 4-18.

前川 眞一・菊地 賢一（1996）. 合否入れ替わり率のブートストラップ法による区間推定　大学入試センター研究紀要, *24*, 1-11.

村上 隆（1998）. 大学入試センター試験の得点調整――理念と方法―― 国立大学入学者選抜研究連絡協議会（編）大学入試をめぐる最近の話題　国立大学入学者選抜研究連絡協議会第19回大会セミナー資料, 29-46.

中畝 菜緒子・前川 眞一・石塚 智一・内田 照久・村上 隆・南風原 朝和（2002）. 大学入試に関わる選抜資料のあり方について　大学入試研究ジャーナル, *12*, 65-72.

National Research Council（1999）. *Uncommon Measures: Equivalence and Linkage among Educational Tests*. Washington DC: National Academy Press.

日本テスト学会（編）（2007）. テスト・スタンダード――日本のテストの将来に向けて―― 金子書房

西郡 大・倉元 直樹（2007）. 日本の大学入試をめぐる社会心理学的公正研究の試み――「AO 入試」に関する分析―― 日本テスト学会誌, *3*, 147-160.［本書第 3 章に再録］

清水 留三郎（1995）. 入学者選抜における試験の効果の評価――合否入替り率等を中心に（第 1 報）―― 大学入試研究ジャーナル, *5*, 1-4.

田栗 正章（2000）. 石塚・菊地論文に対するコメント――入試データからの情報抽出とその活用―― 大学入試研究ジャーナル, *10*, 7-8.

平 直樹・池田 輝政（1994）. 入試科目の効果に関する新しい評価法　大学入試研究ジャーナル, *4*, 40-44.

高野 文彦（1995）. 入れ替わり率, 全国データの分析　大学入試研究ジャーナル, *5*, 114-118.

東北大学（2007）. 平成20年度（2008年度）一般選抜学生募集要項

第2部　様々な選抜・評価場面にみる公平性・公正性

山村 滋（1996）．オーストラリア・クイーンズランド州における大学入学者選抜制度
　　──中等学校側の評価資料の利用システムに焦点を当てて── 大学入試センター
　　研究紀要，*25*，41-58.
吉澤 正・藤本 洋子（1975）．入試における選抜規準と合格者の変動 山梨大学工学部
　　研究報告，*26*，18-24.
吉澤 正・藤本 洋子（1976）．入学者選抜における選択科目の解析 山梨大学工学部研
　　究報告，*27*，108-115.

注

1 ）本研究におけるデータ解析は倉元が行った。
2 ）当時，平成18年度（2006年度）からは，全国大学入学者選抜研究連絡協議会となり，名実ともに国公私立大学の全てが含まれる組織となっている。
3 ）調整点は選択した科目単位ではなく，個別試験理科全体に与えられたものとして扱う。本研究では東北大学で実際に行われている得点調整の方法を明らかにすることはできないので，調整点については全て何らかの形で加工した値を用いて表示する。

大規模リスニングテストにおける
「妥当性」と「均一性」
―― IC プレーヤー試聴体験に参加した高校生の意見分析――

西郡　大・倉元　直樹

第1節　問題と目的

　毎年，50万人以上が受験する大学入試センター試験（平成19年度：2007年度）の受験者は約51万人）であるが，中でも，最も多くの受験生が受験する科目が「英語」である。「英語」には，平成18年度（2006年度）より，リスニングテストが導入されており，英語受験者のほぼ全員が受験することから，受験者全員が一斉に実施するリスニングテストとしては，わが国において最大規模のものであると思われる。

　リスニングテストのセンター試験への導入について，文部科学省高等教育局学生課大学入試室（2003）によれば次のような経緯だったとされる。平成12年（2000年）の「大学入試の改善について」（大学審議会，2000）でリスニングテスト導入を図ることの必要性が提言され，文部科学省では，高等学校関係者及び大学関係者等で構成する「大学入学者選抜方法の改善に関する協議」（いわゆる「協議の場」）において検討が進められてきた。一方，平成15年（2003年）3月には，わが国の英語教育を抜本的に改善するために国として取り組むべき総合的かつ具体的な施策として，文部科学省が先導した「英語が使える日本人の育成のための行動計画」が取りまとめられ，平成18年度（2006年度）からのセンター試験でのリスニングテスト導入が施策の1つに盛り込まれた。そして，平成15年（2003年）6月に大学入試センターの「平成18年度からの大学入試センター試験の出題教科・科目について（最終まとめ）」（大学入試センター事業部，2003）において，平成18年度（2006年度）から教科「英語」でリスニングテストを実施することが明記された。そ

の後，大学入試センターや文部科学省の「協議の場」において最終的な検討を経たのち，平成15年（2003年）11月5日に公表された。

　ところで，センター試験にリスニングテストが導入される趣旨とは何なのであろうか。現行の高等学校学習指導要領における外国語の目標には，「外国語を通じて，言語や文化に対する理解を深め，積極的にコミュニケーションを図ろうとする態度の育成を図り，情報や相手の意向などを理解したり自分の考えなどを表現したりする実践的コミュニケーション能力を養う」とあり，「聞くこと」，「話すこと」，「読むこと」，「書くこと」の4領域を含むコミュニケーション能力が重要視されている[1]。こうした能力の1つである「聞くこと」の評価には，「"聞くこと"の達成度を実際に音声を使って評価するために，リスニングテストを実施することが望ましい」（大学入試センター，1994）とされる。さらに，リスニングテスト導入は，下級学校における英語の指導方法の改善，モティベーションや学習意欲に極めて大きな影響を与えるものと考えられており，特に，毎年約50万人以上の受験生が受験するセンター試験の位置づけと規模を考えれば，リスニングテスト導入によって得られる効果は相当に大きいものだと期待されているのである（文部科学省高等教育局学生課大学入試室，2003）。

　かくしてセンター試験にリスニングテストが導入されたわけであるが，導入過程おいて最も問題視されてきたことが試験の公平性に関する問題である。この問題は，「大学入試センター試験へのリスニングテストの導入が要望されながら，見送られてきたのは，すべての受験生に対して音が聞こえる環境等を絶対的に均一にすることが不可能と考えられてきた」という大学審議会（2000）の総括が最も端的に示している。つまり，50万人以上の受験生が全国一斉に，それも同一時間帯にリスニングテストを受験するためには，公平性の確保が非常に難しい問題として立ちはだかってきたのである。

　こうした公平性に関して，導入決定以前は，スピーカーを用いたリスニング方式を中心に何度か検討されてきた。例えば，昭和57年（1982年）に，大学入試センターの聴解試験プロジェクトチームが行った試験室内の音響条件を均等にするスピーカーの配置を検討したものや（聴解試験プロジェクトチーム，1985），同じく大学入試センターの研究開発部を中心とした研究グループの受験生の着席位置によるスピーカーからの音声の大きさの違いが解

答に及ぼす影響を定量的に評価したもの（石塚・小野・清水・諏訪部・白畑，1994）が挙げられる。両研究の結果とも，全受験生の試験環境を同条件に統一するのは難しいというものであった。しかしながら，リスニングテスト導入への志向はコミュニケーション能力重視が強まるとともに縮減することなく，むしろ期待されるものとなり，結果的に実現されるに至った。こうした議論からは，「聞く力」を測定するために「妥当」だと考えられるテスト実施，いわゆる「妥当性」[2]の問題と全受験生の試験実施環境が同一条件，公平でなければならないという「均一性」の問題という対立構造を見出すことができよう。

　リスニングテスト導入決定後，IC プレーヤーを用いた個別音源方式の試験実施を方針としたことで，リスニング試行テストやモニター試験等を通して実施方法の改善のための情報収集や IC プレーヤーの品質，信頼性向上のための試作機を用いた実地検証等が入念に行われ，公平性確保に向けた十分な検証がなされてきた（内田他，2004；内田他，2005；内田他，2006a；内田他，2006b；内田他，2007など）。その結果，過去 2 回のテストは，全体の規模から考えれば，極めて少数のトラブルに留まり，センター試験終了後，IC プレーヤーのトラブルによる「再開テスト」の人数やその試験実施条件における公平性に関して報道はされるものの，リスニングテストの存在自体を根本から揺るがすような大きな社会問題にはなっていないように思われる。これは，社会全体からみれば，コミュニケーション能力として必要な「聞く力」を評価するためのリスニングテストの必要性が，ある程度是認されているのではないかとみることができる。

　そこで本研究では，リスニングテスト導入 3 年目を迎える時期において，センター試験を受験すると考えられる高校生を対象に，センター試験で用いるものと同じ IC プレーヤーを用いて，大ホールにおいて一斉にリスニングテストの体験を行った。試聴体験実施後，自分が受験するであろう大学入試センターのような大規模かつ「ハイステークス」な試験でのリスニングテストに対する意識を調査した。特に，リスニングテストをめぐる「妥当性」と「均一性」という観点を中心に据え，どのような意識が潜在しているかを検討することが主な目的である。同時に，彼らがどのようなリスニングテストの実施様式を選好するのかについても検討した。

第2節　大学入試センター試験のリスニングテスト[3]

1．実施概要

　外国語「英語」の受験者は，従来の筆記試験とリスニングテストの両方を受験しなければならない。筆記試験終了後40分の休憩を挟み試験が開始される。試験時間は60分であり，IC プレーヤー等の配布や音声認識が行われた後，30分で音声問題を解答することになっている。IC プレーヤーの主な機能は，音量調整と再生のみである。巻き戻して問題を何度も聞き直すことはできない。

2．再開テスト[4]

　解答時間中に，IC プレーヤーの不具合があった場合や，問題冊子に印刷不鮮明，ページの乱丁・落丁があった場合，不慮の事故等により続行することが出来ない場合など，監督者の指示で試験が中断される。この場合，リスニングテスト終了後，別の IC プレーヤーにより当初解答していたものと同じ試験問題を使って，中断箇所以降のみについてテストが再開できる。不具合のあった IC プレーヤーは調査のため回収され，調査の結果，虚偽の申し出であることが判明した場合は不正行為として処罰される。実施された過去2年間の再開テスト受験者は，平成18年度（2006年度）が457名（全体の約0.09%），平成19年度（2007年度）が381名（全体の約0.07%）であった[5]。

第3節　方法

1．調査概要

　東北大学高等教育開発推進センターが，ある県立高校（東北地方）と協力して企画したシンポジウム（東北大学高等教育開発推進センター，2008）を利用して調査を実施した。同シンポジウムは，主に協力校の高校生，教師，保護者，一般者を対象として「テスト」について考えるものであり，筆者らを含め3人の講演者が，「センター試験リスニングテスト体験——テストの

理論と技術——」，「『公平な入試』は実現可能か？——社会心理学的アプローチ——」，「テストと進路選択——国家公務員採用試験におけるテスト——」というタイトルで30～40分程度講演した。同シンポジウムを利用したのは次の理由からである。まず，本企画が「テスト」を問題にしたものであること。そして，大学入試センターの協力を得て，本試験で用いるものと同じ IC プレーヤーを900個借りることができたこと。さらに，1つの会場において数百人規模で試聴体験が一斉にできるということである。

2．調査手続き

【対象者】シンポジウムの参加者全員である。その内訳は，1年生と2年生の生徒約630名。引率の教師10名弱。保護者・一般参加者30名程度である[6]。協力高校は，多くの生徒が大学受験をする東北地方における共学の進学校である。なお，生徒は「総合的な学習」の一環として参加しており，引率として各クラスの担任が同行している。保護者・一般参加者は，高校からの周知や東北大学高等教育開発推進センターのホームページなどから募って参加してきた希望者である。

【会場】同シンポジウムは，収容人数が最大で約1,500名の大ホールを利用した。本会場は3階席まであるが，その1階席（930席）のみを使用した。通常は，コンサートや講演などに利用されるホールである。

【質問紙の配布】生徒が着席するスペースは，予め指定されていたので，生徒たちが着席する前に，指定された座席に封筒を配布した。封筒には，プログラム，講演資料等，シンポジウムのアンケート，試聴用の IC プレーヤーに加え，質問紙を同封した。

　【質問紙の内容】質問紙の内容は，「Q1. 回答者のプロフィール（3項目）」，「Q2. 各種経験の有無（3項目）」，「Q3. 高校で学ぶ英語に対する認識（5項目）」，「Q4. リスニング試験一般に対する認識（7項目）」，「Q5. リスニング試験でのトラブルに対する認識（3項目）」，「Q6. 試聴体験を通じての感想（5項目）」，「Q7.『妥当性』と『均一性』について（強制選択法）」，「Q8. 自分が好むリスニング試験の実施様式（単一回答法）」，「Q9. リスニング試験に対する感想（自由記述法）」から構成される。Q3 ～ Q6 までの各項目は，「そう思わない（1点）」，「あまりそう思わない（2点）」，「どちらとも言え

ない（3点）」，「少しそう思う（4点）」，「そう思う（5点）」の5件法で求め，（　）内に示した得点を付与した。なお，Q3の最後の項目は，自由記述形式である。

【回答のタイミング】質問紙への回答の前提は，以下の2つの理由から最初の講演終了後である必要がある。まず，リスニングテスト体験後でなければならないこと。そして，「テストとは何か」ということに関連して，リスニングテストの妥当性ということを理解してもらうために，測定技術としての「テスト」という観点から，テストの「妥当性」や「信頼性」の概要について説明する必要があるためである。そこで，最初の講演者（この講演者は，教育測定，特に，テストの性質や仕組みにおける技術や理論，いわゆる「テスト理論」に関して専門的な知識を有する研究者である）に，テストの「妥当性」を中心に説明してもらった[7]。したがって，回答のタイミングに際しては，2人目の講演終了後の休憩時間，もしくは，シンポジウムの全プログラム終了後に質問紙へ回答するようにアナウンスした。なお，1人目の講演終了から休憩までの時間は約30分であり，休憩時間は20分間である。

【質問紙の回収】会場の出入り口付近に回収箱とスタッフを配備し，休憩時間以後からプログラム終了まで継続的に回収した。なお，シンポジウムに対するアンケートも同時に回収している。

3．分析方針

　分析で使用するデータは，生徒のみの回答とした。理由は，教師，保護者，一般参加者のサンプルサイズが小さいこと。そして，分析の対象として，実際にセンター試験を受験する生徒を想定することが妥当だと考えられるためである。分析の中心に据える柱は，「妥当性が高いテスト」，「均一性が高いテスト」どちらが公平・公正だと思うかという強制選択法（Q7）と，大規模リスニング試験に期待する実施様式に対する単一回答法（Q8）である。まず，生徒の性別，学年によってQ7，Q8に対する回答に違いが生じるかを検討した。次に，Q3～Q6の回答から特徴的な要因を抽出し，これらの要因とQ7，Q8との回答群，その他の属性も考慮に入れて探索的に比較検討した。なお，質問紙ではセンター試験を含む一般的な大規模リスニングテストを想定して「リスニング試験」という用語を用いたが，回答者はセン

ター試験のリスニングテストをイメージして回答していると考えられるために，本稿では，質問紙で表示したもの以外は，「リスニングテスト」と統一して表記した。

第4節　結果

1．回答者のプロフィール

　回収された質問紙は555件であった。その中から，無回答項目が多いもの，明らかに真面目に回答していないもの32件を除く523件を分析対象とした。属性の内訳は，生徒490名（1年生：258名〈男子：125名，女子：133名〉，2年生：227名〈男子：98名，女子：129名〉，無回答5名），教師8名（男性：6名，女性：2名），保護者・一般23名（男性：4名，女性：19名），無回答2名であった。

　センター試験を受験しようと考えている生徒は450名（91.8%），受験を考えていない生徒は8名（1.6%），無回答32名（6.6%）であった。

　生徒に限定した海外（英語圏）在住の経験者は6名（1.2%），学校以外の英会話教室や海外留学で英会話を学んだことある者は103名（21%），模擬試験などでICプレーヤーを用いたリスニングテストの経験者は27名（5.5%）であった。

2．Q7とQ8の集計とその関係

　Q7の質問内容は，「次の2つのうち，どちらが公平・公正なテストだと思いますか。1つだけ数字に○をつけてください」というものであり，各項目に対する回答者は「Ⅰ．試験内容の妥当性は高いが，受験生全員の試験実施条件を完全に均一にするのが難しいテスト」が299名（61%），「Ⅱ．試験の実施条件は完全に均一性を確保できるが，試験の内容的な妥当性が低いと思われるテスト」が184名（37.6%），無回答が7名（1.4%）であった。

　Q8の質問内容は，「受験者にとって重要であるセンター試験のような大人数が受験するリスニング試験の実施様式の中で，次のうちから最も適当だと思うもの1つに○をつけてください」というものであり，各項目に対する

回答者は，「Ⅰ.個別音源方式（ICプレーヤー）による試験」が239名（48.8%），「Ⅱ.教室のスピーカーによる一斉放送試験」が131名（26.7%），「Ⅲ.筆記によるアクセント・発音の問題による代用」が55名（11.2%），「Ⅳ.リスニングに関する試験は必要ない」が62名（12.7%），無回答が3名（0.6%）であった。

　まず，Q7，Q8に対する回答が「性別」と「学年」によって影響を受けるかついて，西郡・木村・倉元（2007）に倣って対数線形モデルを用いて検討した結果，特徴的な影響は見出されなかった。したがって，Q7とQ8のクロス表に関する分析は，「性別」，「学年」に分けることなく「生徒」という1つのカテゴリーで分析を行うことにする。

　次に，西郡・木村・倉元（2007）に倣いQ7とQ8の関係を検討した。全体の傾向を見るために，カイ2乗検定により各変数間の連関をみたところ，5%水準で有意差が確認された。また，Q7とQ8の各項目間の関係をみるために残差分析を行い，「調整された残差（adjusted residual）」を算出した（表8-1）。「調整された残差」には標準正規分布が仮定されており，±1.96以上の値を示せば，5%水準で有意差があるとされる（有意であるものは，表8-1の「調整された残差」の値をボールドで示した）。その結果，「Q8_Ⅰ.個別音源方式（ICプレーヤー）による試験」と「Q8_Ⅲ.筆記によるアクセント・発音の問題による代用」において，Q7_Ⅰ，Q7_Ⅱの選択者群に有意差がみられた。なお，Q7_ⅠとQ7_Ⅱのオッズ（Q7_ⅠとQ7_Ⅱ

表8-1.　Q7とQ8の関係

様式	Q7_Ⅰ	Q7_Ⅱ	オッズ	合計
Q8_Ⅰ	159 (**2.0**)	80 (**-2.0**)	1.98	239
Q8_Ⅱ	72 (-1.6)	56 (1.6)	1.29	128
Q8_Ⅲ	26 (**-2.2**)	28 (**2.2**)	0.93	54
Q8_Ⅳ	42 (1.2)	19 (-1.2)	2.21	61
合計	299	183	1.63	482

（　）内は，「調整された残差」

の件数の比）からは，Q8 のほとんどの選択項目において，Q7 ＿ I の回答数が全体的に多いことが示されている。

3．試聴体験後のリスニングテストに対する認識の因子構造

　各変数の構造を明らかにするために，Q3 ～ Q6 の項目について因子分析を行った。これらの項目分析の結果は，全項目間において $r=.70$ 以上の相関が認められず，度数分布の確認においては Q5 - 2 のみに偏りがみられた。そのため Q5 - 2 を除いた19項目による探索的因子分析を行った。その結果，スクリープロットより 3 因子に固定し，算出された因子負荷量の.30未満の項目を除いて再度，因子分析（主因子法・バリマックス回転）を行った（表 8 - 2 ）。

　第 I 因子は，「『英語』は好きだ」，「英語教育は，『聞く』，『話す』などのコミュニケーションを重視したものがよい」などの 6 項目が高い負荷量を示した。「英語」や「コミュニケーション」を積極的に受け入れているものであると考えられるため「英語・コミュニケーション積極的受容」と命名した。

　第 II 因子は，「操作に気をとられて，試験に集中できないかもしれない」，「周囲の雑音が気になって，試験に集中できないかもしれない」などの 6 項目が高い負荷量を示した。IC プレーヤーの操作や試験の実施条件に対する不安を表したものであると考えられるため「操作・条件に対する不安」と命名した。

　第 III 因子は，「『聞く力』を身につける上で，リスニング試験の勉強は役に立つと思う」，「リスニング試験は，『聞く力』を測定するために妥当な試験だと思う」など 3 項目が高い負荷量を示していた。リスニングテストに対して肯定的に捉えていることから「リスニングテストへの肯定的信念」と命名した。

　なお，Cronbach の α 係数は各因子とも.65程度であり，ある程度の内的一貫性は保たれていると考えられる。

4．各因子の尺度得点からみる性別，学年による差

　因子分析で抽出された 3 種類の尺度得点の平均得点を，性別と学年を要因とする二元配置の分散分析を行った。その結果，「操作・条件に対する不安」

表 8 - 2 ． Q3 〜Q6 の因子分析から得られた因子パターン（バリマックス回転後）

	Ⅰ	Ⅱ	Ⅲ	共通性
Ⅰ．英語・コミュニケーション積極的受容 （a = .68)				
Q3 - 2 ．「英語」は好きだ	**.71**	.02	.12	.51
Q3 - 3 ．英語教育は，「聞く」「話す」などのコミュニケーションを重視したものがよい	**.59**	.03	.10	.36
Q3 - 1 ．「英語」は得意だ	**.55**	.00	-.02	.30
Q3 - 4 ．入試での英語もコミュニケーションを重視した試験がよい	**.47**	.00	-.00	.22
Q4 - 6 ．リスニング試験がなければ，リスニングの勉強に興味が無い	**-.44**	.08	-.10	.21
Q4 - 7 ．リスニング試験は，自分にとって有利だと思う	**.33**	-.06	.13	.13
Ⅱ．操作・条件に対する不安 （a = .65)				
Q6 - 3 ．操作に気をとられて，試験に集中できないかもしれない	.06	**.77**	.02	.60
Q6 - 1 ．一度も操作の練習をせずに，本試験を受けるのは不利だ	-.00	**.53**	.03	.28
Q6 - 2 ．操作においては，何も問題なく上手に使いこなせる自信がある	-.06	**-.53**	-.02	.28
Q6 - 4 ．周囲の雑音が気になって，試験に集中できないかもしれない	-.04	**.50**	-.08	.26
Q6 - 5 ．周囲の受験者もほとんど自分と同じように聞こえていると思う	.08	**-.42**	.16	.21
Q5 - 3 ．故障した IC プレーヤーに当たり，再開テストを行ったとしても不利に感じる	-.06	**.30**	-.07	.10
Ⅲ．リスニングテストへの肯定的信念 （a = .68)				
Q4 - 2 ．「聞く力」を身につける上で，リスニング試験の勉強は役に立つと思う	.06	-.05	**.78**	.62
Q4 - 1 ．リスニング試験は，「聞く力」を測定するために妥当な試験だと思う	.09	-.10	**.73**	.55
Q4 - 4 ．日ごろの努力次第で，リスニング試験の得点は上がると思う	.21	-.06	**.47**	.27
因子寄与	2.1	1.7	1.1	

のみ，性別のみに主効果がみられ（$F_{(1,448)} = 10.73, p < .01$），女子の得点が高いことが示された（表8-3）。

5．公平・公正なテストとしての「妥当性」，「均一性」からみる各尺度得点の比較（Q7の分析）

　まず，Q7＿ⅠとQ7＿Ⅱの選択者群に分け，各因子における尺度得点の平均点の差について t 検定を行ったところ，有意差はみられなかった（表8-4）。また，判別分析を用いてQ7に対する回答を予測することで各因子の影響力の有無を調べてみたが，固有値が低く線形判別関数によってうまく判別されていないために十分に予測できないものであった。そのため，各因子の尺度得点とQ7の回答群間に有意な関係はないと考えられる。

　次に，Q7の回答群と「Q2-2. 学校以外の英会話教室や海外留学などで英

表8-3．性別，学年による各因子の平均得点の比較

	男子（n=210）		女子（n=242）		主効果		交互作用
	1年 （n=120）	2年 （n=90）	1年 （n=123）	2年 （n=119）	性別	学年	
	M (SD)	M (SD)	M (SD)	M (SD)	F 値	F 値	F 値
英語・コミュニケーション積極的受容	2.79 (.70)	2.82 (.69)	2.93 (.65)	2.82 (.71)	1.02	0.40	1.31
操作・条件に対する不安	2.82 (.74)	2.73 (.82)	2.96 (.64)	3.04 (.74)	10.73**	0.01	1.54
リスニングテストへの肯定的信念	3.51 (.86)	3.58 (.93)	3.72 (.81)	3.61 (.86)	2.20	0.04	1.27

$** p < .01$

表8-4．Q7の回答群による各因子の平均得点の比較

	Q7-Ⅰ （n=278）		Q7-Ⅱ （n=174）		t 値
	M	SD	M	SD	
英語・コミュニケーション積極的受容	2.89	.70	2.77	.68	1.84
操作・条件に対する不安	2.87	.76	2.93	.71	.83
リスニングテストへの肯定的信念	3.59	.88	3.64	.83	.61

第2部　様々な選抜・評価場面にみる公平性・公正性

表 8 - 5．Q7 と海外英会話経験による各因子の平均得点の比較

	Q7_I ($n=276$)		Q7_II ($n=172$)		主効果		交互作用
	有り ($n=57$)	無し ($n=219$)	有り ($n=36$)	無し ($n=136$)	Q7	海外英会話経験	
	M (SD)	M (SD)	M (SD)	M (SD)	F値	F値	F値
英語・コミュニケーション積極的受容	3.25 (.74)	2.80 (.66)	2.97 (.74)	2.71 (.65)	5.19*	18.8***	1.44
操作・条件に対する不安	2.85 (.79)	2.88 (.75)	3.17 (.72)	2.87 (.70)	3.18	2.34	3.63
リスニングテストへの肯定的信念	3.84 (1.0)	3.52 (.83)	3.56 (.89)	3.65 (.81)	.540	1.37	3.90*

*$p<.05$ ***$p<.001$

会話を勉強したことがある」という海外留学や英会話の経験（以降，「海外英会話経験」と表記）を要因とする二元配置の分散分析を行った（表 8 - 5）。その結果，「英語・コミュニケーション積極的受容」において，Q7 と海外英会話経験に有意な主効果がみられた（$F(1,444)=5.19$, $p<.05$：$F(1,444)=18.8$, $p<.001$）。また，「リスニングテストのへの肯定信念」では，交互作用（$F(1,444)=3.90$, $p<.05$）が確認され，海外留学・英会話の経験者，かつ，妥当なテストを公平・公正だと考える者は，リスニングテストに対して強い肯定観を抱いている傾向が示された。

6．リスニングテスト実施様式選好別にみる各尺度得点の比較（Q8 の分析）

　センター試験のように重要で大規模なリスニングテストにおいて，受験者はどのような実施様式を期待するのかについて，Q8 を要因として 4 水準（I～IVの選択群）一元配置の分散分析を行った（表 8 - 6）。有意な主効果が確認された場合には Tukey 法にて多重比較を行い，2 群間に有意差（5 ％水準）がみられたものは不等号（<），有意差がみられなかったものは（＝）を用いて表記した。

　その結果，3 因子とも主効果（$F(3,451)=5.29$, $p<.01$：$F(3,451)=6.04$, $p<.001$：$F(3,451)=15.06$, $p<.001$）が確認された。多重比較の結果，「英語・

表 8 – 6．期待する実施様式別の各因子の平均得点の比較

	Q8					多重比較 (Tukey 法)
	I ($n=226$)	II ($n=119$)	III ($n=52$)	IV ($n=58$)	主効果	
	M (SD)	M (SD)	M (SD)	M (SD)	F 値	
英語・コミュニケー ション積極的受容	2.94 (.69)	2.86 (.66)	2.66 (.58)	2.59 (.77)	5.29**	I＞III， I＞IV
操作・条件に対する 不安	2.75 (.69)	3.02 (.78)	3.04 (.73)	3.08 (.76)	6.04***	I＜II＝III＝IV
リスニングテストへ の肯定的信念	3.83 (.78)	3.54 (.82)	3.40 (.80)	3.06 (.99)	15.06***	I＞II＝III＝IV， II＞IV

$**p<.01$ $***p<.001$
多重比較の有意水準は 5 ％

コミュニケーション積極的受容」において，「I. 個別音源方式（IC プレーヤー）による試験」が「III. 筆記によるアクセント・発音の問題による代用」と「IV. リスニングに関する試験は必要ない」に比べて有意に高いことが示された。また，「操作・条件に対する不安」では，「I. 個別音源方式（IC プレーヤー）による試験」がその他の実施様式より有意に低かった。さらに，「リスニングテストへの肯定信念」では，「I. 個別音源方式（IC プレーヤー）による試験」がその他の実施様式より有意に高く，かつ，「II. 教室のスピーカーによる一斉放送試験」が「IV. リスニングに関する試験は必要ない」よりも有意に高いことが示された。なお，多重比較においては，群ごとのサンプルサイズが異なるために調和平均が用いられている。

　また，Q7 を要因に含めた二元配置の分散分析を行ったところ，同じく，Q8 において主効果（$F(3,443) = 5.05$, $p<.01$：$F(3,443) = 6.89$, $p<.001$：$F(3,443) = 12.19$, $p<.001$）が確認され，多重比較の結果も上記の傾向と全く同じであった。

　次に，Q8 の回答群と海外英会話経験を要因とする二元配置の分散分析を行った（表 8 – 7）。その結果，3 因子すべてにおいて Q8 に主効果がみられた（$F(3,443) = 5.15$, $p<.01$：$F(3,443) = 4.83$, $p<.05$：$F(3,43) = 15.73$, $p<.001$）。「英語・コミュニケーション積極的受容」では，海外英会話経験における主効果（$F(1,443) = 4.87$, $p<.05$），さらに交互作用も示された（$F(3,443) = 2.85$,

表8-7．　Q8と海外英会話経験による各因子の平均得点の比較

	Q8-I (n=226)		Q8-II (n=117)		Q8-III (n=51)		Q8-IV (n=57)		主効果		
	有り (n=55)	無し (n=171)	有り (n=24)	無し (n=93)	有り (n=8)	無し (n=43)	有り (n=6)	無し (n=51)	Q8	海外英会話経験	交互作用
	M (SD)	M (SD)	M (SD)	M (SD)	M (SD)	M (SD)	M (SD)	M (SD)	F値	F値	F値
英語・コミュニケーション積極的受容	3.26 (.75)	2.83 (.64)	3.13 (.71)	2.79 (.64)	2.35 (.57)	2.71 (.57)	3.06 (.70)	2.53 (.77)	5.15**	4.87*	2.85*
操作・条件に対する不安	2.86 (.71)	2.72 (.68)	3.08 (.84)	2.99 (.77)	3.00 (.88)	3.07 (.71)	3.61 (.91)	3.03 (.74)	4.83**	2.57	.86
リスニングテストへの肯定的信念	4.04 (.74)	3.76 (.79)	3.53 (1.04)	3.53 (.75)	3.29 (1.00)	3.40 (.77)	2.39 (1.14)	3.10 (.93)	15.73***	1.10	2.71*

*$p<.05$ **$p<.01$ ***$p<.001$

$p<.05$）。一方，「リスニングテストへの肯定的信念」においても交互作用が確認された（$F(3,443)=2.71, p<.05$）。なお，Q8の多重比較は，表8-6と同じ結果が示された。

◆◇◆
第5節　考察

　Q7とQ8の分析結果より，妥当性が高いテストを公平・公正だと考える者の方が，現在のセンター試験におけるリスニングテストの実施形態を支持する傾向があるものの，均一性が高いテストを公平・公正だと捉える者にも，「個別音源本式（ICプレーヤー）」を期待する者が決して少なくない。つまり，「ICプレーヤーを使った試験は，席によってムラがないからいいと思う」という回答者の意見が示すように，スピーカーによる音の聞こえ方の不均一性を解消するために導入された個別音源方式の狙いが反映された結果だと言える。

　一方，均一性が高いテストを公平・公正だと捉える者には，「Q8-II. 教室のスピーカーによる一斉放送試験」を実施様式として期待する者が相対的

に多い。スピーカーによるリスニングテストの不均一性を解消するために個別音源方式が導入されたという経緯を考えれば，こうした傾向は矛盾しているように思える。この矛盾を解釈するための主要な要因として考えられるのが，因子の1つとして抽出された「操作・条件に対する不安」である。具体的には，「1人1つだと自分1人のような気がして緊張してしまうけど，教室のスピーカーなら皆同じものを聞いていると思えるし，いつも通りに出来ると思う」という自分が耳にする音源だけは間違いなく同室で受験する他の受験生と同じであるという安心感や安定感を志向する意見や「普段の学校で行う試験では，教室のスピーカーによる一斉放送なので，ICプレーヤーは精神的に不安が伴う気がします」という普段の試験形態からの乖離に不安を感じている意見がみられる。

　こうしたリスニングテストに対する不安に関する意見は，「テスト不安」からの解釈が可能であろう。Mandler & Sarason（1952）によると「テスト不安」とは，「テストでよい成績を取るのに必要な反応を妨害する不適切な反応」とされる（藤井，1995）。つまり，リスニングテストというこれまでは一般的でなかった試験の導入に伴い試験で使用する機器や条件に対してストレスを感じ，本来の能力を万全に発揮できないことへの不安だと解釈できる。特に，テスト不安には性差がみられ，女性においてテスト不安が一般的に高いことが古くから知られている（松田他，1986；Sarason, 1963など）。本研究の「操作・条件に対する不安」の尺度得点を性別に比較した結果からも女子の平均点が有意に高いことが示されている。Spielberger（1996）によれば，「テスト不安」には，不安検査で測定されるような個人の心理特性である「特性不安（trait anxiety）」と場面に応じて常に変化する「状態不安（state anxiety）」があるとされるが（藤井，1995），機器故障や操作条件などが関わるICプレーヤーを用いたリスニングテストに対する不安は，後者の不安に位置づけられるだろう。Q7_Ⅰの選択者にQ8_Ⅱを選択する者が少なくないことを鑑みても，リスニングテスト場面に関わる「テスト不安」は無視できない問題だと考えられる。とすれば，今後，ICプレーヤーによる個別音源方式の実施を安定化させていくためには，機器の品質，実施・運用面はもちろんのこと，高校生の日常の試験環境などとの比較から生じる受験生が抱くであろう「状態不安」に配慮した工夫も必要になるかと思われる。

　次に，因子分析によって抽出された3因子の尺度得点をQ7とQ8の回答群別にみた比較について考察をする。分析当初，妥当なテストを公平・公正だと考えるQ7＿Ⅰの選択群では，「Q4-1. リスニング試験は，『聞く力』を測定するために妥当な試験だと思う」という項目を含む「リスニングテストへの肯定的信念」の平均点が相対的に高くなると予想していたが，それに反して，両群間の平均点に有意差は無かった（表8-4）。むしろ，Q7＿Ⅱ群における平均点の方が有意差こそ示されないが幾分か高い値であった。そのため，平均値を見る限り，両群ともそれなりにリスニングテストに対して肯定的に捉えているとみることができる。おそらく，リスニングテスト自体には肯定的な認識を持つものの，センター試験のような「ハイステークス」な試験においては，妥当性は高いけれども均一性の確保が難しい試験よりも，安定かつ均一性が十分に高い試験を望む動機が作用したことが考えられる。

　大規模リスニングテストで期待する実施様式別（Q8）にみると，3因子全ての平均得点に主効果がみられた。まず，「英語・コミュニケーション積極的受容」では，「Ⅰ. 個別音源方式（ICプレーヤー）による試験」が「Ⅲ. 筆記によるアクセント・発音の問題による代用」と「Ⅳ. リスニングに関する試験は必要ない」と比較して平均点が高く，「Ⅱ. 教室のスピーカーによる一斉放送試験」とほぼ同得点であることから，リスニングテスト実施自体に肯定的な反応を示している。同様の傾向は，「リスニングテストへの肯定的信念」にも見られ，「Ⅰ. 個別音源方式（ICプレーヤー）による試験」，「Ⅱ. 教室のスピーカーによる一斉放送試験」を期待する者にリスニングテストへの強い肯定観がみられた。

　一方，「操作・条件に対する不安」では，「Ⅰ. 個別音源方式（ICプレーヤー）による試験」が他の3つの実施様式よりも平均点が低い。つまり，ICプレーヤーの選択者には操作・条件に対する不安が少なく，他の実施様式を選択した者は，ICプレーヤー特有の操作や機器故障に対して不信を抱いているために操作・条件に対する不安が高いことを示している。

　最後に，海外英会話経験の影響を考察する。Q7とQ8の各回答群と海外英会話経験の二元配置の分散分析を行った結果，「英語・コミュニケーション積極的受容」のみ，海外英会話経験要因に主効果がみられたことから，海外留学・英会話の未経験者よりも経験者の方が，英語教育や英語でのコミュ

ニケーションを積極的に受容している傾向が示された。これは英会話への距離が近かった分，親近感が生じるために示された傾向であろう。また，同分析では，Q7にも主効果が確認された。しかし，Q7＿ⅠとQ7＿Ⅱの選択群に分けてのt検定，Q8との二元配置による分散分析において有意差が確認されていないことから，本主効果に関してはデータの微妙なブレによって生じた可能性が否定できない。一方，「リスニングテストへの肯定的信念」では，海外英会話経験要因とQ7で交互作用が示された。この背景には，自分の経験を活かすためにリスニングテストを活用したいという動機[8]やコミュニケーション能力の1つとして「聞く力」は重要であることを経験的に知るが故に，妥当性の高いテストを公平・公正であると考え，さらにリスニングテストに対して肯定的な態度を示していることが考えられる。

◆◇◆

第6節　結語

　今後，リスニングテストが今以上に受容されていくためには何が必要であろうか。リスニングテストが「聞く力」を測定するために実施されたと考えるならば，「リスニングテスト＝『聞く力』の測定＋a」という図式が成り立つと考えてもよいだろう。

　例えば，妥当性の高いテストを公平・公正だと考える者は，測りたい能力を測定する妥当性の高いテストとしてリスニングテストを考える故に，当該テストへの肯定観が強いかと思われたものの，妥当性の高いテストと均一性の高いテストのどちらが公平・公正なテストだと思うかということについて強制選択法（Q7）で選ばせた結果には，その傾向は確認されなかった。むしろ，均一性の高いテストを公平・公正だと考える者と比較して大きな違いは見られず，両者ともそれなりにリスニングテストを肯定的に捉えていることが示された。これは，多くの回答者にとってリスニングテストが妥当で重要なテストであると考えられつつも，何が公平・公正であるかという判断の局面に立たされたとき，各人の公平・公正観が異なっているために生じた結果だといえる。特に，自分の利害が直接的に絡む「ハイステークス」な試験では，他者との条件面での相違が自分に不利に作用することを嫌うがために，

第2部　様々な選抜・評価場面にみる公平性・公正性

個人の公平・公正認識は非常に多元的になることが予想される。加えて，リスニングテストに特徴的なものかもしれないが，「操作・条件に対する不安」のような「テスト不安」が，こうした認識を助長していることも否めないだろう。

　つまり，先に示した図式のように，「リスニングテスト」とは，「『聞く力』の測定」というリスニングテストの「妥当性」の部分以外に「操作や条件に対する不安」や「各人が持つ公平・公正観」のような葛藤を示す「a」という諸問題が不可避的に生じるのである。

　当然，a 部分が小さく，「妥当性」の部分が多くを占めていれば妥当性が高い公正な試験であると認識されるだろうが，反対に，a の部分が大部分を占めるようになれば，リスニングテストは妥当性が低いテストということになり，不公正なテストとして当事者にみなされかねない（Shuler, 1993）。となれば，a 部分は出来る限り最小化される必要がある[9]。

　その具体的な方策の１つに，「操作・条件に対する不安」を解消するための，IC プレーヤーの操作練習や個別音源方式での模擬試験等の徹底が挙げられる。これは，「操作・条件に対する不安」因子に含まれる「Q6 -1. 一度の操作の練習をせずに，本試験を受けるのは不利だ」という項目の尺度得点が最も高いことからも有効な方策だと思われ，受験生の「テスト不安」の解消，操作や条件面での混乱を最小限に留められることが期待される。ひいては，当事者たちの公平・公正認識にも影響することで a 部分の総和を小さくすることができるだろう。

　しかしながら，同時に留意すべき点も見えてくる。例えば，IC プレーヤーに１つでも故障があれば，全員が試験をやり直すというような極端に「均一性」を重視した公平性の確保は，テスト実施のコスト増や効率性の低下に繋がりかねない。また，リスニングテスト対策に向けた過度な操作トレーニングや得点獲得のためのリスニングテクニックの習得といった短絡的な方向へ舵が切られるのであれば，コミュニケーション能力としての「聞く力」を評価することを念頭においたリスニングテストに対するパラドックスに陥りかねない。類似した構図が，高校までの学習到達度を測る大学入試への過度の受験対策が，「受験テクニック」などと批判されてきたことに見られるだろう。さらに穿った見方をすれば，「英語教育」に IC プレーヤー操

作の習熟が必要であるのかという本質的な問題すら生じてしまう。

　今後，高等教育のユニバーサル化に従い，規模の大小にかかわらず，さらなる多様化が入試において促進されることは否定できない。となれば，リスニングテストに限らず，新たなテストを模索するとなったとき，同じような構図の問題が生じることが予想されるだろう。また，ある局面では，現状からは想像し難い「新たなテスト不安」が喚起されるかもしれない。今後の入試策定において，「新たなテスト」の模索が必要となるとき，本研究で得られた知見が活用されることを期待したい。

文　献

聴解試験プロジェクトチーム（1985）．共通1次学力試験外国語の聴解試験についての調査研究報告書　大学入試センター

大学入試センター（1994）．平成9年度からの大学入試センター試験の出題教科・科目等について（中間まとめ）　大学入試フォーラム，*17*，125-132.

大学入試センター（2007）．平成19年度大学入試センター試験英語リスニングテストにおける不具合等の申し出があった機器の検証結果等について　大学入試フォーラム，*30*，66-67.

大学入試センター事業部（2003）．平成18年度からの大学入試センター試験の出題教科・科目等について　大学入試フォーラム，*26*，5-12.

大学審議会（2000）．大学入試の改善について（答申）

藤井義久（1995）．テスト不安研究の動向と課題　教育心理学研究，*43*（4），455-463.

石塚 智一・小野 博・清水 留三郎・諏訪部 真・白畑 知彦（1994）．英語リスニングテストに関する実証的研究　大学入試センター研究紀要，*23*，1-36.

Mandler, G., & Sarason, S. B.（1952）. A study of anxiety and learning. *Journal of Abnormal and Social Psychology, 47*, 166-173.

松田 伯彦・松田 文子（1968）．児童の記銘学習におよぼす動機づけとテスト不安の効果　教育心理学研究，*16*（2），111-115.

文部科学省高等教育局学生課大学入試室（2003）.「英語」リスニングテストの導入について　大学入試フォーラム，*26*，24-29.

日本テスト学会（編）（2007）．テスト・スタンダード——日本のテストの将来に向けて——　金子書房

西郡 大・木村 拓也・倉元 直樹（2007）．東北大学のAO入試はどう見られているのか？——2000～2006年度学部新入学者アンケート調査を基に——　東北大学高等教育開発推進センター紀要，*2*，23-36.

西郡 大・倉元 直樹（2007）．日本の大学入試をめぐる社会心理学的公正研究の試み——「AO入試」に関する分析——　日本テスト学会誌，*3*，147-160.［本書第3章に再録］

Sarason, I. G.（1963）. Test anxiety and intellectual performance. *Journal of Abnormal and Social*

Psychology, 66, 73-75.

Shuler, H.（1993）. Is there a dilemma between validity and acceptance in the employment interview? In B. N. Nevo & R. S. Jager （Eds.）, *Educational and psychological testing: the test takers outlook*（pp.239-250）. Toront, Canada: Hogrefe and Huber.

Spielberger, C. D.（1966）. Theory and research on anxiety. In C. D. Spielberger （Ed.）, *Anxiety and Behavior*（pp.3-20）. New York: Academic Press.

東北大学高等教育開発推進センター（2008）. テストって何だろう　東北大学高等教育開発推進センターアウトリーチプログラム（1）

内田　照久・中畝　菜穂子・石塚　智一（2004）. 大学入試センター試験の英語問題で測られる学力とリスニング・テストで測定される言語運用能力の能力推定値を介した関係性の検討──試験問題の事後標準化とリスニング・テストでの問題提示順序の影響の検討と共に──　大学入試センター紀要, *33*, 29-63.

内田　照久・中畝　菜穂子・荘島　宏二郎.（2005）. 英語リスニング・テスト実施時に各種騒音が与える影響　日本テスト学会誌, *1*, 117-127.

内田　照久・大津　起夫・石塚　智一（2006a）. 英語リスニング・試行テストの実施経過と受聴機器選定のためのアンケート調査結果　大学入試センター研究紀要, *35*, 1-18.

内田　照久・大津　起夫・椎名　久美子・林　篤裕・伊藤　圭・荘島　宏二郎・杉澤　武俊（2006b）. 個別音源方式による英語リスニングテストの予行実施調査　日本テスト学会誌, *2*, 41-47.

内田　照久・杉澤　武俊・椎名　久美子・大津　起夫・荘島　宏二郎・林　篤裕・伊藤　圭（2007）. リスニング・モニター試験と改良版 IC プレーヤー試作機の実地検証調査　大学入試センター研究紀要, *36*, 1-29.

注

1）旧学習指導要領ともコミュニケーションを重視するという点においては大きな差異はない。

2）本稿で用いている「妥当性」とは，テスト理論（Test Theory）で用いられている学術用語であり，「本来求めている測定対象となる構成概念を，その測定を意図して行われたテスト得点が，実際に表現していることを支持する度合い」（日本テスト学会（編），2007）と定義される。

3）『平成20年度大学入試センター 試験受験案内⑳』を参照。

4）初年度の平成18年度（2006年度）試験では「再テスト」と呼ばれていたが，平成19年度（2007年度）より「再開テスト」と呼ばれるようになった。

5）朝日新聞（2006年1月26日付朝刊），朝日新聞（2007年1月21日付朝刊）を参照。また，平成19年度（2007年度）試験で，不具合の申し出のあった機器を検証した大学入試センターの報告によると，不具合の主な原因は，「再生ボタンの長押し失敗」と「受験生が不具合と受け止めたと考えられるもの」であり，全体の9割を占めているとされる（大学入試センター，2007）。

6）シンポジウム参加者全体の正確な人数は把握していないため，配布した資料等よ

り概算した参加者人数である。

7）詳細は，東北大学高等教育開発推進センター（2008）を参照。

8）大学入試の文脈におけるこうした動機について，西郡 大・倉元 直樹（2007）の「利己心モデル」で解釈できる。

9）古典的テスト理論からみればαは「誤差」といえる。

付　記

　本研究は，東北大学高等教育開発推進センター平成19年度高等教育の開発推進に関する調査・研究経費（センター長裁量経費）である「大学入試学（admission studies）構築のための基礎研究——人材育成の観点から——（研究代表者：倉元 直樹）」の成果の一部である。

第**3**部

公平・公正な入試の
実現にむけて

第 **9** 章

公平・公正な入試の実現と個別選抜の在り方

西郡　大

第 1 節　はじめに

　平成26年（2014年）の中央教育審議会答申を受けて進められてきた大学入試改革は，紆余曲折を経て令和 3 年度（2021年度）入試を目前に，英語民間試験の活用や共通テストへの記述式導入が立て続けに見送られ，さらに「主体性を持って多様な人々と協働して学ぶ態度」を評価する仕組みとして構築されてきた「JAPAN e-Portfolio」の運営団体の認可も取り消された。

　3 本柱とされてきた入試改革の目玉が頓挫した要因の 1 つに，公平性・公正性に関する議論の影響が挙げられるだろう。高大接続改革の行く末は，令和元年（2019年）末に設置された「大学入試のあり方に関する検討会議」に委ねられ，令和 2 年（2020年）12月末までに20回の会議が開催された。同会議では大局的な視点からあるべき大学入試の姿が議論され，今後の方向性が示されるはずである。

　また，高大接続改革で推進されてきた個別選抜の多面的・総合的評価についても令和 2 年（2020年） 3 月に設置された「大学入学者選抜における多面的な評価の在り方に関する協力者会議」で議論されており，多面的評価の公平性・公正性を論点とすることも多くなっている（令和 2 年（2020年）12月末までに 9 回の会議を実施）。

　つまり，これらの検討組織において高大接続改革の在り方が改めて問い直される中で，公平性・公正性に関する議論も展開されているといえる。本章では，公平・公正な入試制度の実現に向けてどのようなことを考えていくべきかに注目して，各大学の個別選抜の在り方について第 1 部，第 2 部を踏まえながら，その方向性を論じることにする。

第2節　公正確保のための共通ルール

　まず大学入試の公正確保の指針を定めた「大学入学者選抜の公正確保等に向けた方策について」（大学入学者選抜の公正確保等に関する有識者会議, 2019）を改めて確認したい。本報告書は, 平成30年（2018年）の医学部不正入試をきっかけに全ての学部学科等の入学者選抜における公正性を確保するための共通ルールを示したものである。入学者選抜の実施方法に係る現状の整理から始まり, 公正確保等に向けた方策などがまとめられている。

　中でも「大学入学者選抜のプロセス全体を通じた公正確保」として挙げられた4点は重要だろう（図9-1）。同報告書の内容を踏まえ, ①から④のそれぞれについて, そのポイントを整理したい。

　①は「合理的で妥当な入学者選抜」とは何かについて議論することの重要性を示している。合理性とは, なぜ入試を実施することが必要なのかを明確にすることであり, 妥当性とは, その合理性に基づき妥当な制度や方法を採用することである。では, 具体的に何に該当するのかといえば, アドミッション・ポリシー（以下,「AP」）の策定といえるだろう。①を満たすためには, ディプロマ・ポリシー, カリキュラム・ポリシーと一貫したAPを検討することが必要であり, 報告書でも学生募集段階における公正確保としてAP策定の重要性が説明されている。

　なお, APは合理的な根拠に基づき策定しなければならない。もちろん, すでに社会的に受け入れられている一般的な入試区分であれば, 多くの説明を要せずとも相応の理解が得られるはずである。しかし, より丁寧な説明が必要な事例もある。例えば,「一部の私立大学では, 建学の精神等から同窓生子女について特別枠を設定している例が見られる。このような例は他国で

---

① 　合理的で妥当な入学者選抜の実施方針・方法等を具体的に定めること
② 　①を社会に公表し, 周知すること
③ 　①を遵守して, 入学者選抜を実施すること
④ 　入学者選抜の実施結果の妥当性を説明できること

図9-1.　大学入試が公正なものとして広く社会から理解を得られるために必要な事項

も見られるものであるが，わが国では様々な意見があることも踏まえれば，募集要項等で明示するとともに，入学志願者や保護者，高等学校関係者等をはじめ広く社会からの理解が得られるよう，特別枠の必要性や募集人数，選抜方法の妥当性等について，より丁寧に説明することが必要」というものである。一方，合理的な説明ができないと考えられる事例には，「性別については，建学の精神や設立の経緯等から女性のみを募集又は男女別に募集している等の例を除き，性別を理由として一律に取扱いの差異を設けることについて広く社会の理解が得られるような合理的な説明はできない」が挙げられた。

　こうした考え方を踏まえ，「令和2年度大学入学者選抜実施要項」（文部科学省，2019）より，「合理的理由がある場合を除き，性別，年齢，現役・既卒の別，出身地域，居住地域等の属性を理由として一律に取扱いの差異を設けること」が公正性を欠く不適切な合否判定と明記された。

　②は，社会に向けた①の公表である。つまり，募集要項等に選抜方法や合否判定に関する基準等を明示して周知するということである。募集要項等に記載していないルールを事後的に（あるいは秘密裏に）適用することは，手続きの「一貫性（consistency）」（Leventhal, 1980）が担保されていない状況であり，受験当事者にとって不公正な手続きと認識される。逆に言えば，受験者が出願前に当該大学の入試手続きについて理解し，それを認めたうえで受験に臨めるようにしておくことが公正な手続きであるという認識を高めるのである。

　③は①を遵守して入試を実施することを示しているが，重要なのは，①を遵守した入試が実施されたという「事実」であろう。実施方針や方法等が具体的に示されても，それらが遵守されなければ，不公正な入試である。この事実をチェックあるいは検証するために必要な仕組みとして，入学者選抜に係るガバナンスの適正化が挙げられた。具体的には，「大学入学者選抜に係る業務についての監事による監査の実施，入学者選抜の手続に関与しない独立した組織により手続の適切性の確認を行う等，学内で相互牽制や不正抑止が働く体制や仕組みを設けること等の対応により適正化を図る」，「認証評価機関による評価においても，各大学において入学者選抜に係る体制や実施方法等についての自己点検・評価等が適切に実施されているかどうかを確認す

る」といった例が示されており，これらのことが，社会からの信頼に繋がるとしている。Leventhal（1980）の基準でいえば，「偏りの無さ（bias suppression）」や「正確さ（accuracy）」をチェックするための視点といえるだろう。

　入学試験は公平・公正に実施されることによって，その結果に正当性が付与されると考えるべきだが，時として，その手続きの公平・公正さに対して関係者間で認識の違いが生じることがある。その場合に④の「入学者選抜の実施結果の妥当性を説明できること」がとても重要となる。

　選抜性の高い大学（例えば，国立大学）では，序章で示したように，学力一斉筆記試験を中心とした一般選抜の割合が高い。しかし，一般選抜が減り総合型選抜等が拡大することや，一般選抜への多面的・総合的評価の導入が進んでいけば，受験者の「納得性」をいかに高めるかという課題に直面する。つまり，不合格になっても学力不足と原因帰属し，結果を受け入れやすい学力一斉筆記試験と異なり，これ以外の評価方法が主となる選抜では合理的な説明が必要になるということである。

　では，どのような説明が合理的なのだろうか。筆者は，「適切な選抜方法によって AP に沿った学生を受け入れることができている」と，大学・学部等が選抜方法の妥当性を示すことであると考える。そうすれば，当該選抜方法の正当性が主張できる。もちろん，妥当性の説明には入学者の追跡調査の結果や成績情報開示など，客観的なエビデンスに基づく説明が必要だろう。このように入試の実施結果に基づき，その妥当性を説明できるようにしておくことが，大学にとってのリスク管理ともなる。それができないのであれば，その入試制度は正当性の面で存在意義を失うかもしれない。

◆◇◆

第3節　存在感を増す「アドミッション・ポリシー」

1．「形式的な AP」から「実質的な AP」への転換

　前節でみたように，入学者選抜の合理性と妥当性の説明には AP の存在が不可欠である。加えて，中央教育審議会（2014）は，「各大学のアドミッション・ポリシーに基づく，大学入学希望者の多様性を踏まえた『公正』な選抜の観点に立った大学入学者選抜の確立」を求めている。そこで本節では，

「公正な大学入試」を実現するうえで有効な AP とはいかなるものであるのかについて考えたい。

　まず，前掲の図9-1の①を成立させるための AP の在り方である。"アドミッション・ポリシー"という用語が初めて登場したのは，平成11年（1999年）の「初等中等教育と高等教育との接続の改善について（答申）」（中央教育審議会，1999）である。その中で，受験生に求める能力，適性等の例示が示された（図9-2）。多くの大学は，この表現を参考にそれぞれの AP を定めていったと思われる。そのため，各大学で定める「求める学生像」は，実際の受験者像とはかけ離れた「理想型 AP」になっていることが少なくない。仮に，実際の入試において受験者全員が「求める学生像」にまったく合致していないと判断された場合，全員を不合格としなければならないが，そうはなっていないのが現実である。

　「理想型 AP」の例として，「教育目標で目指す人材像」を「求める学生像」に定めるケースが挙げられる。この場合，入試において「教育目標で目指す人材像」を持った学生を幸いにも獲得できたとしたら，その後の大学教育では何を育成するのだろうか。入学希望者に求めるものは，あくまで入学後のカリキュラムに適応するために必要な能力や適性等を示すべきであり，「教育目標で目指す人材像」とは分けて考えなければならない。

　また，AP と実際の選抜方法が整合していないことも問題とされてきた。例えば，ある学部の AP が「社会に貢献しようとする積極的な意欲と行動力を持つとともに，柔軟な思考と豊かな発想力に富む学生を求めています」であったとして，選抜方法が，共通テスト（5教科7科目）と個別学力検査（国語，英語）である場合，「積極的な意欲と行動力」や「豊かな発想力」を入試で評価しているとは言い難い。

　こうした「AP≠Σ選抜方法」の状況は，少なくとも2つの問題点をもたら

> 「例えば，当該大学（学部・学科）の教育理念や教育内容をよく理解した上で，より高いレベルでの自己実現を図ろうとする情熱と明確な志望を持った学生や，十分な基礎学力を有し，かつ問題探究心・学習意欲・人間性に優れ，将来研究者となることに熱意と適性を有する学生」

図9-2．「初等中等教育と高等教育との接続の改善について」（答申）からの抜粋

す。1つ目は，「APに沿った学生の受入れ」の検証である。「大学機関別認証評価」では，APが明確に定められ，それに沿って適切な学生の受入れが実施されているか否かが重要な評価指標となっている。こうした検証作業を行う際に，APで示す能力や適性等を評価する入試になっていなければ検証は難しい。

2つ目は，APが「形式的」であるという点だ。高校生や彼らを指導する高校教員は，実際の試験問題や評価方法を見て，「このような問題を解ける学生を求めているのか」，「このような活動や取り組みをしている学生が欲しいのか」と判断しており，それらを「実質的なAP」と捉えている。その場合，大学が苦労して作ったAPは形骸化しているといえるだろう。これらの背景には，入試制度の仕組みが影響していると考えられる。APに沿った選考を前提にしてきたアメリカの入試では，高校の成績やエッセイ，SATやACTのスコア[1]といった書類審査が中心である。そのため，それぞれの大学が独自に学力検査等の個別試験を実施することは稀だ。個別試験がないがゆえに，求める能力や水準等を具体的に示すAPを定めなければ，志願者が出願の際に混乱してしまう。わが国においてAPという概念が一般的でなかった時代に，慶應義塾大学（湘南藤沢キャンパス）で初めてAO入試が導入されたとき，いわゆるAPといえるものを示したのは，同入試を実施するうえで不可欠であったからであろう。

一方で，わが国の伝統的な入試制度では，各大学が独自に個別試験を実施し，実際の試験問題に「これくらいの問題は解いて欲しい」，「これくらいは知っていて欲しい」といったメッセージを暗に込めることで個別試験が実質的なAPの役割を果たしてきた。このため，改めてAPを示す必要がなかったのではないかと考えられる。しかしながら，高等教育の大衆化に伴い，受験者と大学のマッチングが求められるようになった。その意味では，試験問題や評価手法に暗に含まれるメッセージだけでは不十分であり，ディプロマ・ポリシーやカリキュラム・ポリシーと一体的に「実質的なAP」を示すことがマッチングにとって重要な意味を持ってきたといえる。

では，どのようなAPが実質的となりうるのだろうか。吉村（2016）は，テストのあるべき姿や規準がまとめられた『テスト・スタンダード』（日本テスト学会編，2007）を踏まえ，テストの基本設計として重要な「測定内

容」と「測定形式」について，前者をAP，後者を入試問題（あるいは評価方法）に対応付けたAPの策定を提案している。

　吉村（2016）は，実際のAPでは測定内容を具体的に表現することは難しいものの，測定形式を念頭におくことで，選抜方法を決める際の混乱を減らすことができるだけでなく，APの文言を構造的に検討できるために，先述した「求める学生像≒教育目標で目指す人材像」といった事態を避ける効果もあると述べている。この考え方は，「AP≠Σ選抜方法」という課題を解決するための出発点となるだろう。

　次に考えるべきことは，APと複数の選抜方法の対応関係である。多様な選抜方法が並存する中で，APと各選抜方法を対応付けようとするとき，APで示す能力や適性等について，一部の選抜方法では評価できるが，他の選抜方法では評価できないという状況が生じる。

　表9-1に示した架空の学部の入試制度を見て欲しい。選抜方法Aでは，AP①〜AP③を評価することができるが，AP④については評価できない。一方，選抜方法Cは，AP③とAP④は評価できるものの，AP①とAP②は評価していないことになる。この構造について，「選抜方法ごとにAPを定めるべきなのか」という疑問が生じるが，この疑問に対する答えは「否」であろう。APはディプロマ・ポリシーやカリキュラム・ポリシーと一体的であるのが原則であり，募集区分ごとにAPを策定することは本質的ではない。ガイドライン（中央教育審議会大学分科会大学教育部会，2016）でも同様のことが推奨されている。

　ここで，「多様な入試制度」と「多面的・総合的評価」という観点からAPの示し方について1つの形を提案したい。それぞれの選抜方法で誰をターゲットにしているのかについてAPで明確に定めているケースは稀だろう。しかし，多様な背景，経験，能力等を評価したい場合，各選抜方法においてターゲット（対象）を示しておくことは，どのような多様性を目指すのかを明確化できるため，表9-2のようにターゲットを明示してはどうだろうか。

　さらに，縦軸を選抜方法，横軸を求める能力や適性等の要素とすれば，各選抜方法が，どの要素にどの程度のウエイトを置いて評価するのかを一緒に示すことができる。これにより受験生にとってはAPを視覚的に捉えやすく

表9-1. AP と選抜方法の対応

AP で示す能力・適性等	選抜方法 A	選抜方法 B	選抜方法 C
AP ①：高校までの基礎的な学力	○	×	×
AP ②：○○を理解するための基本的知識	○	○	×
AP ③：○○するための基礎的な語学力	○	○	○
AP ④：○○に対する意欲	×	○	○

○：評価している　×：評価していない

表9-2. 多様な選抜方法と多面的・総合的評価を意識した AP の示し方イメージ

選抜方法	ターゲット（対象）	評価方法① AP ①	評価方法② AP ②	評価方法③ AP ③	評価方法④ AP ④	評価方法⑤ AP ⑤
前期日程	すべての人	50	30	10	10	0
後期日程		80	10	10	0	0
推薦入試	○○の実績を持つ人	20	30	0	20	30
社会人入試	○○の経験を持つ人	0	20	10	50	20
○○入試	○○の背景を持つ人	0	10	20	10	60

数値は各選抜方法における評価の割合（％）を示す（数値はダミー）。

なるだけでなく，「三つの要素については，各大学の特色等に応じて具体的な評価・判定方法や要素ごとの評価・判定の重み付け等について検討の上，それぞれについて適切に評価・判定するよう努める」（文部科学省，2020）という要請にも応えられる。受験者へのメッセージと選抜方法を構造的に捉えるための機能性を備えた「実質的な AP」の１つの在り方といえるのではないだろうか。

2．アドミッション・ポリシーの妥当性に関する検討

　次は，図9-1の④と AP との関係性を考察したい。AP に沿った学生の受入れを検証する一般的な方法は入学者の追跡調査である。各大学の追跡調査をレビューした西郡（2011）は，それぞれの大学や学部の状況に即した追跡

調査が重要であり、大学・学部間を超えて汎用的に活用できる追跡調査法や分析結果の知見は殆どないとしたうえで、大学入学時における学生の学力面、意識面を含めたレディネス（readiness）の把握が重要であると問題提起した。

この問題提起は、「APの妥当性とは何か」という論点に帰着する。例えば、追跡調査の結果から、ある入試区分で入学した学生の学業成績が芳しくないという結果が得られた場合、この結果によって何を改善すべきだろうか。当該入試を見直すというのは1つの手段ではあるが、それが必ずしも適切な対応であるとは限らない。なぜならば、もし本質的な課題が教育カリキュラムにあれば、入試制度の改善だけでは何も解決しないからである。

この場合、大学での学修成果からカリキュラムの改善点を明らかにすべきであり、カリキュラム改善の中で入学時のレディネスを検証し、必要に応じて入試制度を見直すことが本質的な改善となる。つまり、APの妥当性とは、「DP、CP、APの一体性や整合性」（中央教育審議会大学分科会大学教育部会, 2016）の中で議論されるべきものといえるだろう。

では、どのような議論が可能なのだろうか。筆者は、図9-2のようなイメージにおいて「APの妥当性」を検討できるのではないかと考えている。まず、学修目標の達成に向けて、学士課程の修学年限内での体系的な教育課程が編成される。体系的に教育課程が編成されるということは、「学習活動

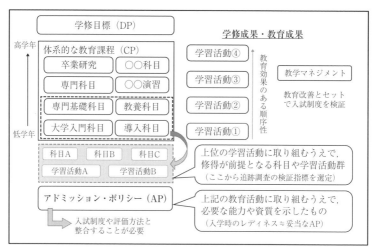

図9-2. 教学マネジメントの枠組みで捉えるAPの設定と検証のイメージ

①」～「学習活動④」のように，教育効果が期待される学習活動の順序性がある程度想定され，この学びのプロセスを経ることが，学修成果・教育成果に繋がると考えることができる。「カリキュラムマップ」，「カリキュラムツリー」，「ナンバリング」は，その順序性や相互関係などを可視化するものであるが，こうした検討の中で，上位の学習活動に取り組むうえで前提となる科目や学習活動群が具体的になると考える（例えば，低学年時に位置づけられるものなど）。

この部分が明らかになれば，当該科目や学習活動に取り組むための能力や資質も具体的になり（これが入学時の「レディネス」となる），入試制度や評価方法と整合するかたちでAPとして示すことができる。これが「妥当なAP」であろう。となれば，追跡調査で検証すべきことは，APで示したレディネスの有無を検証することが目的となるため，その評価指標は上位の学習活動に取り組むために前提となる科目や学習活動群から選定すべきである。これにより，構造的な枠組みの中で検証が可能となる。このように教育課程の編成，教育体制，教育方法など大学教育の枠組みで改善できることがある一方で，教育改善だけでは解決が困難なものもある。その場合には，入学者に求める入学時のレディネスとして検討することが1つの方策あり，APに含める要素として議論すべきではないだろうか。

これまで，入試制度や評価方法の妥当性を検証する先行事例はあっても，APの妥当性を検証するという試みは管見の限り見当たらない。この理由は，入学時のレディネスを明確に定めるための議論の枠組みや検証プロセスが曖昧であったことが大きな要因ではないかと考える。教学マネジメントの重要性が示され（中央教育審議会大学分科会，2020），教育改善に向けた様々な検証が進めば，自ずと入学時のレディネスとして何を求めるかに議論が行き着くだろう。この議論の中でAPの妥当性は精緻化されていくはずである。

繰り返しになるが，「選抜性の高い大学」において学力一斉筆記試験を中心とする一般選抜が減少することは，大学入試の公平性・公正性に対して社会的な関心が高まる可能性を意味する。今後，高大接続改革の方針通り，個別選抜が多面的・総合的評価を中心としたものに移行していくのであれば，APの存在感はますます高まっていくはずである。

◆◇◆
第4節　入試改革と公平性・公正性の議論が行き着く先

　「受験生」,「受験勉強」と言われるように「受験」という言葉は,わが国では極めて一般的な言葉である。竹内(1991)によれば,この言葉[2]は明治40年頃に使用されはじめ,大正時代になると「試験地獄」という言葉とともに,高校入試[3]をはじめとする入学試験が社会問題になったとされる。

　一方,受験競争が激化した大正時代には15年間で4回の入試改革が行われ,猫の目改革とも称された(竹内,1999)。また戦後の共通試験制度でも,進学適性検査(1949-1954),能研テスト(1963-1968),共通第一次学力試験(1979-1989),大学入試センター試験(1990-2020),大学入学共通テスト(2021-)と頻繁に改革が繰り返されている。そして,このように目まぐるしく入試制度改革が行われる中で,公平性・公正性は必ず論点になってきた。

　例えば,現行制度にも関係する事例として,大規模共通テストの複数回実施(当時は,大学入試センター試験)に関する議論を挙げる。臨時教育審議会(1985)で示されたのち,中央教育審議会(1997)や「大学入試の改善について(答申)」(大学審議会,2000)において提案されたものの実現にはいたっていない[4]。その理由は,「これまで大学入試センター試験において複数回実施が困難とされ,その成績の複数年度利用が認められてこなかったのは,実施体制の問題だけでなく,難易度の異なる試験の結果を同一の選抜に用いることが公平性の原則に反すると考えられてきたことが大きい」という大学審議会(2000)で整理された課題を解決できなかったことが一因といえるだろう。この背景に,日本独自の試験観が影響しているとみることができる。

　荒井・前川(2005)は,日本の公的大規模試験には「初出の問題を同時に出題することが受験者全員にとって公平であり,また,年に1回の実施によってチャンスは1回にすることが公平である」という共通の公平観があるとした。つまり,全ての受験者が同一の手続き,環境,評価基準で処遇されることが公平・公正な試験であるという認識は,わが国では大学入試に限らないハイステークスな試験に対する共通の試験観といえる。なお,共通テストの複数回実施については,項目反応理論(IRT：Item Response Theory)な

どを活用すれば技術的に不可能なことではない。しかし，試験問題の非公表に加え，「入試に初出問題を使用し，試験問題は受験生に持ち帰らせ，成績は素点で提供される，というわが国の入学試験流儀を捨てて，根本から異なるシステムに転換」（荒井，1999）することが必要となる。前述した日本独自の試験観からみて，こうした転換が社会的に受容されるかというと，おそらく極めて難しいのではないだろうか。

　また，日本的な試験観には，評価したい学力観の違いも含まれるだろう。池田（1992）によれば，細目積み上げ方式[5]と少数大課題設定方式という2つのテスト形式には，異なる学力観が影響しているとされる（図9-3）。すなわち，前者は，「基礎である底辺部がしっかりしているかどうかを組織的に調べ，それがしっかりしている人は全体的に高い学力を持っているに違いない」と推論するのに対し，後者は，「高度な難しい問題が解ければ，底辺にある基礎的知識も十分持ち合わせているに違いない。したがってその人は全体的に高い学力を持っている」と推論するのである。わが国では，大学入試センター試験などが前者に比較的近いのに対し，各大学（特に，国公立大学）の個別学力検査では，後者の方式を選好する傾向がみられる。昨今の記

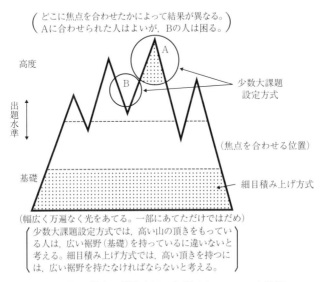

図9-3．学力の構造とテスト観 （池田，1992より抜粋）

述式導入に関する議論は、こうした学力観の違いも少なからず影響しているとみることができるだろう。

　以上のように、大学入試改革に関する斬新な提案は日本的な試験観のもとでは無力であることが少なくない。この理由として、既存の教育システム[6]の中で実現しようとすることの難しさが挙げられる。戦後の大学入試改革で出されてきた案は、すでに出し尽くされた感があり、同じような議論を繰り返している。そのたびに、受験当事者は困惑したり、入試担当者は、対応を迫られる。

　旧制高等学校の入試制度の変遷を分析した吉野（2020）によれば、入試改革の歴史は失敗の連続であり、唯一失敗を逃れたのが「各学校で実施という最も平凡な制度を採用していた時期」だったとされる。もちろん、これは戦前の分析であり、戦後の大学入試改革と単純に比較することはできない。しかし、既存の教育システムと必ずしも適合しない入試改革を強引に進めることは弥縫策になりがちであり、結果として本質的な改革とはならずに、再び改革前へ揺り戻しが起こりやすいことを意味している。

　竹内（1991）は、入試改革の限界について「改革アイディア競争は明治以来の入試改革議論に満ち満ちている。しかしそこでは入試という制度を根本的に見直そうという思考はなかったのである。周辺アイディア競争にすぎない。そうなったのは入試制度の大きな改革はアカデミズムや教育システムの諸特権を脅かすことを無意識裡に、しかし十分に知っているからである」と考察している。約30年前の指摘であるが、現在においても教育システムの抜本的な見直しが如何に難しいかについては我々もよく知っている（例えば、秋入学の議論）。

　では、大学入試制度をより良いものにするために、何もしない（できない）ことを良しとすべきなのか。この点に関して筆者は、現行の教育システムを維持しながらも、より良い大学入試の在り方を目指し、公平・公正な入試を実現するための努力の方向性は存在すると考えている。

◆◇◆
第 5 節　より良い大学入試の在り方を目指して

　はじめに大学入試の 3 原則を確認しておきたい。佐々木（1984）は，「大学入学者の選抜は，①大学教育を受けるにふさわしい能力・適性等を備えた者を，②公正かつ妥当な方法で選抜するように実施するとともに，③入学者の選抜のために高等学校の教育を乱すことのないように配慮するものとする」という①～③の要素を大学入試の 3 原則と呼んだ[7]。これは，現行制度においても十分通用するものである。各原則の関係性をみれば，原則①は原則②と③に先行する起点であり，AP で示すべき重要な部分である。第 3 節 2. で述べた通り，AP の妥当性は，各大学・学部の教育の在り方と関係する。「新たな未来を築くための大学教育の質的転換に向けて～生涯学び続け，主体的に考える力を育成する大学へ～（答申）」（中央教育審議会，2012）では，従来の教育の在り方であった教員による一方向的な講義形式の教育（一斉講義型）から能動的学習（アクティブ・ラーニング）への転換が推進された。この学び方の変化について AP の妥当性という点で考えてみたい。

　2014年の中央教育審議会答申以降，大学も高校も高大接続改革の流れの中で，「何かが変わる」，「何かを変える」という機運が高まっていたのは間違いない。多くの大学や高校が新しい取り組みに着手してきた。ただし，そこに具体的な成功イメージがあったどうかは定かではない。例えば，大学自身の問題意識から生じた入試改革には具体的な課題があり，それを解決することで目指すべき成功イメージがある。しかし，政策的に進められてきた学力の 3 要素の多面的・総合的評価の導入は，大学が抱える個別の課題を解決することに必ずしも直結しないものもあり，果たしてどれくらいの大学が成功イメージを持っているのかについては疑問である。

　では，大学が入試改革として本質的に考えるべき点は何だろうか。それは入学後の教育カリキュラムと連動した入試の在り方の検討だと主張したい。伝統的な知識伝授型の教育形態（一斉講義型）の場合，教科・科目の学力検査により知識や技能のバラつきが少ない集団を選抜する方が合理的であった。しかし，学習者中心の学び（例えば，アクティブ・ラーニング）に向けて大学教育の質的転換が図られようとしている。

教育の在り方が変われば，それに相応しい学生の選び方も再考すべきである。例えば，教員あるいは学生同士の討論を中心とした教育手法やフィールドワークを積極的に取り入れたカリキュラムであれば，基本的なコミュニケーション能力や積極的な行動力などをAPに含めることが妥当であり，これらの能力や資質を評価するうえで適切な手法を採用することが妥当かつ合理的である。すなわち入学後の学びを意識しAPを精緻化することで，それに相応しい妥当な選抜方法や評価方法を検討しなければならないのである。

　逆に，学びの在り方よりも入試における評価の在り方が先行してしまうとAPとの関係に齟齬が生じ，第2節で示した「①合理的で妥当な入学者選抜の実施方針・方法等を具体的に定めること」と「④入学者選抜の実施結果の妥当性を説明できること」という共通ルールの遵守が困難になる。そうなれば，入試の公平性・公正性が脅かされかねない。

　次に，誰が入試改革を実際に担うのかという点に注目してみたい。多面的・総合的評価は，学力一斉筆記試験と比べて実施する大学にとって大きなコストとなる。例えば，書類審査，面接評価，集団討論などを効果的に実施しようとすれば，ルーブリックの作成や評価者のトレーニング（研修）だけでなく，配点設定や採点の仕方まで含めた検討など，学力一斉筆記試験とは別のノウハウが必要となる。こうした点に配慮してか，選抜方法の多様化や評価尺度の多元化など推進した「21世紀を展望したわが国の教育の在り方について（第二次答申）」（中央教育審議会，1997）は，「アドミッション・オフィスの整備，関係機関の連携の強化や情報提供の充実などの条件整備を進めたり，進路指導の改善など関連する施策を進めることが必要」としている。また，高大接続システム改革会議（2016年）でも，個別大学における入試改革推進の支援として，アドミッション・オフィスの整備・強化やアドミッション・オフィサーなど多面的・総合的評価による入学者選抜を支える専門人材の職務の確立・育成・配置等に取り組むことの必要性が提言された。

　こうした動きにより，一部の大学にはアドミッション・オフィサー等が配置される動きもあったが，必ずしも定着しているとはいえない。また，大きなコストが生じることを理由に，入試業務の一部を外部（例えば，民間機関）に委託すれば，英語民間試験の利用でも指摘された利益相反などの，また別の公平・公正に関する課題が生じうる。

つまり，大学入試の在るべき姿という理想があるとしても，それを実際に動かせなければ，その理想は画餅となってしまうのである。将来に向けて，「既存の『公平性』についての社会的意識を変革し，それぞれの学びを支援する観点から，多様な背景を持つ一人ひとりが積み上げてきた多様な力を，多様な方法で『公正』に評価するという理念に基づく新たな評価を確立」（中央教育審議会，2014）を目指していくのならば，入試を実際に動かす体制の整備や専門的人材の育成・維持にも目を向けた議論が不可欠だろう[8]。

一方で，大学入試にもICT化の波が押し寄せている。欧米の大学入試では，インターネット上で必要な情報を登録すると一括して複数の大学に出願できる仕組みがあり，共通の出願情報以外にも各大学が求める志望動機やエッセイなども入力できるようになっている。

日本でも，近年のインターネット出願の普及により種々の情報が電子化されるようになった。筆者の所属大学では，数年前から選考書類の申請から採点作業までを一貫して行うことができる電子書類採点システムを運用している（西郡，2019）。受験者に関する多様で豊富な情報を多角的かつ有機的に評価しようとしても人間の情報処理能力には限界があるだろう。しかし，ICTを活用すれば，受験者の情報（例えば，調査書や活動報告書等）の中から志望する分野の学習履歴に関する情報だけを抽出・連結することで，従来以上の情報量をもとに書類審査や面接試験を効果的に実施できる可能性を持つ。特に客観式テストとは異なり，人（面接者）が評価するという手法では，何らかの基準があるにせよ主観的な判断に依存せざるを得ない。こうした場面において，評価に必要な情報を適切かつ効果的に活用できる仕組みは，評価の精度を高めるだけでなく，受験者にとっては，自身に関する豊富な情報をもとに「適正に評価された」という「納得性」にも繋がり得る。今後，大学入試のデジタルトランスフォーメーション（DX: Digital Transformation）が進むことで技術的な限界を克服し，従来とは異なる観点から，公正な評価にむけた議論が進むことを期待したい。

最後に，大学入試3原則が示す「③高等学校の教育を乱すことのないように配慮」に触れたい。大学進学希望者を多く抱える高校にとって，大学入試の在り方が大きな影響力を持つことは言うまでもない[9]。佐々木（1984）は，「大学側，受験者側，高校側のそれぞれが，現代社会では正当と認められる

要求を持っているという事情が大学入試の基本原則に反映している」と述べており，高校教育の尊重が円滑な大学入試の成立条件であることを示している。すなわち，入試における評価の在り方が，高等学校の教育を歪めるような過度な動機付けは避けなければならないのだ。例えば，学力の3要素の1つである主体性等を評価する場合，明確な評価観点や基準を示すことが公平・公正だと考えられているが，観点や基準を厳選すればするほど，それらを意識した対策や行動を誘発し，高等学校における活動や経験の画一化を招きかねない。結果として，均一性の高い志願者集団となれば，多様な経験を持つ学生を受け入れたい大学にとって本意ではない。むしろ，各高校の特色ある取り組みや活動を通して，多様な学習活動や経験を持つ生徒が育つことが理想であろう[10]。

　それでは，大学入試の在り方はどのようにあるべきだろうか。この問いの答えは，大学入試を変えることで高校教育を変えるという発想からはきっと生まれない。むしろ，高校教育と大学入試が強く結びつきすぎてしまっていること自体を再考する必要がある。高等教育機関への進学者が同世代の半数を超える時代では，社会に貢献する人材を大学が安定して輩出することが社会全体の利益になるはずだ。もちろん，高校教育への影響を考慮することは重要なことであるが，それによって画一的な入試改革となるならば，大学自体も画一化しかねない。したがって，高等学校への悪影響の排除という視点からの出発ではなく，「このような教育をしたい」あるいは「このような学生を育てたい」という強い意志に基づく大学の主体的な教育改革を起点にした入試こそ，より良い大学入試の在り方に繋がる道だと考える。

　この数年間で大学教育は少しずつ変わってきた。この変化の望ましい方向は，大学教育に多様性が生まれることだと考える。大学教育の多様性を前提に大学入試の公平性・公正性を議論するのであれば，手続き的な一律性や平等性とは異なる観点から議論することが必要となるだろう。大学入試の公平性・公正性の議論が新局面を迎えるとしたら，大学の教育改革の成果が見え始めたときかもしれない。

文　献

荒井 克弘（1999）．大学入学者選抜　高等教育研究紀要, *17*, 97–110.

荒井 克弘（2005）．入試政策から接続政策への転換　荒井 克弘・橋本 昭彦（編）高校と大学の接続——入試選抜から教育接続へ——（pp.19-55）玉川大学出版部

荒井 清佳・前川 眞一（2005）．日本の公的な大規模試験にみられる特徴——標準化の視点から——　日本テスト学会誌, 1, 81-92.

中央教育審議会（1997）．21世紀を展望したわが国の教育の在り方について（第二次答申）

中央教育審議会（1999）．初等中等教育と高等教育との接続の改善について（答申）

中央教育審議会（2012）．新たな未来を築くための大学教育の質的転換に向けて——生涯学び続け，主体的に考える力を育成する大学へ——（答申）

中央教育審議会（2014）．新しい時代にふさわしい高大接続の実現に向けた高等学校教育，大学教育，大学入学者選抜の一体改革について（答申）

中央教育審議会大学分科会（2020）．教学マネジメント指針

中央教育審議会大学分科会大学教育部会（2016）．「卒業認定・学位授与の方針」（ディプロマ・ポリシー），「教育課程編成・実施の方針」（カリキュラム・ポリシー）及び「入学者受入れの方針」（アドミッション・ポリシー）の策定及び運用に関するガイドライン

大学入学者選抜の公正確保等に関する有識者会議（2019）．大学入学者選抜の公正確保等に向けた方策について（最終報告）

大学審議会（2000）．大学入試の改善について（答申）

池田 央（1992）．テストの科学——試験にかかわるすべての人に——　日本文化科学社

木村 拓也・倉元 直樹（2006）．戦後大学入学者選抜における原理原則の変遷——『大学入学者選抜実施要項』「第1項選抜方法」の変遷を中心に——　大学入試研究ジャーナル, 16, 187-195.

高大接続システム改革会議（2016）．高大接続システム改革会議「最終報告」

倉元 直樹（編）（2020）．「大学入試学」の誕生　金子書房

Leventhal, G. S.（1980）. What should be done with equity theory? : New approaches to the study of fairness in social relationship. In K. Gergen, M. Greenberg, & R. H. Willis（Eds.）, *Social exchange*（pp.27-55）. New York; Academic Plenum.

文部科学省（2019）．令和2年度大学入学者選抜実施要項

文部科学省（2020）．令和3年度大学入学者選抜実施要項

日本テスト学会（編）（2007）．テスト・スタンダード——　日本のテストの将来に向けて——　金子書房

西郡 大（2011）．個別大学の追跡調査に関するレビュー研究　大学入試研究ジャーナル, 21, 31-38.［倉元 直樹（監修）倉元 直樹（編）（2020）．「大学入試学」の誕生　第7章に再録］

西郡 大（2012）．大学入試制度がもたらす遡及効果——受験生の主観的成長感から何が見えるか——　*Journal of Quality Education, 4*, 93-110.

西郡 大（2019）．主体性評価にどう向き合うか　東北大学高度教養教育・学生支援機構（編）　大学入試における「主体性」の評価——その理想と現実——　（pp.49-73）東北大学出版会

臨時教育審議会（1985）．臨時教育審議会（第一次答申）

佐々木 享（1984）．大学入試制度　大月書店

竹内 洋（1991）．立志・苦学・出世——受験生の社会史——　講談社現代新書

竹内 洋（1999）．日本の近代12　学歴貴族の栄光と挫折　中央公論社

吉村 宰（2016）．アドミッション・ポリシーに基づく個別大学の入試設計のあり方に
　　ついて　大学入試研究ジャーナル，26，81-88.

吉野 剛弘（2020）．入試の試みと失敗史　中村 高康（編）大学入試がわかる本（pp.3-
　　22）岩波書店

注

1）SAT，ACT ともアメリカの大学進学希望者を対象とした標準テストである。

2）竹内（1991）によれば，受験という用語の誕生の意味について，（Ⅰ）受験とい
　う用語が使われるようになった。（Ⅱ）受験の意味が職業資格試験を含めて試験一
　般を受けるという広い意味から入学試験を受けるという狭い意味に特化しはじめた
　とされる。

3）大学入試制度の歴史をまとめた佐々木（1984）によれば，「戦後の大学入試制度
　に匹敵するものは，戦前においては高校及び専門学校の入試であった」とされる。

4）荒井（2005）によれば，「規制緩和，自由化を先取りするような実験的提案が多
　く，審議会の答申にしてはめずらしくマスコミ受けもよかった。だが，大学現場関
　係者からは反発が強くほとんど無視された。大学，高校の教育スケジュールを無視
　した机上の空論と受け止められた」とされる。

5）評価したい学力領域から満遍なく出題する方式。したがって，1問あたりの解答
　時間は少なく問題数は多くなるテストである。

6）修業年限，定員管理，入試日程，入学時期などの学校制度やそれに関するルール
　などを指す。

7）戦後の入学者選抜の原理原則の変遷については木村・倉元（2006）を参照された
　い。

8）大学入試の専門性については，本書シリーズ（東北大学大学入試研究シリーズ）
　の倉元直樹（編），（2020）．「大学入試学」の誕生　を参照されたい。

9）大学入試がもたらす波及効果について検討したものとして西郡（2012）がある。

10）荒井（2005）は，「大学入試の大衆化は，『自立した高校教育』と『自立した大学
　教育』を目標とするものでなくてはならない」と述べている。

初出一覧

序　章　書き下ろし

第1章　林 洋一郎・倉元 直樹（2003）．公正研究からみた大学入試　教育情報学研究，*1*，1-14．をほぼ再録。

第2章　西郡 大（2010）．大学入学者選抜における公平性・公正性の再考——受験当事者の心理的側面から——　西村 和雄・大森 不二雄・倉元 直樹・木村 拓也（編）拡大する社会格差に挑む教育（pp.153-174）東信堂　をほぼ再録。

第3章　西郡 大・倉元 直樹（2007）．日本の大学入試をめぐる社会心理学的公正研究の試み——「AO入試」に関する分析——　日本テスト学会誌，*3*，147-160．をほぼ再録。

第4章　西郡 大・倉元 直樹（2010）．大学進学希望者の高校生が選好する評価方法とは？——「入学者受入れ方針」を検討する上での一視点——　大学入試研究ジャーナル，*20*，35-41．をほぼ再録。

第5章　西郡 大（2007）．大学入試における面接試験に関する検討——公正研究の観点からの展望——　教育情報学研究，*5*，33-49．をほぼ再録。

第6章　西郡 大（2009）．面接試験の印象を形成する受験者の心理的メカニズム——大学入試における適切な面接試験設計をするために——　日本テスト学会誌，*5*，81-93．をほぼ再録。

第7章　倉元 直樹・西郡 大・木村 拓也・森田 康夫・鴨池 治（2008）．選抜試験における得点調整の有効性と限界　日本テスト学会誌，*4*，135-152．をほぼ再録。

第8章　西郡 大・倉元 直樹（2008）．大規模リスニングテストにおける「妥当性」と「均一性」—— IC プレーヤー試聴体験に参加した高校生の意見分析——　東北大学高等教育開発推進センター紀要，*3*，77-90．を一部修正して再録。

第9章　書き下ろし

執筆者紹介

西郡　大　（編者・佐賀大学アドミッションセンター教授）
　　　　　　　　　　　　　　　　　　　　　序章・第2章〜第9章
　　　　　　　［第3章・第5章・第7章・第8章の執筆時の所属は東北大学］

林　洋一郎　（慶應義塾大学大学院経営管理研究科准教授）　　　　第1章
　　　　　　　［執筆時の所属は日本経営協会総合研究所］

倉元直樹　（監修者）　　　　第1章・第3章・第4章・第7章・第8章

木村拓也　（九州大学大学院人間環境学研究院教育学部門准教授）　第7章
　　　　　　　［執筆時の所属は長崎大学］

森田康夫　（東北大学名誉教授・公益財団法人数学オリンピック財団 理事長）
　　　　　　　　　　　　　　　　　　　　　　　　　　　　　第7章
　　　　　　　［執筆時の所属は東北大学］

鴨池　治　（東北大学名誉教授・東北福祉大学名誉教授）　　　　第7章
　　　　　　　［執筆時の所属は東北大学］

●監修者紹介

倉元直樹

東北大学高度教養教育・学生支援機構教授。東京大学大学院教育学研究科教育心理学専攻（教育情報科学専修）第1種博士課程単位取得満期退学。博士(教育学)。大学入試センター研究開発部助手を経て，1999年より東北大学アドミッションセンター助教授（組織改編により現所属）。東北大学大学院教育学研究科協力講座教員を兼務。専門は教育心理学（教育測定論，大学入試）。日本テスト学会理事。全国大学入学者選抜研究連絡協議会企画委員会委員。

●編者紹介

西郡　大

佐賀大学アドミッションセンター教授。東北大学大学院教育情報学教育部博士課程修了。博士（教育情報学）。2009年より佐賀大学アドミッションセンター准教授。専門は教育情報学。大学入学者選抜の公正確保等に関する有識者会議委員，大学入学者選抜における多面的な評価の在り方に関する協力者会議委員などを歴任。

本書はJSPS 科研費JP20K20421の助成を受けて出版したものです。

東北大学大学入試研究シリーズ

大学入試の公平性・公正性

2021年5月31日　初版第1刷発行　　　　　　　　　　　　　　［検印省略］

監修者	倉 元 直 樹	
編 者	西 郡 　 大	
発行者	金 子 紀 子	
発行所	株式会社 金 子 書 房	

〒112-0012　東京都文京区大塚 3-3-7
TEL 03-3941-0111(代)
FAX 03-3941-0163
振替 00180-9-103376
URL https://www.kanekoshobo.co.jp

印刷・製本／藤原印刷株式会社

ISBN 978-4-7608-6104-0　C3337　Printed in Japan